上海市高原学科法学环境资源法建设项目
上海市高原学科法学国际法建设项目

跨国公司管辖权研究

KUAGUO GONGSI GUANXIAQUAN YANJIU

贾琳/著

知识产权出版社
全国百佳图书出版单位
—北京—

图书在版编目（CIP）数据

跨国公司管辖权研究／贾琳著．—北京：知识产权出版社，2020.7
ISBN 978－7－5130－7009－6

Ⅰ.①跨… Ⅱ.①贾… Ⅲ.①跨国公司—管辖权—研究 Ⅳ.①D913.991.04

中国版本图书馆 CIP 数据核字（2020）第 102524 号

责任编辑：彭小华　　**责任校对：**王　岩
封面设计：刘　伟　　**责任印制：**孙婷婷

跨国公司管辖权研究

贾　琳　著

出版发行：知识产权出版社有限责任公司　　**网　　址：**http：//www.ipph.cn
社　　址：北京市海淀区气象路 50 号院　　**邮　　编：**100081
责编电话：010－82000860 转 8115　　**责编邮箱：**huapxh@sina.com
发行电话：010－82000860 转 8101/8102　　**发行传真：**010－82000893/82005070/82000270
印　　刷：北京九州迅驰传媒文化有限公司　　**经　　销：**各大网上书店、新华书店及相关专业书店
开　　本：720mm×1000mm　1/16　　**印　　张：**16
版　　次：2020 年 7 月第 1 版　　**印　　次：**2020 年 7 月第 1 次印刷
字　　数：300 千字　　**定　　价：**78.00 元
ISBN 978－7－5130－7009－6

目　录

导 言

21 世纪之初，全球性的公司作为支配性的制度性力量居于人类活动和地球本身的中心。① 跨国公司已经潜移默化地改变了全球的投资、生产和经营，改变了当代世界政治和经济的基本结构和运行模式。在其推动下，经济全球化明显进程加快。另外，跨国公司因其国际关联特质，逐渐形成了可以与“国家主权”抗衡的“工业主权”。巨型公司已经成为“确立生活方式准则和公民生活模式的机构”。它引导、形成、指挥、决定我们社会的发展前景。大公司实际上享有“私人政府”的地位，与政府分享主权。② 逐渐崛起的公司帝国与传统的国家行为体之间的博弈在 21 世纪正在以更加复杂的形式发展。

跨国公司各组成实体经济上一体性与法律上独立性之间的矛盾，国际税收体系的模棱两可，各国民商事法律的冲突，各国监管理论的不同等诸多因素的叠加，给跨国公司留下了大量的自由空间，使得有效监管跨国公司成为世界性的难题。

后金融危机时代，自由主义经济理念被重新反思，各国贸易和投资保护主义有所抬头，很多国家在涉外经济政策上趋于保守。国家层面上，国际投资政策制定从经济全球化之初的自由化又返向加强管制。国际层面上，国家日益关注国际投资协定对东道国实施环境、劳工、公共健康、能源保护、国家安全等国家管理权的干预和妨碍。越来越多的国家在新的国际投资协定中强调东道国管理外资的权力，程序上更多地采用用尽当地救济。

市场的失灵导致监管的必要，尤其是世界经济正处于“系统性崩溃”的边

① ［美］马丁·柯尔文：“跨国公司对世界的统治”，梁洁摘译，载《国外理论动态》2006 年第 5 期。

② ［美］伯纳德·施瓦茨：《美国法律史》，苏彦新等译，法律出版社 2011 年版，第 172 页。

缘，形势的严峻性意味着强有力的监管是正当的。① 但问题的关键不在于该不该监管，而是由谁来监管。传统意义上跨国公司监管者的角色一直是各国政府和国际组织。然而，东道国监管本身既有能力不足，也有动力不足的缺陷。一方面，跨国公司的国际关联使得单一国家无法涉及跨国公司的全部实体。东道国监管存在制度失灵的问题，常常是自由市场经济"监管俘获"的对象。另一方面，一国实施严格的监管政策，跨国公司用脚投票，可以从该国撤资。因而东道国监管动力不足。各类国际组织的管辖权源于国家的主权让渡，"先天不足"。至今，尚无一部国际投资实体法公约。可见实体法进路上跨国公司监管其路漫漫。那么存在一个替代者或者替代方法吗？如何使得跨国公司的公司权力和政府权力一样"负有责任"？如何在跨国公司实力强劲且有着强烈的去管制意愿的现实基础上，构建一个合理的机制加强对跨国公司的管辖，进而有助于逆转世界资源不断两极分化的倾向？外国私人投资者利益和东道国主权公共利益的冲突是管制性征收的核心，然而东道国是否能代表公共利益，还是存在第三方——社会力量？谁能代表公共利益呢？正当性如何？② 探索这些问题的答案成为本书写作的初衷。

中国的跨国公司问题研究经过近三十年的发展，已经进入了一个相对成熟和繁荣的阶段。研究的领域不断扩大，研究的深度逐步拓展，理论体系更加完备，研究更具客观实践性和适时性。但是，我国当前有关跨国公司的研究也存在一些问题：（1）经济学研究多，法学研究少；（2）对跨国公司本体问题关注多，对管辖关注少；（3）对管辖规则关注多，对管辖权关注少；（4）国家中心主义的思维多，可持续发展的思维少。本书试图从现有跨国公司的管辖规则出发，探究管辖规则背后的跨国公司管辖权问题，其理论价值主要在于通过研究跨国公司的国家管辖权和国际组织管辖权，为深刻理解现行国际投资法体系的失衡性提供帮助，并探求在国际投资法的未来发展中如何实现跨国公司的私人利益与国家利益和公共利益、发达国家利益与发展中国家利益的平衡。

随着国际地位的上升，我国将谋求在国际规则创制中有更大的话语权。中国兵家自古有云：知己知彼，百战不殆。参与国际经济交往，既要能够熟练地理解运用现行的规则体系，也要洞悉游戏规则的制定过程。

中国既是引资大国，也是海外投资大国。中国亦要面临跨国公司私人利益与社会公共利益的平衡问题，吸引外资与对外投资的平衡问题等。中国将在跨

① ［英］Janet Dine：《公司集团的治理》，黄庭煜译，北京大学出版社2008年版，第224页。

② 王彦志：《新自由主义国际投资法律机制：兴起、构造和变迁》，法律出版社2016年版，第18页。

国公司管辖领域与发达国家、跨国公司展开博弈。本书的研究力图为我国治理跨国公司，消除其负面影响提供一定的借鉴。

然而，这样一个庞大复杂的研究任务，并不是一本书可以完成的。基于跨国公司的国际生产是以国际投资为核心的，本书将研究范围局限于对跨国公司国际投资行为的管辖，力图从剖析现行跨国公司管辖机制出发，探讨现行机制的不足，借鉴全球治理理论，构筑更为完善的跨国公司全球治理机制。

跨国公司管辖权问题是一个综合性问题。既涉及管辖对象——跨国公司，又涉及管辖主体。既涉及公司法中的外国公司，又涉及国际投资法中的国家和国际组织对外资的管辖。

跨国公司问题的研究，至今可分为三个阶段：一是20世纪60年代的早期研究。经济学论著较法学论著多。法学研究涉及跨国公司的基本理论问题，尤其是有关限制性商业行为的论著较多。二是20世纪80年代至21世纪之前的研究。20世纪80年代关于管辖权冲突的理论探讨不少，90年代联合国关于跨国公司的丛书系统研究了跨国公司的法律问题，此后国外有一些专门的论著出版。① 三是20世纪90年代以来的研究。据笔者不完全统计，从1990年至今，在已经出版的519部跨国公司专著中，跨国公司法学专著仅16部，另外有15部跨国公司治理方面的专著，其余是大量的经济学和管理学专著。

余劲松教授著的《跨国公司法律问题专论》是跨国公司法律领域的代表作。该书以专题的形式论述了跨国公司的公司治理制度、政府如何对跨国公司的行为进行有效管制，以及有关的国际法问题进行了深入的探讨和分析。但该书没有突出跨国公司的管辖权问题，系从专题角度探讨对跨国公司法律管制的具体制度。另一本代表作是李金泽著的《跨国公司与法律冲突》，该书主要从跨国公司引发的法律冲突出发，探讨了跨国公司管辖权冲突、公司法冲突和竞争法冲突三个专题。其中有关跨国公司管辖权冲突的论述，开拓了国内该领域的相关研究。但论述的重点在于跨国公司的裁判管辖权冲突，没有探讨其他管辖权的问题。

外国公司的法律方面，赵磊著的《公司法中的外国公司法律问题研究》和邢钢著的《公司法律问题的比较法与国际私法评判》分别从公司法角度和国际私法角度探讨了外国公司的法律问题。虽然也涉及了跨国公司的管辖问题，但论述较少，而且也没有探讨管辖主体和管辖机制等问题。

跨国公司治理方面的专著，比较有代表性的有陈东著的《跨国公司治理中

---

① “跨国公司法律问题研究的历史与现状”，参见李金泽：《跨国公司与法律冲突》，武汉大学出版社2001年版，第1—7页。

的责任承担机制》。该书重点探讨了跨国公司治理中责任承担机制的理论框架和现实基础，设计出母公司对子公司责任承担机制和管理层责任承担机制，并就中国问题给出了相应的立法设计。但该书的研究视角主要集中于跨国公司内部治理问题，较少涉及跨国公司外部治理中的管辖权问题。其他比较有代表性的有王勇著的《跨国公司治理研究》、吴先明著的《跨国公司治理》和周新军著的《跨国企业的公司治理研究》。这些论著大多是从公司治理的角度探讨跨国公司治理的特殊性问题，较少涉及跨国公司的外部治理问题。

国际投资法方面，尼泊尔的苏里亚·P. 苏贝迪著的《国际投资法：政策与原则的协调》认为实现外国投资法与国际法其他具有竞争性质的原则之间平衡的途径应是建立在一方面保护外国投资者合法的权利和期待，另一方面也不要对东道国落实自己公共政策的权力实施不适当的严格限制的基础上，而此处的公共政策包括保护环境和人权、促进东道国境内的社会与经济公正。德国的鲁道夫·多尔查、奥地利的克里斯托弗编著的《国际投资法原则》认为，国际投资法律和政策机制缺乏一个稳固的制度性框架。国际仲裁解决投资争议已经成为国际投资法领域的一种常态。但也遭遇到“投资条约仲裁的正当性危机”。国际投资法体系逐渐向类似 GATT/WTO 法律的嵌入式自由主义转变。新一代国际投资条约试图在促进投资自由化和保障公共利益的监管措施间实现平衡。王彦志著的《新自由主义国际投资法律机制：兴起、构造和变迁》从四大要素描述了新自由主义国际投资法律机制的兴起，构造和变迁，预测了国际投资法律机制从新自由主义向内嵌自由主义，可持续发展的范式转型。这些书从不同角度探讨了国际投资法律机制的问题，共同的观点是国际投资法律机制正在向嵌入式自由主义转型，国际投资法律机制部分的写作对本书作者有很大借鉴意义。

国内著作大多集中于国际民事诉讼管辖权研究、国际仲裁管辖权研究、国际法意义上管辖权研究、国际组织管辖权研究。国际民事诉讼管辖权研究方面以徐卉、李旺、刘力、宋建立为代表。四位的著作从不同角度探讨了涉外民商事管辖权的冲突及其解决。此外，罗剑雯的《欧盟民商事管辖权比较研究》、李广辉的《〈民商事管辖权及外国判决公约〉研究》、欧福永的《英国民商事管辖权研究》、侯幼萍的《世界贸易组织与区域贸易组织管辖权的冲突与协调》和李国清的《美国证券法域外管辖权研究》也对不同的国家和国际组织的民商事管辖权做了有益的探索。国际商事仲裁管辖权研究以宋连斌为代表。国际投资仲裁管辖权研究是晚近的热点。著作主要有张建的《国际投资仲裁管辖权研究》、肖军的《规制冲突裁决的国际投资仲裁改革研究：以管辖权问题为核心》和王海浪的《ICSID 管辖权新问题与中国新对策研究》。国外著作有：美国阿瑟·冯迈伦的《国际私法中的司法管辖权之比较研究》探讨了各国管辖权的理论基础、比较了各国涉外管辖权的具体制度、分析了管辖权的国际条约，是司法管辖权领域的力作。尤瓦·沙尼的《国际法院与法庭的竞合管辖权》则从国际法院与法庭管辖权竞合时如何协调的角度探讨了国际法意义上的管辖权冲突如何处理的问题。

国内学者首次提出外资管辖权概念的是刘笋。他认为国际投资自由化趋势下的外资管辖权被逐渐削弱，但不能否认东道国的外资管辖权。徐泉在其一系列论文和著作中集中论证了国际投资法制削弱了外资管辖权，冲击了发展中国家的经济主权。何芳著的《国际投资法律体系中的外资管辖权研究》是与本书研究主题较为接近的一本。作者提出了外资管辖权是国家主权在外资监管领域的具体体现，是国际投资法基础的观点。现代国际投资法体系中外资管辖权不断受限，但也在寻求突破。

跨国公司是国际投资最重要的参与者，国际投资法规则一般都适用于跨国公司。因此外资管辖权的一般原则也适用于跨国公司。但跨国公司又不同于一般的外国投资者，具有自己的生命和主张，形成了可以与国家主权抗衡的“工业主权”，因此对跨国公司的管辖权也具有特殊性。本书拟从管辖权的视角对跨国公司的法律问题进行深入探讨。从跨国公司本体论出发，在梳理现行不同层次的跨国公司管辖权规则的基础上、构建以跨国公司国家管辖权为核心，国际管辖权为补充的跨国公司管辖权体系，并探讨跨国公司管辖权发展的合理路径——跨国公司全球治理机制的必要性和实现路径等问题。

学科之间的渗透与交叉是当代科学的发展趋势。本书所论及的跨国公司管辖问题既属于国际法学的研究范畴，又涉及经济学、国际关系学的研究领域。因而研究不能仅仅停留在法的规范分析层面，而应深入“法”的背后探求跨国公司发展的内在经济规律、行为模式以及跨国公司与国家之间的合作与竞争的国际政治经济关系，从而达到对该问题的深刻认识。所以，本书除了运用法学分析的常规方法——规范分析、历史分析、比较法研究和实证研究之外，还将经济学和国际关系学的分析方法和研究成果作为理论背景和重要论据。

跨国公司带来了很多经济和社会问题，然而跨国公司特殊的身份使得单独一国的力量无法实现对其有效管辖，管辖必须建立在国际合作的基础上。但国际社会对其行为进行多边规制的立法努力，自巴黎和会提出《外国人待遇协定》以来，迄今为止尚未取得实质性进展。①

现有跨国公司管辖机制的盲点在于其一直徘徊在二元社会结构框架之内，走不出“山重水复”的泥沼。马克思曾说过：“要获得理解人类历史发展过程

① 世界银行：《2005年世界发展报告》，清华大学出版社2005年版，第185页。

的钥匙，不应当到被黑格尔描绘成‘整栋大厦的栋梁’的国家中去寻找，而应当到黑格尔所轻蔑的‘市民社会’中去寻找。”这就要求我们突破二元论的束缚，在三元社会结构内寻找“柳暗花明”的出路。建立在市民社会基础上的全球治理理论的提出无疑为其提供了有利的思想武器。

基于这样的思路，本书尝试综合运用经济学、国际关系学和法学的分析方法，在全面剖析跨国公司的本体性问题和跨国公司与利益相关者关系的基础上，通过对现行跨国公司管辖机制的梳理，分析出“政府和市场的二元监管模式”是现行跨国公司管辖机制的桎梏。完善的途径只能是突破二元监管模式，在全球治理理论指导下，建构“政府、市场和市民社会三元社会结构”下的跨国公司全球治理机制。

本书从结构上可分为四部分，共13章。

第一部分：跨国公司本体部分。第1—4章，主要围绕跨国公司的本体性问题展开。有效的管辖是建立在对管辖对象全面认识的基础之上的。因此从不同的视角全面审视跨国公司的结构和身份等本体性问题，剖析跨国公司的行为模式，在剖析跨国公司与利益相关者的关系的基础上探究跨国公司的责任承担就成为有效治理跨国公司的前提。

第二部分：梳理现行跨国公司管辖权体系。第5—10章，在系统梳理现行跨国公司管辖权规则的基础上，剖析其存在的缺陷。本部分以不同层面的管辖权为经线，以跨国公司投资的不同阶段为纬线，描绘跨国公司管辖权的立体图谱。跨国公司的国家管辖是整个跨国公司管辖的中心，尤其是东道国管辖。但无论是东道国管辖还是母国管辖都存在管辖权的“短板”，即“一国”政府无法实现对跨国公司“全球”经营的有效监管。因而必须有跨国公司的国际管辖和国际协调。国际管辖权，无论是双边、区域或多边层面都是以独立国家界限为基础的，是国家在跨国公司管辖问题上做出的部分“主权让渡”和“妥协”，不可避免地存在二元社会管理机制的制度性缺陷——“国家中心主义”。

第三部分：走向全球治理的跨国公司管辖机制。第11—12章系统阐述了跨国公司全球治理机制形成的依据、具体模式设计和实现途径。原有的徘徊在二元结构框架之内的管辖机制不能够满足全球化时代对跨国公司外部性问题监管的客观需要，这就要求我们突破二元结构的束缚，在国家、市场、市民社会的三元社会结构内寻找“柳暗花明”的出路——建立在全球治理理论基础上的跨国公司全球治理机制。

全球治理没有简单的模式，而是一种不断演进的动态的复杂的互动决策过程。它由两个层次的治理构成：国家中心治理与非国家中心治理（全球市民社会治理）。全球治理强调国家、私人企业、公民社会（以非政府组织为代表）

和地方部门的共同参与。各主体之间不是以往的统治和被统治、监管与被监管的关系，而是为了更好地促进跨国资本流动而对其进行调节性管理的合作伙伴关系。全球管制治理规则包括法律（国家法和国际法）、政策与关系规则的三元组合。三者存在互补、替代与转化关系，而国家法仍居中心地位。全球治理必然是不同权力形式（国家、公民社会、市场力量）、不同调节方式（习惯、社会规范、法律）之间相互作用的正式与非正式过程的结果，是处理跨国公司行为的规则、规范和机构的总和，是未来人类社会治理的主要形式。

跨国公司全球治理机制应该是建立在充分发挥政府监管的职能、国际组织协调作用和非政府组织社团调节功能上的横向合作式治理机制。国内管制机构的国际合作无疑是管制性治理发展的核心，允许跨国公司一定程度的自治也是现阶段解决跨国公司问题的有效途径。各主体之间有效的、透明的信息交流机制更是全球管制治理机制成败的关键。

第四部分：在华跨国公司管辖机制之完善。跨国公司全球治理机制并不是空中楼阁，需要建立在国家实践的基础上。第 13 章将其运用于中国的实践，探讨如何建立符合中国国情的跨国公司治理机制，完善在华跨国公司管辖权体系。

第一章

跨国公司结构析论

有效的管制是建立在对管制对象全面认识基础之上的。本章首选探讨跨国公司的界定和特征，进而分析其法律结构、组织结构和治理结构，完成跨国公司的结构析论。

正如任何一个公司必须满足法定条件才能设立一样，跨国公司为了其跨国经营的需要必须创设相应的法律结构以满足在法律允许的范围内获得最大的经营灵活性及最小的管理负担。但是“仅仅对跨国公司法律形式的考察是绝不可能揭示或确定其真实治理结构的”，① 如欲说明法律对跨国公司的反应，除非将跨国公司的法律形式和组织结构之间关系的分析结合起来。② 跨国公司的组织设计和控制手段的多样化导致法律结构与组织结构经常处于脱节的状态，使跨国公司治理中的责任承担问题，异常复杂。

第一节　不同视域下的跨国公司

“跨国公司”一词可谓人尽皆知，但它又是一个从名称上就莫衷一是的词语。③ 经常出现的有“多国公司”“国际公司”“宇宙公司”“多国企业”“全球公司”等名称。西方学界习惯使用“多国公司/多国企业”的名称，意指在两个或两个以上国家拥有生产和服务设施的企业。但这一名称与《安第斯条约》

---

① A. Muscat, *The Liability of the Holding Company for the Debts of its Insolvent Subsidiaries*, Dartmouth, 1996, pp. 49 – 50 and note 6.

② P. Muchlinski, *Multinational Enterprises and the Law*, Blackwell Pub, 1995, p. 47.

③ 这个称谓最初见于1947年S. Timber《国际联合企业与国家主权》一文。

国家共同创办和经营的多国联营公司名称重复。为避免混淆，1974 年由联合国经济社会理事会做出决议统一使用“跨国公司”（Transnational Corporation 缩写为 TNCs），并沿用至今，成为较为通用的称谓。

跨国公司的定义因不同的研究主题，分析对象或场合的需要，可以有不同的解释。即使在已被充分了解的商业领域也会有不同的标准，包括但不限于结构标准、股权标准、管理控制标准、经营业绩标准等①。法学界对于跨国公司的内涵和外延还没有权威的界定，至今仍未形成准确的概念。比较认同的是：跨国公司是国际经济事务上的一种既有的存在，但并没有在国际法或内国法体系中获得特定的地位。某一跨国公司是各种单元——公司、分部、子公司和关联企业的总和，每个单元乃由特定国家的内国法所创设。各种国际文件的定义也不尽相同。目前，被人们较为普遍接受的一个定义是 1986 年联合国《跨国公司行动守则（草案）》中的案文：“本守则中使用的跨国公司一词系指在两国或更多国家之间组成的公营、私营或混合所有制的企业实体，不论此等实体的法律形式和活动领域如何；该企业在一个决策体系下运营，通过一个或一个以上的决策中心使企业内部协调一致的政策和共同的战略得以实现；该企业中各个实体通过所有权或其他方式结合在一起，从而使其中的一个或多个实体得以对其他实体的活动施行有效的影响，特别是与别的实体分享知识、资源和分担责任。”

虽然跨国公司是一种非常复杂的现象，甚至有学者认为它不是法律概念。②但我们还是可以通过与国内公司及其他国际垄断组织的对比发掘其本质特征：经济内容上的一体化、法律形式上的松散性和政治表象上的独立性。经济内容上，跨国公司表现为一个公司集团，是一个统一的经济实体。法律形式上，跨国公司集团不是任何一个国家的企业实体。各成员依据不同国家的法律组建或在不同国家有住所，是相关国家的企业实体。政治表象上，跨国公司具有自身的生命力，已经成长为可与“国家主权”抗衡的“工业主权”。经济内容与法律形式之间存在的不一致构成了跨国公司最本质的特征，并且服务于母公司的利益。

一、经济内容上的一体化

跨国公司是有能力以所有权优势加之内部化优势配置全球资源的微观经济

① 张纪康主编：《跨国公司与直接投资》，复旦大学出版社 2004 年版，第 2—11 页。
② 赵磊：《公司法中的外国公司法律问题研究》，法律出版社 2017 年版，第 30 页。

主体。[①] 跨国公司的全球一体化经营表现为国家界限下的“国际”一体化经营和企业界限上的“企际”一体化经营的融合，并在两者的边界处，彰显跨国公司自身的“生命力”。

（一）国家界限下的“国际”一体化

跨国公司的全球一体化经营表现在国家界限上的国际一体化经营。其特征包括：（1）跨国公司以本国为基地而从事跨越国界经营之特性，是其区别于国内公司的本质特征。[②] 跨国经营要求组成跨国公司的两个或者两个以上的经营实体必须分处不同国家，在本国以外控制生产和分配，但不要求其组成实体必须具有不同的国籍。[③]（2）跨国公司是在国内垄断的基础上，为进一步垄断国际市场而形成的跨国投资企业。跨国公司比国内公司拥有垄断优势是当代跨国公司的本质属性。[④]（3）跨国公司制定经营战略时不再局限于某个国家的视野，而是从整个公司的利益出发，以全球市场为目标，在全球范围内配置生产、研究、销售以及服务环节，从而最大限度地获得高额利润。尤其是全球整合企业跨国指数超过50%，海外经营成为其重心。[⑤]（4）为实现全球战略，跨国公司必须实行一体化管理。母公司通过股权控制或者其他非股权控制对分布各国的分支机构和子公司施加“重要影响”，子公司虽然具有独立的法律人格，但其在不同程度上都受到母公司的集中控制与管理。

（二）企业界限上的“企际”一体化

“企际”一体化是指跨国公司在企业界限上具有微观经济体追求自身发展的统一性和一体化特征。包括内部一体化和外部一体化两个部分。“内部一体化”体现为跨国公司内部处于同一决策体系下的各经营实体之间分享知识、资源并分担责任的活动。“外部一体化”主要体现为跨国公司之间战略联盟的形成。跨国公司“企际”一体化的发展，最终的结果可能是跨国公司之间形成“全球直接投资组织”，从而构成全球化“新的经济结构”的基础。[⑥]

二、法律形式上的松散性

经济上一体化的跨国公司，被人为地基于国界而割裂为法律上的受各自国

---

① 杜文中：《界限经济与市场主体行为》，经济科学出版社2004年版，第92页。

② 联合国跨国公司中心：《再论世界发展中的跨国公司》，商务印书馆1982年版，第218页。

③ 范剑虹编著：《国际投资法导读》，浙江大学出版社2000年版，第89页。

④ 胡峰：“传统跨国公司理论及其发展路径”，载《重庆社会科学》2003年第1期。

⑤ 王志乐主编：《静悄悄的革命——从跨国公司走向全球公司》，中国经济出版社2008年版，第23页。

⑥ 杜文中：《界限经济与市场主体行为》，经济科学出版社2004年版，第239页。

内法约束的成员的联合体。跨国公司在法律上处于一种松散状态。

（一）成员的国籍独立

“跨国公司是各种单元——公司、分部、子公司和关联企业的总和”。[①] 这些成员是分别依据两个或两个以上国家的法律组建的，或在两个或者两个以上的国家有住所。跨国公司的内部关联属性，被国籍分割了，使得跨国公司首先表现出“成员国籍独立性”的特征。

（二）内部关联的国际化

成员国籍的独立性并未改变跨国公司作为企业集团的内部关联属性。但与国内公司集团不同，跨国公司的内部关联具有国际性。跨国公司每一单元乃由某个特定国家的内国法所创设，这些单元之间无论发生何种关联都必须以跨越不同国家的法律为背景，往往受两个或两个以上国家的法律调整。[②] 而一般的国内企业集团只在一个国家领土范围内从事活动。跨国性的国际关联是否存在是界定跨国公司的主要标准。[③]

（三）母国为基地

无论跨国公司的成员分布在多少个国家，都受一个机构（母公司）的统一控制和管理。母子公司之间的垂直控制成为跨国公司的决定性特征。[④]

三、政治表象上的独立性

跨国公司是一个多维的行为体，既从事一般的经济行为，又因政府决策者的“经济人”特征和政治市场的不完全导致跨国公司超越国界从事国际生产经营活动时必然会遇到一系列与政府有关的外部性问题，从而引发相应的政治行为。跨国公司与一般国内公司最大的不同在于它具有自己的“生命”和“主张”。跨国经营已不像后者那样“完全”从属于国家。有学者认为，主权在某种意义上就是决定产权、解决纠纷和监控绩效的集体权力（Dugger，1993）。一旦公司形成其治理结构，就与国家权力非常类似，可以称之为“工业主权”。[⑤] 跨国公司与国家之间出现了平等对话的平台，而且这一平台上的“权力让渡”单向性地由国家流向跨国公司。[⑥]

---

① P. Muchlinski, *Multinational Enterprises and the Law*, Blackwell Pub, 1995, p. 80.

② 李金泽：《跨国公司与法律冲突》，武汉大学出版社 2001 年版，第 73 页。

③ 陈东：《跨国公司治理中的责任承担机制》，厦门大学出版社 2003 年版，第 48 页。

④ 余劲松：《国际经济法问题专论》，武汉大学出版社 2003 年版，第 27 - 28 页。

⑤ 唐勇：《跨国公司行为的政治维度》，立信会计出版社 1999 年版，第 45 页。

⑥ 杜文中：《界限经济与市场主体行为》，经济科学出版社 2004 年版，第 2 页。

第二节 跨国公司的法律结构

跨国公司的法律结构乃指跨国公司治理中的各利益相关者之间的基础法律关系。[①] 依据控制手段的不同，跨国公司的法律结构可分为基于股权控制的结构和基于准市场交易的结构两种形式。基于股权控制的结构是跨国公司最常见的法律结构。基于准市场交易的结构除了基于非股权控制的合同安排以外，还有跨国公司之间的国际联营和战略联盟。依据一体化的形式不同，可分为内部一体化和外部一体化。内部一体化包括股权和非股权合同安排。外部一体化包括国际联营和战略联盟。此外，经济全球化的深化和网络技术的发展诞生了一种新兴的企业组织形式——全球整合企业。

一、传统的基于股权控制的公司集团

对公司权力的主要限制——不得购买其他公司股票——曾深深根植于普通法系和大陆法系的历史传统中。美国内战后，宾夕法尼亚州取消了"公司拥有其他公司股权的禁令"，就像一个不知名的阿拉伯数学家把"0"引入了数学一样，成就了单一公司形态走向公司集团形态的关键之举。这被钱德勒称为"公司演进史上的转折点"。[②] 此后《新泽西州公司法》允许"公司享有持有其他公司股权"的权利，更是促使了 1897—1903 年的美国企业史上的第一次兼并潮，250 家具有支配力的大公司形成。经过这次"公司革命"，企业公司，尤其是巨型公司，不仅在美国，而且在世界范围内的变化上，起着一种主要的令人不胜吃惊的作用。[③] 时至今日，发达国家的公司已经由最初的单一公司形态完成了向关联公司以及公司集团形态的演变。[④]

跨国公司最常见的法律结构就是由母公司或者中介控股公司持有的、通过股份关联的紧密控制的公司集团。[⑤] 成员通常包括子公司、分公司及相对应的母公司或总公司以及其他附属公司。跨国公司往往通过涉及多个实体的多层次

---

① 陈东：《跨国公司治理中的责任承担机制》，厦门大学出版社 2003 年版，第 76 页。

② A. Chandler, *The Visible Hand: The Managerial Revolution in American Business*, Harvard Univ Press, 1977, p. 320.

③ ［美］伯纳德·施瓦茨：《美国法律史》，王军等译，法律出版社 2007 年版，第 292 页。

④ 吴越：《企业集团法理研究》，法律出版社 2004 年版，前言部分。

⑤ 余劲松：《跨国公司法律问题专论》，法律出版社 2008 年版，第 20 页。

的所有权结构网络控制其海外分支机构。联合国贸发组织全球跨国企业海外分支机构数据库的数据显示，全球跨国企业超过40%的海外分支机构是由其母公司（最终所有人）通过复杂的跨境股权结构所持有，股权链平均涉及三个国家或地区（司法管辖区）。

（一）母公司与子公司

仅以海外分部而非子公司的形式发展国际业务的做法，只局限在少数几个行业，跨国经营的主要形式还是母子公司。①

母公司是指通过拥有一定股权份额，在母国以外控制其他实体资产的企业。控制的最低限度为10%以上的普通股权份额。② 具体份额各国公司法有不同的界定。美国1935年的《公共事业控股法》规定，任何公司已发行的有表决权的股票中，如果有10%或更多的数量为另一公司所掌握时，另一公司即为该公司的母公司。法国1965年的《股份有限公司法》规定，如果一个公司掌握另一个公司50%以上的股本，则后者是前者的子公司，前者是后者的母公司。英国1948年的《公司法》第154条叙述为：（1）若A公司是B公司的在册股东，并实际控制B公司的董事会；（2）若A公司拥有B公司一半以上的股本；（3）B公司是A公司的孙公司（即A公司的子公司所拥有的子公司）。凡符合上述任何一个条件，则A公司是B公司的控股（母）公司，而B公司则是A公司的子公司。随着跨国公司控制权的行使从股权控制向非股权安排的转变，母公司的概念也发生变化。母公司是指通过掌握其他公司（子公司）的股票（股份），或者通过其他合同手段，从而能实际上控制其营业活动的公司。③

子公司是指另一实体直接拥有50%以上的股权，有权指派或撤换多数管理、经营或监督人员的东道国联合企业。④ 随着跨国公司行使控制的手段包括了合同安排，子公司的外延也发生了某些变化。根据某些欧洲国家的法律，由于持股或合同而处于另一公司决定性影响下的公司，是该另一公司的子公司。⑤子公司最本质的法律特征是子公司是依据东道国的法律设立的具有独立法人资格的实体。无论子公司采用何种公司形式，有限责任公司还是股份有限公司，

---

① A. A. Fatouros (ed), *Transnational Corporations: The International Legal Framework*, Routledge pub, 1994, p. 17.

② 联合国贸易和发展会议：《1996年世界投资报告（中译本）》，对外经贸大学出版社1997年版，第454页。

③ 余劲松：《跨国公司法律问题专论》，法律出版社2008年版，第20页。

④ 联合国贸易和发展会议：《1996年世界投资报告（中译本）》，对外经贸大学出版社1997年版，第454页。

⑤ 余劲松：《跨国公司法律问题专论》，法律出版社2008年版，第20页。

都必须遵守东道国法律规定的程序和条件。有的国家的法律（如德国法律）明确要求国外子公司要为两个主人服务，既要服从于东道国的管辖也要服从于母国的管辖。

根据母公司对子公司的持股程度，可将子公司分为全资子公司（母公司持有 100% 股权）、绝对控股子公司（母公司持有 50% 以上的股权）、相对控股子公司（一般股权比例在 25% －49%）、参股子公司（一般标准是持股比例低于 25%）四类。还有的分类将母公司持股 50% 或更高的国外经营单位称为国外子公司，而将其他母公司拥有 10% 以上，但不超过 50% 股权的国外联合企业称为国外附属公司。[①] 附属公司通常是指由母公司持有少数股权的公司。这些公司通常是独立的法律实体，但跨国公司的母公司对其没有多数控股权。

（二）总公司与分公司

分公司是投资者在东道国完全拥有的非法人企业。[②] 分公司的设立是以总公司的存在为前提，即设立分公司的总公司必须依外国法律登记成立。分公司并无独立的法人人格，其人格仅为总公司法人人格的延长。分公司是总公司在东道国设立的派出机构。分公司没有独立的财产，没有独立的公司名称和公司章程，没有独立的法人组织机构，只能以总公司的名义进行业务活动，不能独立承担民事责任。总公司对分公司的行为直接负责。分公司必须经东道国政府认可，依照东道国法律在东道国境内登记。许多国际性银行在海外投资均采用总分公司的形式。与分公司概念相对应，凡设立分公司的公司称为总公司。

分公司与子公司有很大不同：(1) 在注册程序上，设立分公司只需要在东道国注册即可，而设立子公司需要经过许可程序，并符合东道国有关法人设立的相应条件，这些条件因子公司是有限责任公司还是股份有限公司而有所不同。(2) 在注册费用上，一些国家法律规定外国投资者依据投资的金额缴纳注册费。采用分支机构的形式，注册费用按照总公司的注册资本计算，采用子公司的形式，注册费用按照子公司的注册资本计算。(3) 在所得税制度方面，有的国家（如美国）规定所得税的税基是公司全球营业所得，则采用分公司的形式，可以减少向政府纳税。(4) 在准入措施方面，有的国家明文规定外国投资者需以何种方式投资，如尼日利亚和印度的法律禁止外国投资者设立分支机构。巴西法律要求分支机构的经理需具有相当的文凭而子公司的总经理则不必有任何文凭。

---

① ［美］戴维·K. 艾特曼等：《跨国金融与财务》，贺学会等译，北京大学出版社 2009 年版，第 509 页。

② 联合国贸易和发展会议：《1996 年世界投资报告（中译本）》，对外经贸大学出版社 1997 年版，第 454 页。

分公司与办事处不同，虽然两者都是公司的分支机构。分公司是总公司在东道国依据该国法律设立的、以营利为目的从事生产经营活动的场所或者办事机构。[①] 办事处只是母公司在东道国依法设立的、直接从事一些商业活动的机构，不是企业实体，更不是一个独立的法律实体。办事处无权在东道国直接开展业务活动，只能从事诸如市场调查、传递信息、与客户保持联系、产品质量控制以及商品推销等商业活动。

（三）控股公司

控股公司依据其所从事活动的内容，可分可纯粹控股公司和混合控股公司。纯粹控股公司的目的只是通过掌握子公司的股份，支配被控股子公司的重大决策和生产经营活动，而本身不直接从事生产经营活动的公司。例如《卢森堡公司法》规定："纯粹的控股公司是指其唯一宗旨只为了在本国公司或在外国公司中参股，因而这类控股公司除拥有管理局的办公楼外，不得拥有其他土地，不得从事任何工商活动，也不得直接与公众进行交易活动。"[②] 混合控股公司指既从事股权控制，又从事某种实际业务经营的公司，又被称为控股——营业公司。现在许多跨国公司的母公司都采用这种控股——营业公司结构。

二、基于非股权控制的合同安排发展迅速

晚近，跨国公司发展的一个显著特征就是从母子公司之间的单纯股权控制安排，转向各种各样的具有实质影响的合同安排。正如孔查特和罗兰基（1988）在一篇文章中指出的："跨国公司的概念也许需要改变。传统上，它可以被看成跨国性的，企业自身'内部化'的控制链。而在当今，盘根错节且充满竞争的世界上，跨国公司更应该被看作一个联合体，它由彼此套牢的准市场交易关系所组成。"[③] 许多跨国公司除了拥有一个与所有权相联系的法律边界之外，还构筑起一个与非股权安排相联系的"软边界"。

所谓"非股权安排"是指跨国公司在东道国以承包商、代理商、销售商和经营管理者的身份，通过承包工程、经营管理等与股权没有直接联系的方式参与东道国公司的经营活动，获取一定的报酬的经营方式。非股权安排的主要形式有：销售协议、生产协议、特许经营、许可证、成套设备合同、交钥匙合同、管理合同、国际外包合同、劳务输出合同、制造合同、工程项目合同等。

---

① 邢钢：《公司法律问题的比较法与国际私法评判》，中国法制出版社 2018 年版，第 143 页。

② 朱慈蕴：《公司法人格否认法理研究》，法律出版社 1998 年版，第 248 页。

③ F. J. Contractor, P. Lorange (ed), *Cooperative Strategies in International Business*, New York: Lexingtan Books, 1988, p. 50.

（一）许可证协议

跨国公司的许可证协议是指跨国公司按一定价格向东道国公司转让某种技术使用权而规定彼此间相互权利义务关系的协议。它是国际技术转让最常见、最重要的法律交易形式。[①] 一般可分为独占许可和非独占许可两种形式。

许可证协议的主要优点在于投资少，避免母公司资金占用，特别是在东道国投资存在很大政治风险，以及两国之间文化差异明显的情况下往往成为首选。许可证协议的缺陷在于受让方（东道国公司）拥有很大的自主权，如果不按照许可协议生产经营，会损害跨国公司的长远利益。

（二）外包协议

企业竞争形势日趋复杂，单纯的纵向一体化企业已经不适应新的环境。“Do what you do best，out source the rest”的企业战略日趋成熟，外包应运而生。外包是企业内部资源有限的情况下，为取得更大的竞争优势，仅保留其最具竞争优势的核心资源，而把其他资源借助于外部最优秀的专业化资源予以整合，达到降低成本、提高绩效、提升企业核心竞争力和增强企业对环境应变能力的一种管理模式。[②] 外包是一种介于市场和企业之间的中间“地带”，是一种混合的制度结构。外包按业务领域，可分为“制造外包”和“服务外包”。前者指产品制造过程中零部件生产和组装环节外包，后者指技术开发与支持（如软件开发、产品设计等）和营销服务（如客户关系管理、物流管理、售后服务管理等）的外包。目前主要有信息技术外包、业务流程外包、知识处理外包三种形式。[③]

跨国公司作为外包的主要践行者和受益者，其全球业务外包对国际生产体系产生日益重要的影响。跨国公司通过外包协议对另一方生产加工企业行使控制权。跨国公司控制着产品价值链中增值最大的环节，而由分包商负责一些劳动密集型部分的生产。例如，在服务外包中，跨国公司将制造业价值链中的服务功能，以及制造业的专业性服务（金融、法律、人力资源管理等服务）通过FDI或者以合约形式提供给第三方经营，而母公司保留核心技术和商业秘密等产业链中的核心环节。

---

① 马忠法：《国际技术转让法律制度理论与实务研究》，法律出版社2007年版，第290页。

② 宋丽丽：《跨国公司服务外包研究：东道国和承接方视角》，复旦大学2008年博士论文，第60页。

③ 黄庆波、李炎：“跨国公司在华外包活动的深化与中国的政策选择”，载《国际贸易》2008年第12期。

（三）经销协议或代理协议

国际经销是指进口商与国外出口商达成协议，承担在规定的期限和地域内购销指定商品的义务。作为对其在东道国享有特定区域排他销售权的回报，经销商有义务购买该生产商的产品，并尽自己的最大努力销售产品。[①] 母国生产商和东道国经销商通常是相互独立的实体，但母国生产商可以通过经销协议对其实施较大的控制权。

国际商事代理是指在国际商事活动中作为代理人的商人为取得佣金，而依被代理人（母国生产商）的授权，为被代理人的利益与第三人为商行为，其中一个或多个环节发生在国外，由此而发生在被代理人、代理人及第三人之间的一种特殊的民事法律关系。依据委托授权的大小，可分为独家代理、一般代理、总代理和特约代理。

直接以东道国代理人或经销商为枢纽，可使母国生产商省去大量调查和开拓海外市场的时间、人力和物力，快速有效地将自己的产品打入当地市场。经销商和代理商的权利义务还是有些不同之处。经销商与母国生产商之间是买卖关系。而代理商与母国生产商之间是代理关系，代理商的权限限于代理协议的授权。

（四）特许经营

“特许经营”一词译自英语的“Franchising”，原指王室的一种特权，后又被引申为授予或出售的诸如使用某个名称或销售产品或服务的权利，即制造者或供应商授权销售按照约定的条件使用其产品和名称的权利。[②] 对特许经营的界定尚未统一。《布莱克法律词典》对“Franchising”的解释是指由政府授予个人或公司的一种特权，这种特权区别于一国公民所享有的普通权利。美国商务部规定，特许经营是指主导企业将自己开发的商品、服务和营业系统（包括商标、商号、企业形象的使用权、经营技术等）以合同的形式授予加盟店在规定的区域内经营和使用，加盟店则缴纳一定的营业权使用费，并承担约定的义务。特许人与被特许人之间的法律关系由特许合同确定。特许经营至少存在政府授权经营和商主体授权经营两种类型。

20世纪八九十年代，跨国特许经营成为国际直接投资的替代模式风行全球。特许经营适用于可以采用统一商业模式实施的服务型商品，如餐饮、计算机硬件和软件、化妆品和婚纱、旅馆等。按照特许权的内容划分有两种基本类型：产品商标型特许经营（产品分销特许）和经营模式特许（工业特许）。前

---

① D. F. Vagts, *Transnational Business Problems*, The Foundation Press, Inc., 1986, pp. 259 – 308.

② Black's Law Dictionary, 5ed, West Publishing Co, 1979, p. 592.

者是指特许者向被特许者转让某一特定品牌产品的制造权和经营权。特许者向被特许者提供技术、专利和商标等知识产权以及在规定范围内的使用权，对被特许者后续生产经营活动并不作严格的规定。这类特许形式的典型例子有汽车经销商、加油站以及饮料的罐装和销售等。目前在国际上这种模式发展趋缓并逐渐向经营模式特许演化。后者指特许人特许其他制造商按照它提供的商标、专有技术、生产规格等生产同类产品，并要求加盟店必须严格执行总店的质量标准、经营方针等。典型例子如可口可乐、麦当劳等。

三、跨国公司的外部一体化日益增多

跨国公司的法律形式不仅表现为跨国公司集团内部一体化的股权和非股权安排，还体现在跨国公司外部一体化的不断扩展。21 世纪，跨国公司外部一体化呈现出全方位合作的态势，突出表现为战略联盟和国际联营日益增多。

国际联营是指“两个或两个以上的公司合作以便为了一个特定的或有限的目的而作为一个单一实体行动时所产生的一个组织”。国际联营的法律形式可以是法人式合营企业或合伙。那些要求来自它国公司的技能和资源的、大规模的建设或工程项目，通常会采取这种形式。例如航空制造业中的波音公司和空中客车公司就是典型的代表。

“跨国公司战略联盟”是指两个或两个以上的跨国公司出于对整个世界市场的预期和企业自身总体经营目标和意愿，在某些利益共同点的基础上建立的风险共担、优势互补、利益共享的长期联合与合作的经营方式。作为跨国公司外部扩张的策略之一，跨国公司的战略联盟多数是一种非资本参与型国际竞争战略。它所形成的并非是一国企业对另一国企业进行控制和支配的纵向从属关系，而是在保持各自独立的基础上，企业间具有战略意义的长期合作关系，是介于纯粹的市场交易关系与完全的内部一体化之间的一种中间组织形式。跨国公司战略联盟既有合同安排的，也有股权安排的，还有两者相结合的跨国公司联合体。

第三节　跨国公司的组织结构

跨国公司的组织结构是跨国公司为了实现跨国经营目标而确定的一种内部权力、责任、控制和协调的管理组织形式。[①] 跨国公司的组织结构非常复杂，

① 杨宇光：《经济全球化中的跨国公司》，上海远东出版社 1999 年版，第 145 页。

为了适应跨国公司的发展战略，不断演进出新型组织形式，而且不同国别的跨国公司集团具有不同的组织结构倾向。

一、跨国公司组织结构的演进

“传统上，大型工业企业的管理上只有两种基本的组织结构……即集中的、按职能划分部门的结构（U 形结构）和多分支公司的分权化的结构（M 形结构）”①。随着信息时代的到来，另外一种结构——N 形组织结构走到了舞台中央，成为时代的新宠。

跨国公司的组织结构也无外乎上述三种类型。但跨国公司较之一般国内公司具有更为复杂的组织结构，“就像是文艺复兴时期人们心中的上帝，到处都是其运作中心，但找不到其外围的边界”②。从动态的角度来看，跨国公司分散在全球不同地理区域上的母公司和分支机构都有可能对组织的技巧和知识的积累做出贡献，跨国公司对这些技巧和知识的整合状况决定了企业的组织边界。③

（一）传统的科层结构

传统跨国公司的组织结构是金字塔式的垂直一体化的科层结构，层级制严格，决策权集中在母公司，子公司只被看作一个分支机构。母公司扮演着宗主国的角色，而子公司是围绕着宗主国的附属殖民地。这时母子公司之间关系更多地体现为管理和控制关系。

美国学者 Stophford 将这一时期跨国公司组织结构的演进分为三个阶段：分权式海外子公司、国际事业部的设立和迈向全球性组织结构之展开。④ 分权式海外子公司结构是国内企业向跨国公司演进过程中的一种过渡形式，存在于跨国公司发展的初期。⑤ 国际事业部是一个相对独立的利润中心，负责管理和协调企业所有的海外生产经营活动。跨国公司采用简单的国际事业部作为中心的辐射型网络进行组织，通常倚仗母国的武装力量作为保护，建立和控制着国际贸易通道。20 世纪 30 年代，这种以贸易为基石组建的网络因为贸易保护主义的兴起而不再畅行无阻了，新的组织结构诞生了。跨国公司的全球性组织形式是指跨国公司的母公司打破国内外业务的界限，从全球的角度出发，协调整个

---

① ［美］钱得勒：《看得见的手——美国企业的管理革命》，重武译，商务印书馆 1987 年版，第 546 页。

② Derrick de Kerckhove，The Skin of Culture，Somerville House，1995，p. 135.

③ 吴先明：“跨国公司治理：一个扩展了的公司治理边界”，载《经济管理》2002 年第 24 期。

④ J. M. Stophford &L. J. Wells，Managing the Multinational Enterprise：Organization of the Firm and Ownership of the Subsidiaries，Basic Books Inc，1972.

⑤ 阎海峰：《跨国公司网络组织》，复旦大学出版社 2007 年版，第 89 页。

公司的生产和销售活动，将国内外业务统一起来的组织形式。[①] 这种组织形式始于“二战”后，发展于20世纪60年代中期，目前仍处在逐步发展完善中。按照母公司与子公司的关系维度，可分为单维全球性结构和多维矩阵结构。单维全球性结构是跨国公司目前采用的主要形式，包括按照职能、产品和区域划分的三种形式。多维矩阵结构包括一般矩阵结构和战略矩阵结构。

跨国公司的组织结构与国外业务的所有权安排之间存在紧密的关系。随着企业卷入国际市场的程度增加，其组织结构呈现出一种规律性的演进。国际事业部结构适合于国外份额低，跨国经营品种少的跨国公司；地区结构适合于国外经营份额高，跨国经营品种少的跨国公司；产品结构适合于国外经营份额较低，跨国经营品种多的跨国公司；矩阵结构适合于国外经营份额高，跨国经营品种多的跨国公司。

（二）网络时代的扁平化

以组织内部集权与分权的均衡为主线，跨国公司的组织变革不断向纵深发展。外部市场的全球化和信息技术的发展也使得跨国公司传统的刚性边界逐渐淡化，网络化成为当今跨国公司国际生产的重要特征。母子公司之间中心与附庸的关系正逐渐弱化。[②] 子公司的角色从“当地执行者”逐渐向“特殊贡献者”和“世界命令者”转变。[③] 具体表现为：（1）组织结构扁平化。通过知识团队的知识共享实现企业目标。（2）组织结构虚拟化。成员可以共享彼此的核心能力；通过网络实现合作；程序导向；以顾客需求组建相应的虚拟联合体。[④]（3）组织结构柔性化。组织柔性化是跨国公司核心竞争优势的所在，是围绕着若干关键流程和顾客利益来确定企业的分工和结构，而不是根据产品或职能来定义其结构。（4）组织结构非正式化。网络技术的发展，使得员工无须在固定的时间、固定的场所去完成固定的工作。员工只要能在规定的期限内完成规定的任务即可。领导者对员工的监控通过企业内部的互联网络进行。跨国公司在结构上正逐步演变成“全球网络公司”。这种跨国网络结构的核心是追求当地市场的快速反应能力、同时利用全球规模经济、寻找有特色的知识来源来整合地方的优势。

与具有对称性的矩阵结构不同，跨国网络结构往往不具有对称性，也不在意组织、产品、地区之间的管理平衡。它更在意行业关键性资源在全球地域分

---

① 杜文中：《界限经济与市场主体行为》，经济科学出版社2004年版，第116页。

② 巫宁耕、邱巍：“经济全球化与跨国公司的资本及组织重组”，载《经济学家》2001年第3期。

③ 吕君：“国际跨国公司组织形态的演进规律研究”，载《经济论坛》2007年第13期。

④ 陈向东、魏拴成主编：《当代跨国公司管理》，机械工业出版社2007年版，第124－126页。

布的不对称性。跨国网络不仅表现为一个简单的公司内部网，还是一个通过多种形式（如合作协定、许可协议、关系合同、分包、战略联盟等）和不同渠道形成的公司外部网。这种公司外部网络组织可划分为增值合作伙伴和全球虚拟公司两种。前者由许多独立公司组成，通过紧密合作，共同管理产品价值链上的产品和服务，各基本单位之间以纵向关系为主，在一定程度的水平关系上也会有两个以上基本单位负责同一职能的情况。后者是由分布在全球范围内的独立企业，以联盟形式组成的合作组织，其主要目的在于迅速实现经营范围的扩大直至实现经营全球化。全球虚拟公司的形成是基于成员间的共同利益，而非共同的股权所有关系。网络组织中，各单位之间以水平关系为主。①

二、跨国公司组织结构的特征

跨国公司的组织结构区别于一般国内公司（或公司集团）的本质特征在于国际关联性和异质性。

（一）多样性

跨国公司所从事的经营活动因不同的国家、不同的业务和不同的职能而不同。不同国家社会文化背景对同一个业务的影响也是千差万别的。跨国公司必须对产品、职能和地区进行控制，必须处理好“国际化与本地化”“大公司与小单位”以及“集权化与分权化”的矛盾，必须面对更为复杂的经营环境。而组织结构和管理行动是对环境和特定要求的反应，必然具有多样性。多样性而非一致性是跨国公司组织结构、控制形态和战略的最重要特点。

（二）国际关联性

跨国公司这些不同而又多样的活动间存在着广泛的内在联系，并且只有通过这些联系，才能使跨国公司达到经营业绩目标。与之相适应，跨国公司的组织结构具有内在联系性，而且这种内在联系具有跨国的属性，是国际关联。

多样性和联系性这种矛盾特征的关系，对任何成功的跨国公司组织结构而言，都是必需的。而且跨国公司组织形态并非静止不动的，一直处于动态的变化中。这更增加了跨国公司组织结构考察的难度。

三、跨国公司组织结构的国别类型

虽然同属于母子公司集团的法律结构，但不同母国的跨国公司有着不同的组织结构倾向性、集权程度和决策制定能力。这一差异主要源自母公司治理体

① 薛求知、阎海峰：“跨国公司新组织形态：网络组织”，载《世界经济文汇》2001年第1期。

系的不同，具体组织结构有：英美国家的“金字塔式”集团、欧洲国家的双母国式集团、日本的综合商社、新兴经济体的国有控股型集团四种典型类型。

这种类型跨国公司的组织结构，一般都是母公司通过股权或者其他方式严密控制着子公司和其他附属公司，有时在母公司与子公司之间还有一个或多个中间控股公司（地区总部）来控制着下层的次级子公司集团。这就形成了母公司位于顶端的金字塔结构。

这种类型被除了日本以外主要的资本输出国广泛采用，尤其是英美控制的跨国公司。至少美国子公司的80%和英国子公司的75%不是被全部所有，便是被控制了多数股权。

欧洲很多大型跨国公司的组建是通过跨国并购形成，并购后出于税收考虑，双母国形态较为普遍。这是一种处于由一个母公司牵头的公司集团和独立公司组成的合营企业之间的结构。这种类型通常有两个母公司共同持股，旗下有各自的控股公司和子公司。例如联合利华公司有两个母公司：Unilever Ltd.（伦敦）和 Unilever NV（鹿特丹），对等持股，有共同的董事，并通过协议相连接，每个母公司的红利对等，依两个公司的普通股本支付。

日本跨国公司集团起源于家族控股的商业集团。1945 年后，《日本反垄断法》禁止重新出现上述集团。此后日本公司集团的特征表现为通过少量的、集团内部的交叉持股与公司间管理部门会议的组织协调相结合来控制卫星公司。主要控股公司有自己的业务，在卫星公司的持股限制在50%以内。[①] 对卫星公司的控制不是通过正式的表决权，而是通过管理部门的协调来行使的。日本跨国公司的特征是灵活性，基于股权的联结可与较松散的法律关系形式并存。

新兴经济体跨国公司有着与发达国家跨国公司不同的演进轨迹和结构特征。[②] 新兴经济体跨国公司是指来自新兴经济体、进行对外直接投资、在一个或多个国家从事价值增值活动并对跨国界经营活动进行有效控制的国际化企业（Luo 和 Tung，2007）。这类企业区别于传统跨国公司的重要特征在于其所有权优势里具有明显的国家干预属性和制度因素。其中的国有控股公司是指通过持有其他公司达到决定性表决权的股份，而对该公司进行经营控制，并主要从事资本经营及其他生产经营的国有企业。国有控股公司的资本金是国家直接出资，以资产运作，结构调整为重点，是介于政府和企业之间的特殊企业法人。

---

① 余劲松：《跨国公司法律问题专论》，法律出版社 2008 年版，第 21—22 页。

② 李佩璘："新兴经济体跨国公司与传统跨国公司的比较研究"，载《世界经济研究》2010 年第 5 期。

第四节 跨国公司的治理结构

一、跨国公司特殊的治理结构

伴随着跨国公司全球实力的增强，跨国公司的组织结构和治理模式日益受到人们的关注。建立在国内公司层面上的公司治理制度遇到了跨国经营的挑战。各国法律制度的差异、两大公司治理体系之间的差异使得跨国公司展现出比独立的国内公司和公司集团更为复杂的组织特征和治理结构。

“跨国公司治理”，狭义地讲是指有关跨国公司母公司及子公司管理层的功能、结构、股东的权力等方面的制度安排；广义地讲则是指有关控制权和剩余索取权在跨国公司各成员公司内部、各成员公司之间分配的一整套法律、文化和制度性安排。① 本书命题的论证采纳广义说。

跨国公司的治理结构可以分解为三大部分：一是母公司自身的治理结构；二是子公司的治理结构；三是母子公司之间的控制结构。这三部分之间是通过产权控制链和委托代理链连接的。

（一）母公司的治理结构

母公司的治理结构表现为剩余价值索取权与所有权相分离。剩余价值索取权是指企业收益在支付要素报酬和投入品价格之后的剩余收入的索取权。股份有限公司中公司的出资人拥有公司的所有权和剩余价值的索取权，经理人拥有经营权。而在跨国公司母公司中，因跨国经营和股权分散，造成母公司的经营者实际掌握了母公司的剩余价值索取权。剩余价值索取权由股东向经营者转移的特点，使得母公司经理人的“内部人控制”比一般公司更为显著。② 跨国公司的母公司——控股公司——子公司的管理层等级架构的控制链，不仅使子公司的少数股东难以行使控制权，母公司本身的股东也无力染指公司治理。③ 跨国公司母公司治理结构的重点是确保职业经理人对自身利益最大化的追求与公司股东利益最大化的目标相统一，实现母公司剩余价值索取权与所有权的对应。

（二）子公司的治理结构

子公司的治理结构表现为剩余价值索取权与所有权都统一在非自然人股

① 陈东：“跨国公司治理与管理层的义务”，载《厦门大学法律评论》第3期。
② 魏旭：“试论跨国公司治理的特殊性”，载《科技情报开发与经济》2006年第22期。
③ 陈东：“跨国公司治理与管理层的义务”，载《厦门大学法律评论》第3期。

东——母公司手中。一方面，子公司虽然是依据东道国法律设立的独立法人实体，但与一般的独立法人不同，在跨国公司的多层次产权关系中，子公司成为一种缺乏直接自然人股东的法人实体，其所有权主要由母公司掌握。另一方面，母公司作为子公司的控股股东，往往通过股权控制、知识控制和组织控制实现对子公司的剩余价值索取权。子公司的剩余价值索取权与所有权统一于母公司，并从根本上确立了子公司对母公司的依赖关系。跨国公司子公司的治理重点是母公司控制权的约束问题。

（三）跨国公司的跨国委托代理链

一般的国内公司中，委托关系存在于股东——董事会——经理之间。而跨国公司的委托代理链更为复杂。

在跨国公司的股东、母公司和子公司多层次产权关系中，至少存在两层委托代理关系：母公司与子公司之间的代理关系，股东与母公司之间的代理关系。前者子公司的直接委托人表现为母公司，但决定权掌握在母公司董事会手中。后者母公司股东是母公司董事会的委托人。虽然跨国公司代理关系中的最初委托人仍然是股东，而不是母公司董事会。但与单一公司不同的是，跨国公司的代理链是层叠式的，是在单一公司代理链的基础上叠加了一层代理链。[①] 这种跨国代理关系实际上是单体公司和企业集团代理关系在国外的进一步延伸，呈现出开放性、高成本和高风险的特点。

（四）跨国公司的跨国产权控制链

跨国公司通过资产联结而形成的控股关系是跨国公司内部体系构造中最常见的形式。作为由母公司通过控股、参股子公司形成的一个公司集团，跨国公司的产权在母公司和子公司之间被分解成若干相互关联的产权关系。自然人和法人是跨国公司母公司的股东，母公司或者中间控股公司是海外子公司的控股股东。在母公司股东与子公司之间，就形成了一种不同于国内公司的跨国性的股东——母公司——子公司的多层次产权关系。

跨国公司治理是一般公司治理跨国化的产物和高级形态。[②] 跨国公司治理的基本特性可以概括为：公司人格独立和公司控制是跨国公司治理两个不可或缺的要素，两者之间存在多样化的态势。换言之，跨国公司治理的基本特性即统一管理下的公司治理形态的多样化。[③] 公司治理结构在跨国公司这里产生了

---

① 双层代理链同时存在两种不同的契约关系，叠加式的代理链先后来自两种包含与被包含的契约。参见周新军："跨国公司多层委托代理下的公司治理"，载《管理科学》2006 年第 1 期。

② 王振宁："当代跨国公司治理机制初析"，载《金融与经济》2005 年第 9 期。

③ 陈东：《跨国公司治理中的责任承担机制》，厦门大学出版社 2003 年版，第 121 页。

变异。

（1）跨国公司全球性的“统一管理”使得传统公司的“公司财产与股东财产的分离”成为一纸空文。统一管理主要体现在“全球市场策略代替当地市场最优策略、统一的财务政策和统一的全球税收策略代替分散的个别策略”。跨国公司的兴起，使得公司财产独立原则在很大程度上已经为财产混同的现实所代替。①

（2）股东大会的空壳化使得传统公司组织机构的权力制衡无从体现。跨国公司情形下，股东大会呈现空壳化，子公司董事会的权力被架空，子公司的实质控制权掌握在母公司管理层手中。子公司管理层对子公司的控制股东（母公司）的遵从，使狭义上的“代理问题”在跨国公司整体治理结构下几乎找不到踪影。②

二、母公司控制权的约束问题是跨国公司治理的核心问题

跨国公司治理的特殊性，体现为解决跨国公司在两个或两个以上法域运作时产生的特殊问题，尽管几乎所有跨国公司的核心治理结构无论如何与其总部设立地之法域的通行原则的关系最为密切。③ 这些特殊问题包括：（1）委托人的法人性和母公司性；（2）代理人的机构性和子公司性；（3）多维度的治理主体和治理客体；（4）股东、内部人和利益相关者的多国籍性等。

公司治理的终极问题是公司控制。④ 公司控制手段的设计是跨国公司得以存在和发展的前提。跨国公司治理的核心问题是跨国公司集团内部是谁在什么状态下实施控制？如何控制？能否课以相应的责任承担机制？简言之，母公司对子公司的债务承担问题是整个跨国公司治理的核心所在。

（一）治理结构的超国家性

一般国内公司的公司治理都是建立在特定的法律框架之上的，治理结构往往由国内公司法规定。目前主要有英美模式和德国模式两种。但跨国公司的组织边界已经超出了一国范围，治理结构也具有超国家性。

跨国公司治理的超国家性主要表现为：（1）委托代理链的超国家性。一般

---

① Australia, Companies & Securitits Adrisory CommiUtet Corporate Groups Final Report, May 2000, at http/www. Asic. gov. au/pdf/CASAC – FINAL – REPORT. Pdf, p. 29. 转引自陈东：《跨国公司治理中的责任承担机制》，厦门大学出版社 2003 年版，第 69 页。

② 陈东：《跨国公司治理中的责任承担机制》，厦门大学出版社 2003 年版，第 75 页。

③ 陈东：《跨国公司治理中的责任承担机制》，厦门大学出版社 2003 年版，第 63 页。

④ P. N. Doremus, W. W. Keller, L. W. Pauly & S. Reich, *The Myth of Global Corporation*, Princeton Univ. Press, 1998, p. 138.

国内公司的治理结构都是建立在某一国家特定的法律框架下，股东在公司内部治理结构中起主导作用，同时外部市场机制（经理市场、证券市场和公司控制市场）在一定程度上，也可以弥补公司治理结构的不足，减轻信息不对称和代理风险。[①] 而跨国公司的委托代理关系是在不同国家独立法人之间形成的委托代理关系，只是由于母公司掌握了具有创造性的核心资源，才将各子公司纳入统一的治理模式之内。(2) 跨国公司治理的复杂性。跨国公司在两个或两个以上的法域运作，尽管几乎所有跨国公司的核心治理结构无论如何与其总部设立地之法域的通行原则的关系最为密切，然而东道国子公司治理结构之设计，必须遵守东道国相关法律的规定。子公司管理层可能面临所谓“双重效忠义务”的窘境。母公司则面临着如何解决跨国公司治理在整体上不一致，不协调，甚至是混乱的问题。(3) 跨国公司利益相关者的边界扩大了许多。跨国公司的利益相关者包括母公司和子公司、合资企业和战略联盟、外派经理和国际劳工以及母国和东道国政府。委托代理层级的增多，使得高级经理人员而非股东在治理机制中起了主导作用，这是跨国公司治理不同于国内公司治理的重要特征。

跨国公司治理超国家性的根源在于跨国公司经济上的一体化和法律上的独立性之间的矛盾。作为一个统一的经济实体的存在，这种跨国的公司控制是必不可少的。跨国控制使得法律上各成员的独立成为“镜中花和水中月”。具体体现在：(1) 缺乏适用于跨国公司治理的法律框架；(2) 国内监管机构无力监管跨国公司的内部关联交易；(3) 对跨国公司的社会责任缺乏有效的监督机制。[②]

（二）治理结构的多样化

跨国公司治理结构的本质特征是统一管理下的公司治理形态的多样化。多样化的根源在于跨国公司作为一个公司集团形态的存在。母公司与子公司之间不同的合约安排构成了跨国公司治理区别于一般公司治理的特殊性。[③] 母公司与子公司之间不同的经营目标和地位，形成了两者之间不同的合约安排。母公司面临着如何解决跨国公司治理在整体上不一致甚至是混乱的问题。母公司治理结构的重点是职业经理人的约束机制问题。子公司治理结构的重点是在遵守东道国法律前提下，平衡子公司管理层“双重效忠义务”的窘境，有效约束母公司或母公司管理层控制权的问题。

---

① 吴先明：《跨国公司治理》，商务印书馆2005年版，第67页。

② 吴先明：《跨国公司治理》，商务印书馆2005年版，第68—75页。

③ 魏旭：“试论跨国公司治理的特殊性”，载《科技情报开发与经济》2006年第22期。

（三）高级管理人员处于主导地位

一般的国内公司的治理是由公司的投资者授权董事会作出的。而在跨国公司子公司治理结构中，股东演变成为母公司、控股公司或其他子公司。母公司的高级经理人员进入各级子公司的董事会，行使出资者代表的职责，子公司的总经理也由高级经理人员担任。在这种治理结构中，子公司的董事会和总经理之间并未形成真正的委托代理关系，母公司的出资者被隔离在重重的委托代理关系之外，高级经理人员在跨国公司的各级治理关系中居于主导地位。[①] 加之技术、市场技能和管理经验在国外子公司的成功运作中起着重要作用，子公司的高级经理人员控制着子公司。跨国公司治理结构必须面对的严峻考验是在母公司和子公司的股东作为委托人很难有效地监督子公司经理人的代理人行为时，如何建立有效的跨国传导机制，实现对高层经理人员（代理人）的有效激励和监督。

（四）母公司地位的特殊性

公司资本所有权与管理权的分离会产生代理问题。但跨国公司内部，作为子公司股东的母公司或中间控股公司往往不是所有权与经营权相分离中的超脱者，而是直接干预或影响着子公司的经营活动。[②] 子公司的所有权与经营权集中于母公司手中，实际上由母公司的职业经理人掌握，形成了一种不同于传统代理问题的大股东（母公司）、小股东和经理层的利益格局。跨国公司子公司的治理重心不在于“代理问题”，而是母公司控制权的约束机制。这种约束机制包括：作为控制股东的母公司的诚信义务规则、子公司少数股东保护规则、子公司及其利益相关者权益保护方面的其他制度。[③]

（五）控制机制与协调机制并重，协调机制更为突出

跨国公司母子公司之间的控制机制是通过自上而下的措施来保证母子公司之间垂直联系的有效性，保证子公司的活动符合跨国公司一体化战略的制度安排。这种控制包括股权控制、知识控制、组织控制、文化控制等机制。控制是最基本、最原始和最主要的治理机制，处理的是跨国公司的纵向关系。协调是为了弥补纵向控制不足而产生的横向联系，主要处理跨国公司内部子公司之间因部门设置造成的阻隔以及跨国公司与外部利益相关者之间因利益不同造成的

---

① 吴先明：《跨国公司治理》，商务印书馆2005年版，第55页。

② 李金泽：“公司人格独立与有限责任原则面临跨国公司的冲击”，载《合肥联合大学学报》2000年第2期。

③ 余劲松：《跨国公司法律问题专论》，法律出版社2008年版，第67—80页。

分歧。随着跨国公司边界的扩大、治理范围的拓展以及组织结构的扁平化、网络化和虚拟化，协调的功能势必越来越重要。作为一种将特定工作的责任分属不同单位的网络体系，跨国公司的管理与决策分散于同一跨国公司的若干部分，“控制公司”与“受控公司”之间的界限越来越模糊。尤其是成熟的跨国公司中多级所有制结构很常见，母公司拥有国外子公司，而子公司也可以通过建立自己附属的海外企业而成为附属企业的“母公司”。根据联合国跨国公司项目1991年对美国最大制造业跨国公司的抽样调查，其所有权结构平均为2.4级，46%的公司有3级或超过3级的海外企业。① 跨国公司的母公司和子公司往往通过共同出资的方式组建新的合资企业，或者通过母公司和子公司交叉持股来实现对海外企业的间接控制。彼此之间的控制功能下降，而协调的意愿却在加强。

① 资料来源：UNCTAD，World Investment Report 1993。

第二章

跨国公司身份析论

第一节 跨国公司的人格

尽管对何谓跨国公司尚且众说纷纭，不可否认的是作为支配性的一支制度性力量，跨国公司已经居于世界的中心，改变了全球的投资、生产和经营，推动了经济全球化的进程。那么它们的法律地位如何呢？是国内法主体？还是国际法主体？抑或两者都不是？这是直接关系到如何规范跨国公司行为，如何管辖跨国公司活动的根本问题。

“人格”一词在实际使用时有不同的含义，但其最基本的含义还是具有独立法律地位的权利主体的资格。[①] 英国国际法学者 M. 阿库斯特认为：“法律上的人格即法律地位，是法律主体具有创设法律关系和负有法律上的权利义务的资格。”[②] 法律主体是法律关系的参加者，即在法律关系中享有权利或负有义务的人。而要成为法律主体就必须具有权利能力和行为能力。民事权利能力是成为民事主体的前提。行为能力是成为民事主体的充分条件。跨国公司能否成为国内法和国际法主体，取决于它们是否具有相应的权利能力和行为能力。故本节首先讨论跨国公司的权利能力和行为能力，进而探讨跨国公司在国内法和国际法上的人格。

一、法人的人格

法人制度萌芽于古罗马法，但正式形成于现代资本主义社会，是资本主义

① 江平主编：《法人制度论》，中国政法大学出版社 1994 年版，第 3 页。

② ［英］M. 阿库斯特：《现代国际法概论》，汪暄、朱奇武等译，中国社会科学出版社 1983 年版，第 80 页。

商品经济发展的产物。最早在立法中采纳“法人”一词的是1852年《撒克逊民法典》。[①] 1896年《德国民法典》的第1章第2节对法人的各项制度作了详尽的规定。[②] “法人”，被赋予了形式上“人”的内涵。这种对于团体人格的塑造，本质动机是通过使法人财产独立化而产生限制责任的效果，从而限制投资人风险，调动投资积极性。[③] 但何谓“法人”，大多数国家均未作出定义性规定。只有瑞士和我国给予其明确界定。

“法人者，团体人格也。本质特征有二：一是团体性；二是独立法律人格性”[④]。法人的民事权利能力是法人能够以自己的名义独立享受民事权利和负担民事义务的资格。[⑤] 权利能力是私法上的主体资格。法人如同自然人，因其能发挥社会的作用，有适于具有权利能力的社会价值，故应予以权利能力。[⑥] 但法人的人格赋予纯粹是经济生活发展之需求的产物，并不包含自然人的人格所表现的人类尊严、生而平等之价值观念。[⑦] 不同于自然之间的平等性，法人的民事权利能力相互具有差异性，其范围受到限制。包括性质上的限制，法律上的限制和目的上的限制。[⑧] 法人的民事行为能力是指法人能够通过自己的行为取得和行使民事权利、承担民事义务的能力。法人的行为能力和权利能力在存续时间上是一致的，法人民事行为能力范围受到其目的和经营范围的限制，只能在所在国法律规定的范围内享有和行使。法人的本质特征是通过法律制度形成的人。[⑨] 因此，法人的行为能力实际上表现为法人代表机关和代表人的民事行为能力。

各国民商法对此有不同的规定，难免发生法律冲突。一般而言，法人权利能力和行为能力的法律冲突，适用法人属人法解决。但外国人在内国的活动，必须得到内国的认可并遵守内国法律，因此还要受到内国的外国人法的制约。

---

① 冯苏京：《企业1000年——企业形态的历史演变》，知识产权出版社2010年版，第206页。

② 章尚锦主编：《国际私法》，中国人民大学出版社2005年版，第135页。然而法人这个概念仅出现在第二节的标题中。该节共69个条文，仅满足于列举性地规定法人的某些种类，而对法人未做界定。

③ ［德］迪特尔·梅迪库斯：《德国民法总论》，邵建东译，法律出版社2000年版，第815页。

④ 江平：《法人制度论》，中国人民大学出版社1994年版，第7页。

⑤ 郭明瑞主编：《民法学》，北京大学出版社2001年版，第63页。

⑥ 张俊浩主编：《民法学原理》，中国政法大学出版社1997年版，第164页。

⑦ 尹田：《民事主体理论与立法研究》，法律出版社2003年版，第183页。

⑧ 邢钢：《公司法律问题的比较法与国际私法评判》，中国法制出版社2018年版，第22-23页。

⑨ ［德］迪特尔·梅迪库斯：《德国民法总论》，邵建东译，法律出版社2000年版，第813页。

二、公司的人格

大陆法系和英美法系对公司有不同的理解。大陆法系认为，公司是以从事商行为或以营利为目的的，依照公司法组建、成立的社团法人。① 而在普通法系国家，与大陆法系中公司概念相对应的部分，仅指具有法人资格的商人公司，即那种以获得经济利益为目标，其收益在公司成员之间进行分配的法人社团。② 无论如何，公司的本质都是法人身份和营利性质。

公司的法人身份并不是自始就有的，是近代立法添加给它的内涵。最早确立公司独立法人地位的司法判例是英国衡平法院的萨洛蒙诉萨洛蒙有限公司案。该案中，皮革商萨洛蒙及其家人组建了萨洛蒙有限公司，萨洛蒙将其靴店卖给公司，售价 38 782 英镑。其中，20 000 英镑作为萨洛蒙认缴给公司的股金，10 000英镑作为公司对萨洛蒙的欠款，并以公司资产名义设置了担保。公司因经营不善被依法清算，公司其他债权人以萨洛蒙和萨洛蒙有限公司实为同一人为由，要求萨洛蒙对公司其他债权人承担赔偿责任。当时的一审法院和巡回法院均支持上述主张。但在萨洛蒙提出上诉后，衡平法院驳回了原判决，认为公司一经合法成立，就是一个独立的法人组织，萨洛蒙不应承担责任。③ 公司是在从特许设立到准则设立的过程（即古代公司向近代公司进化的过程）中才转变成法人的。国家权力加入了公司的设立程序，是公司纳入法人的标志。④ 在现代，"公司"已成为营利性法人的专用名词。⑤ 大多数国家公司的权利能力从属于法人的权利能力，并不在公司法中作出规定，只有《美国示范公司法》和各州公司法分别列举了公司的权利能力内容。⑥

公司的法人人格独立主要体现为：独立的组织、独立的财产和独立的责任。此外，公司的人格要素还应当包括公司名称与公司住所。独立的法人机关负责法人的决策，无须其他组织而存在，法人成员的变动也不影响法人的存续。独立的财产是团体具有独立人格的绝对要件。公司财产独立意味着公司财产与出资者个人财产的分离。公司债权人的权利仅限于公司财产，不能对抗公司成员的个人财产。独立的责任意味着公司债权人的权力仅限于公司资产，不能对抗

---

① 参见《瑞士民法典》第59条第2项，《德国商法典》第6条等。

② 方流芳："中西公司法律地位历史考察"，载《中国社会科学》1992年第4期。

③ 冯苏京：《企业1000年——企业形态的历史演变》，知识产权出版社2010年版，第207页。

④ 方流芳："中西公司法律地位历史考察"，载《中国社会科学》1992年第4期。

⑤ 方流芳："中西公司法律地位历史考察"，载《中国社会科学》1992年第4期。本书在同一意义上使用两词。

⑥ 邢钢：《公司法律问题的比较法与国际私法评判》，中国法制出版社2018年版，第22－23页。

公司成员（股东）的个人财产。有限责任的核心是公司责任与股东责任的分离。有限责任是公司法人人格的重要基石，推动着公司法律制度的发展。公司名称是公司之间区分的标志，是公司统一参加法律关系的必备要素。公司的住所是指公司的组织机构所在的处所。此外，任何一个公司的法人资格必须符合某部公司法所规定的设立要件，并且履行法定程序设立成功才可以取得。公司注册地就是公司的出生地。①

三、跨国公司集团不是国内法主体，成员是各自国家国内法主体

既然公司的法人人格是公司注册地登记机关依据其所在地的公司法授予的，公司的独立法人人格体现为独立的组织，独立的财产和独立的责任，那么考察跨国公司的法人人格，也应该从上述角度出发。法律上，跨国公司处于一种松散状态，其成员分别是注册地或住所地国家的法律主体，而跨国公司本身只是若干不同国家的公司、合伙以及其他经济实体组成的集合体。该集合体缺乏法律意义上的集团意志，无法以集团的名义独立承担法律责任。实践中，公司集团尚未被任何一个国家认可为国内法主体，更何况跨国的公司集团。因而跨国公司不是国内法主体。跨国公司的成员分别是各自国家的国内法主体，需要服从其所在国的管辖。

在国内法上，跨国公司各个实体没有特殊的地位。它们与所在国的商业组织具有相同的地位。需要注意的是，子公司与分公司具有不同的法律地位。前面已经提到，在国外设立的子公司，是东道国的法人，有自己的财产，对外能独立承担责任。母公司仅以出资对子公司承担责任。分公司是总公司在国外设立的分支机构，本身不具有独立的法人资格，是总公司的代理，总公司对分公司的行为负直接负责。

四、跨国公司集团不是国际法主体

国际法主体是指能够独立地参加国际关系，直接在国际法上享受权利和承担义务，并具有国际求偿能力者。② 国际法主体应具备的三个要件是独立参加国际关系的能力、直接承受国际权利和义务的能力以及独立进行国际求偿的能力。判断跨国公司是否具有国际法主体地位同样取决于其是否具有这种能力。

---

① 赵磊：《公司法中的外国公司法律问题研究》，法律出版社 2017 年版，第 15 页。

② 王铁崖主编：《国际法》，法律出版社 1995 年版，第 64 页。

（一）跨国公司没有以集团意志直接参加国际关系的能力

（1）跨国公司各个实体是所在国的国内法主体，那么其权利能力和行为能力只能取决于国内法的规定。基于这种多国管辖的后果，跨国公司集团没有根据自己意志独立参加国际关系的能力，只能在各自国家的政策和法律允许的范围内参加国际和国内活动。（2）法律关系的主体资格是由法律确定的。公司集团尚未被任何一个国家法律认可为国内法主体，没有独立的公司集团意志。跨国公司集团更没有独立的集团意志。

（二）无直接承担国际法权利和义务的能力

（1）跨国公司各实体分别依据所在国国内法创设并受其管辖。[①] 与之相对应，跨国公司集团在不同国家内受不同的法律管辖，基于这种管辖，跨国公司集团没有直接承担国际法权利和义务的能力。（2）国际条约上的权利义务一般是国家的权利、义务和责任，而不是私人的权利和义务。只有当国际条约转化为国内法时，私人（包括跨国公司）才可以基于实施该国际条约的国内法享有国内法上的权利和承担国内法上的义务和责任。（3）“很多国际法规则是为个人和公司的利益而存在的，但不一定意味着这些规则为个人或公司创设权利，正如禁止虐待动物的国内法并不赋予动物以权利一样”[②]。私人（跨国公司）只是国际条约的受益者或受损者，而不是条约上的权利人或义务人。

（三）无独立进行国际求偿的能力

晚近国际投资条约赋予的私人国际诉权是间接权利，是由国家赋予的，也可以通过修改条约或退出条约而被国家废除。因而，跨国公司没有独立进行国际求偿的能力。美国第四次《对外关系法重述》草案延续了第三次重述的内容，只是根据最新判例做了一些补充。对于条约能否为私人创设诉权的问题，第111条沿用了原来的规定，即国际协定，即使是那些直接有利于私人的协定，原则上也不创设私人诉权或者在国内法院创设私人诉因。[③]

ICSID、NAFTA、ECT和晚近众多双边投资条约/自由贸易协定规定了投资者/国家投资争端仲裁解决程序。但这种国际诉权是在相关国家授权或者首先承担了诉讼权利和义务的前提下，私人享有的间接权利。例如，ICSID赋予投资

---

① 沃吉纳：“多国公司和国际法”，载《荷兰国际法杂志》1980年第1期。

② ［英］M. 阿库斯特：《现代国际法概论》，汪暄、朱奇武等译，中国社会科学出版社1983年版，第83页。

③ 杜涛：“国际私法国际前沿年度报告（2016－2017）”，载《国际法研究》2018年第3期。

者提起争端解决国际仲裁的权利的前提是投资者母国是ICSID的成员。这一权利是投资者母国赋予投资者的。而且，投资者在东道国通过注册成为东道国法人的地位并未发生本质变化。绝大多数情况下，该法人仍受东道国管辖，ICSID只是在特定条件下通过有限的国际解决来对投资者的利益提供保护。

（四）相关判例

美国联邦最高法院在2013年4月17日的柯欧贝诉皇家荷兰石油公司案（Kiobelv. Royal Dutch Petroleum Co.，以下简称Kiobel案）中维持了第二巡回法院的判决结果。第二巡回法院在判决书中就是以跨国公司在习惯国际法上没有法律地位为由驳回了原告的诉讼请求。①

综上所述，跨国公司既没有国际法主体的资格和能力，也不应该具有这种资格和能力。跨国公司的成员是所在国的国内法主体，其法律地位与一般私人没有区别，只是由于其不同法律实体之间的特殊经济联系而使得一些法律问题变得更为复杂。② 跨国公司集团作为一个整体，既不是国内法主体也不是国际法主体。

第二节 跨国公司的国籍

一、国籍

作为一个法律概念，国籍始自法国大革命。③ 至今，何谓“国籍”以及国籍的适用对象，各国的学者、立法和法院仍有不同的解释。④ 国际法院认为：“国籍是以依附、生活和情感的真正联系的社会事实以及相互权利和义务为基础的法律纽带。”⑤ 狭义的国籍专指自然人的国籍，“一个人属于某一个国家的国民或公民的法律资格”⑥。由于国家对公司的控制不在人身的直接支配，用自

---

① 杜涛：“国际私法国际前沿年度报告（2015－2016）”，载《国际法研究》2017年第2期。

② 王彦志：《国际经济法总论：公法原理与裁判方法》，华中科技大学出版社2013年版，第232页。

③ ［荷］Richard Plender：《国际移民法》，翁里译，中国人民公安大学出版社2006年版，第7页。

④ 张庆元：《国际私法中的国籍问题研究》，法律出版社2010年版，第14－17页。

⑤ ［英］詹宁斯、瓦茨修订：《奥本海国际法（第1卷第2分册）》，中国大百科全书出版社1998年版，第295页。

⑥ 王铁崖：《国际法》，法律出版社2004年版，第121页。

然人国籍来套用存在解释上的一些困难，所以理论和实践上存在否认公司国籍的主张。[①] 随着法人越来越多地参与到国际民商事交往中，19 世纪大多数国家才承认法人也具有国籍。[②] 在确定法人与国家之间的隶属关系，区分本国法人和外国法人进而解决一系列与法人有关的国际私法问题时，“国籍”这一概念是最接近的。现代，有的国家还将国籍的适用对象扩展到某些法律关系客体（如船舶、航空器），“国籍是指自然人、法人及其某些财产与一国有特殊关系时，根据国际法原则，该国国内法为行使管辖权赋予的法律联系。可赋予国籍的财产有船舶、航空器和空间物体等”。[③] 本书从国际私法角度研究国籍制度，目的是站在内国法院的立场上，判断是否有管辖权以及确定当事人的属人法连接点。

二、法人的国籍

法人的国籍[④]是法人与其所属国的一种永久、稳固的内在联系，是区分内国法人与外国法人的重要标志。[⑤] 一般来说，享有法人的权利并参加民商事活动的组织和公司，总是隶属于某一特定的国家及其法律秩序的。法人的这一特性，在国际私法中称为法人的国籍。[⑥] 法人国籍在国际私法上的重要性在于：（1）判断是否是国际民商事关系的重要标准。（2）确定国际民事诉讼中管辖权和诉权的重要依据。（3）确定法人法律地位的重要依据。内国法人和外国法人在设立的程序、法律地位、享受的待遇和保护的力度方面都有很大的差异。（4）给予境内法人不同待遇的依据。国际投资中的国民待遇、最惠国等都要首先区分法人的国籍。（5）确定法人属人法的重要依据。解决法人权利能力和行为能力的法律冲突通常依据法人属人法。大陆法系国家多以国籍作为属人法的连接点。（6）寻求本国外交保护的唯一法律纽带。在国际投资法中，当外国具有法人资格的公司、企业到东道国投资时，为了确定其一般法律能力，就必须确定其国籍。

---

① 邢钢：《公司法律问题的比较法与国际私法评判》，中国法制出版社 2018 年版，第 2 页。

② 张潇剑：《国际私法学》，北京大学出版社 2000 年版，第 256 页。

③ ［韩］柳炳华：《国际法（上册）》，朴国哲等译，中国政法大学出版社 1997 年版，第 306 页。

④ 鉴于在现代公司已成为营利性法人的专用名词，下文中如无特别说明，有关法人的规定适用于公司。

⑤ 蒋新苗主编：《国际私法学》，高等教育出版社 2008 年版，第 112 页。

⑥ 英美法称为法人的住所或法人所在地。参见隆茨等：《国际私法》，吴云琦等译，法律出版社 1986 年版，第 87 页。

1923年国际常设法院关于“突尼斯——摩洛哥国籍案”的咨询意见和1955年国际法院关于“诺特鲍姆案”的判决肯定了国籍是一国主权范围内的事项，各国有权制定自己的国籍法。[①] 由于各国社会历史传统的不同，发展阶段的不同，立法的重心不同使得各国确定法人国籍的标准各异。加之法人在存续期间经常会发生管理中心变动、营业所迁移的情况，更增加了确定法人国籍的难度。实践中有注册地标准、住所地标准、资本控制说和复合标准说等。

（1）准据法学说。依据哪国法律、在哪国登记为准来确定公司国籍。如国际法院的判决认为，为了国际法的目的，公司是根据其法律成立并在其领土内有注册机构的国家的国民。[②] 该学说有许多变种，如设立地主义、登记地主义和准据地国籍主义等。“设立地主义”认为：“为了使国际法能适用于公司……通常是把公司归属于它按照某国的法律组成为公司的那个国家，因为它是由于该国而获得法律上存在的。”“登记地主义”认为：注册地国家的法律赋予了法人在法律上的主体资格，因此凡是在本国注册登记的法人即为本国法人，在外国注册登记的法人为外国法人。“准据法主义”认为：法人是根据一国法律的规定并基于该国明示或默示许可而成立的，所以应当以法人设立时所依据法律的所属国作为法人的国籍。美国1971年《第二次冲突法重述》采取此种标准。目前，准据法说为英美法系国家、俄罗斯及东欧国家所普遍采用，在实践中运用最为广泛。这一学说的优点在于法人的设立地易于确定，据此确定法人的国籍相对简单。但实施这一标准经常遭遇法人选择到注册登记简单的国家登记以规避本应适用的内国法的情形。随着跨国公司的出现，法人不可避免地出现多重国籍，不利于对法人进行实际控制。

（2）法人住所地学说。法人的住所与法人的经济活动联系最为紧密，法人的住所在哪个国家就应以其为国籍国。这一学说为法国等西欧国家所采用。对于何处为法人的住所，学者的主张和各国的实践尚未统一，通常以法人的管理中心或者营业中心为法人的住所。如1951年海牙《国际私法统一法》第3条规定：“法人及其代表机构的存在应依法人的住所地法，……适用本条规定时，法人的住所地应为法人的管理中心。”《法国民事诉讼法》第43条规定：“被告为法人时，由法人设立地法院管辖”，即法人的主要经营机构所在地法院管

---

① 赵建文主编：《国际法新论》，法律出版社2000年版，第176页。

② ［美］约崧夫·P. 格里芬、米歇尔·R. 卡拉布里斯：“如何处理域外管辖争议”，张薇译，载《环球法律评论》1989年第5期。

辖[①]。法人的住所在实践中与法人的关系最为紧密，这一标准有助于住所地国对法人的控制和管理。但实践中，运用这一标准考察跨国公司的国籍，会增加跨国公司的法律规避和国籍冲突的可能。

（3）资本控制学说。该学说主张以法人控制者的国籍来确定法人国籍。该学说有股东国籍主义、董事国籍主义、管理人员国籍主义等变种。资本控制说的理由在于：法人是由其设立人建立起来的组织，法人必将代表设立人的利益。因此，法人的权利实际上属于设立人。法人不能脱离其设立人而独立存在，法人只能与其设立人同一国籍。[②] 从公司的理论来看，公司设立之后就具有了脱离其设立人的独立人格。如果为了探究公司的国籍频繁地“揭开公司面纱”，无疑会从根本上动摇公司的独立人格制度。而且现实中法人的资本经常变动，此标准很难执行。

（4）分类标准说。该学说主张针对不同类型的法人应采取不同的国籍标准。《布斯塔曼特法典》是采取这种学说的典型。《布斯塔曼特法典》第 33 条规定：“除前两条规定的限制外，公司的民事能力受准许公司成立或承认公司的国家的法律支配。财团法人的民事能力受其组织规则的支配，如其本国法要求，此项规则应经主管当局核准。社团法人的民事能力则受其章程的支配，如其本国法要求，此项章程亦应经主管当局核准。”

（5）复合标准说。这种学说是把前述标准两种或两种以上的标准结合起来确定法人的国籍。如我国《外商投资法》第 2 条规定，本法所称外商投资企业，是指全部或者部分由外国投资者投资，依照中国法律在中国境内登记注册设立的企业。采用的就是资本控制说、准据法说和注册地说的复合标准。

目前采用较多的是兼采准据法主义和住所地主义两大标准来确定法人的国籍。这一标准体现了两大法系在法人国籍确定标准上的融合，在一定程度上避免了法人的法律规避。但在当代，法人在一国注册又在外国设立住所的情况比比皆是，采用此种复合标准说就会出现无国籍法人的现象。可见简单地坚持复合标准说，并非万全之策。

三、跨国公司的国籍

全球化时代，共享技术和共享标准的实施使得跨国公司能够实现真正的全球化生产。作为现代企业发展的最高级形式——全球整合企业，更是已经脱离

---

① 张卫平、陈刚编著：《法国民事诉讼法导论》，中国政法大学出版社 1997 年版，第 43 页。

② 陈杰：“公司国籍判断标准之评析”，载《天府新论》2006 年第 6 期。

了“国籍”的束缚，冲击着传统法人的国籍属性。据此，日本学者大前研一提出了“无母国公司”的观点。然而，不可否认当代世界经济仍然是以“国家实体”界限衡量的，只要有国家存在，国籍仍然是跨国公司抹不去的烙印，区分跨国公司的国籍仍有其法律上和经济上的需要。而跨国公司经济上的一体化和法律上的独立性，造就了跨国公司的国籍在经济学和法学上的不同影像。

（一）经济上：母国的国籍即跨国公司的国籍

跨国公司是指对在一个以上国家的增值财产拥有全部或部分所有权，并进行控制和管理的任何公司。① 这种控制和管理在跨国公司发展的早期是通过一个决策中心（母公司）来完成的。母公司是整个跨国公司集团的最高决策和管理中心，对其他成员拥有高度集中的管理权和决策权。母子公司的这种非对称关系赋予了母公司在整个跨国公司集团中的特殊性，母公司的国籍常常被等同于跨国公司的国籍。正如国际权威财经杂志上企业和品牌排名所显示的，母公司所在国通常被称为跨国公司的国籍国。跨国公司的母国是指：（1）公司成长国；（2）权力首要国；（3）总部所在国；（4）公司利润和技术的最大受益国，而且公司的主要所有者和管理者一般持有该国国籍。② 在某种意义上说，跨国公司依然是从事国际经营（如设立海外分支机构）的国内企业。③

然而，随着深度一体化战略的推行，众多跨国公司已经发展成为以各成员为结点的网络系统。在这一系统中，母公司的特殊性已经不再明显。母公司可能仅负责协调集团的运行，逐渐失去了管理和决策的核心地位。更多的跨国公司在母国以外建立总部，加剧了决策中心的海外分散。公司对母国的附属性越来越小，母国的利益变得越来越与它的跨国公司的竞争力相分离。简单地以母公司国籍或总部的位置判定跨国公司国籍的方法，已经越来越不合时宜。网络组织结构的发展使得考察跨国公司国籍的因素更加开放。包括但不限于：“1. 公司的大部分资产和雇员配置在哪个或哪些国家？2. 世界各地的分支机构被谁拥有和控制，母公司在哪一国被拥有和控制？3. 在母公司的组织机构中，重要职位人员（如执行官和董事会成员）的国籍如何，在东道国的分支机构中，最高决策者的国籍如何？4. 母公司的法定国籍是什么？5. 在出现突发事件情况下，公司整体向谁寻求外交保护和政治支持？6. 哪一国的政府税收机构，

① J. H. Dunning, *Multinational Enterprises and the Global Economy*, Addison Wesley, 1992, p. 3.

② 康荣平：“无母国型跨国公司的产生”，载王志乐编：《静悄悄的革命》，中国经济出版社 2008 年版，第 73 页。

③ 阎志军：“经济全球化中跨国公司的国籍属性”，载《国际经济合作》2003 年第 10 期。

如果愿意的话，有权向公司的全球收入而非其在当地的收入课税？”① 具有以上特征的国家可以认定其为跨国公司的国籍国。

跨国公司具体的国籍形态各异。单母国形态是跨国公司最原始的形态，至今仍占统治地位。此外，国际上还存在着由两个国家的资本来分享公司的所有权的双母国型跨国公司。典型代表是英荷壳牌石油公司（1907年由英国壳牌运输贸易公司和荷兰皇家石油公司合并而成）以及联合利华公司（1930年由荷兰人造黄油公司与英国利华兄弟制皂公司合并而成）。公司所有权与管理权由两个以上国家分享则是多母国型跨国公司，典型代表是宜家集团。21世纪以来，独立于母国的“全球性公司”——全球性整合企业异军突起。典型代表是米塔尔钢铁公司、趋势科技公司，IBM。

（二）法学：跨国公司集团不具有任何一国的国籍，成员的国籍各自独立，特殊情况下子公司会与母公司发生国籍混同

跨国公司的国籍问题是跨国公司法律问题中的基础性问题。跨国公司国籍问题的重要性在于，东道国无一不将国籍作为规制外国投资的法律和政策的基础；它还关乎管辖权、国际求偿权和外交保护、条约的解释，内国成文法的解释等。

跨国公司与一般国内公司集团的区别在于存在复杂的“国籍问题”。②由于不存在国际公司法之类的法律，跨国公司是国内法而不是国际法的产物。③ 作为一个经济实体的跨国公司集团不是任何一个国家的国内法人，也不是国际法人，它不具有任何一国的国籍。

但法律是不允许所谓“无国籍经营者”存在的，法学上探讨跨国公司的国籍实际上是跨国公司各个成员的国籍，尤指母公司的国籍。跨国公司的每个实体在它所在国的管辖之下。④ 跨国公司的成员分别依据两个或者两个以上国家的法律组建，或者在两个或两个以上国家有法定住所。每一成员乃由某个特定国家的内国法所创设，其国籍的确定也应适用该国法律。在具体的涉外民商事案件中，将由有管辖权的法院依据内国有关国籍的法律规范和国际私法规范处理。例如《斯洛文尼亚共和国关于国际私法与诉讼的法律》第17条规定：“（1）法人的法律地位，适用法人国籍国法。（2）法人的国籍，依照其设立地国法确定。（3）若法人在设立地以外的国家有实际所在地，并依照该国法律拥

① 阎志军：“经济全球化中跨国公司的国籍属性”，载《国际经济合作》2003年第10期。
② 陈东：《跨国公司治理中的责任承担机制》，厦门大学出版社2003年版，第49页。
③ 余劲松：《跨国公司法律问题专论》，法律出版社2008年版，第302页。
④ 沃吉纳：“多国公司和国际法”，载《荷兰国际法杂志》1980年第1期。

有其国籍，则该国视为法人国籍。”① 各国确立法人国籍的标准不同，从而可能是法人的注册地、住所地、成员的国籍国等。

母公司的国籍由母公司设立地国家的法律确定。该国确定法人国籍的标准不同，会导致母公司的国籍不一定是它的设立地国，还可能是母公司的住所地国或者其他国家（采用复合标准时）。

子公司是依据东道国的法律在东道国设立的，具有独立法人资格的实体。子公司的权利义务与母公司并无联系，母公司仅具有股东的身份。子公司的国籍独立，无须与母公司的国籍捆绑在一起，依据东道国有关国籍的法律确定。例如，1992 年《罗马尼亚关于调整国际私法法律关系的第 105 号法》第 41 条第 3 款规定：“法人的子公司的组织章程适用其本身营业所成立地法律而不取决于建立该公司的法人所适用的法律。”②

但东道国有关国籍的法律各有不同：（1）有的采用准据法主义，此时子公司拥有东道国国籍。例如，《中华人民共和国合资经营企业法实施条例》第 2 条规定：“依照《中外合资经营企业法》批准在中国境内设立的中外合资经营企业（以下简称合营企业）是中国的法人，受中国法律的管辖和保护。”（2）有的采用成员国籍主义的国家设立，则子公司的国籍为其母公司的国籍。这类国家认为子公司的控股股东是外国公司，必然不能与内国人股东所控制的公司有相同的地位，从而予以特殊对待，采用实际控制公司者的国籍（母公司国籍）而不管公司的“形式国籍”，特别是在战时。

分公司在东道国不具有独立的法人资格，不具有东道国国籍，总公司的国籍即分公司的国籍。分公司不是独立的法人，只是总公司的一个派出机构。自然总公司的国籍就是分公司的国籍。因此，大多数国家的公司法要求外国分公司必须标明其所属国。我国《公司法》第 195 条规定：“外国公司的分支机构应当在其名称中标明该外国公司的国籍及责任形式。”

跨国公司的国籍冲突较一般公司的国籍冲突更为复杂，表现为不仅需要考察跨国公司成员自身的国籍冲突（类似一般公司的国籍冲突），而且还需要考察子公司与母公司之间的国籍冲突。实践中，只有母子公司之间发生了“人格混同”或者在母公司决策下的子公司活动产生了环境责任，有管辖权的法院适用了“揭开公司面纱原则”，才会使子公司的地位不再独立，等同于母公司的办事处或者分支机构，此时子公司的国籍被揭开直接适用了其股东——母公司的国籍。此时与其说是国籍冲突，不如说是国籍混同。

---

① 邢钢：《公司法律问题的比较法与国际私法评判》，中国法制出版社 2018 年版，第 3 页。

② 于喜富：“法人属人法的确定及其适用范围”，载《山东审判》2011 年第 4 期。

第三节　外国公司的认可

“尽管跨国公司的业务、股东、债权人、董事和职员可能分散于很多国家，因而公司具有世界性，但为了适用某一特定规则，它常不是被明确地看成是内国公司（一个与其他任何国家没有联系的公司），就是被明确地看成是一个外国公司”①。站在东道国的视角，除了具有东道国法人资格的子公司之外，跨国公司集团中的母公司和分公司都是外国公司。

外国公司如需在东道国从事营业活动，一般需东道国的认可。这种认许是建立在外国公司具有内国民事法律地位的基础上。本节首先探讨外国公司及其法律地位，继而展开对外国公司认可的讨论。外国公司认可，包括外国公司承认和许可两部分，其中外国公司许可属于外资准入的范畴，将在下文中的外资准入部分集中探讨。

一、外国公司的认定

外国人一般是指依一国国籍法不具有该国国籍的人。② 国籍是区分本国人和外国人的根本标志。外国人除外国自然人外还包括外国法人。依属人法成立的外国法人同外国自然人享有的民事权利是有较大差异的。而外国公司与内国公司在公司权利和行为能力、组织形式、对外关系及其解散条件上也有很大差异。按照我国《公司法》第 191 条规定：“外国公司是指依照外国法律在中国境外设立的公司。”对东道国而言，跨国公司的母公司是外国公司。分公司是外国公司分支机构的一种形式。外国公司的分支机构是指外国公司依东道国法律在东道国境内设立的从事生产经营活动的场所或者办事机构。广义上的外国公司分支机构有两种：一是以营利为目的并直接从事生产经营的分公司；二是只负责外国公司与东道国间的联络和其他服务性工作的代表处。我国《公司法》规定的外国公司分支机构系指前者。

---

① See “The Nationality of International Corporations under Civil Law and Treaty”, *Harvard Law Review*, 74 (1961), 1429.

② 王祥修、裴予峰主编：《国际私法学》，中国政法大学出版社 2016 年版，第 55 页。

二、外国人的民事法律地位

（一）外国人的民事法律地位

外国人的民事法律地位，即外国人在内国私法上的地位，是指外国自然人和法人能在内国享有民事权利和承担民事义务的法律状况。① 一国根据自身经济发展状况以及对外政策，承认外国人在内国的民事法律地位并予以相应立法是国家间开展正常的国际民事交往的前提条件，也是国际私法得以独立存在的基石和前提。②

外国人民事法律地位规范主要体现为国内法或国际条约规定中的外国人待遇制度。它是确定外国的自然人、法人甚至外国国家和国际组织在内国民事领域的权利与义务的规范。国际法构成了保护外国人权利的最低标准的框架，国家权力则在确定其领土范围内的外国人法律地位方面起着决定性作用。

历史上外国人待遇制度几经变迁，经历了从敌视外国人到给予差别待遇，再到享受平等和互惠待遇的漫长而曲折的发展过程。19 世纪以后各国的实践，外国人在内国逐步取得了与内国人大体相同的法律地位，外国人待遇制度主要有国民待遇、最惠国待遇、优惠待遇、普惠制和不歧视待遇制度。

国际私法意义上的国民待遇是指内国给予在境内的外国人和商船，与内国人和商船同等的待遇。其目的在于赋予外国人和“内国人”平等的民事权利地位。但任何一个赋予外国人国民待遇的国家，一定会同时对外国人在内国享有的民事权利作出种种限制。国民待遇是仅就一般原则而言的，确立的是内外国人之间“同等”而非完全“同样”的权利。目前，各国通常在公用事业、内水航运、劳动权利等方面不赋予外国人在内国的国民待遇。

最惠国待遇是指施惠国给予受惠国或与之有确定关系的人和事的待遇不低于施惠国给予第三国或与之有同于上述关系的人或事的待遇。各国一般实行有限制的最惠国待遇，通常规定有例外条款。这些例外事项主要有：（1）一国给予邻国的特权与优惠；（2）边境贸易和运输方面的特权与优惠；（3）有特殊的历史、政治、经济关系的国家形成了特定地区的特权与优惠；（4）经济集团内部各成员国相互给予对方的特权优惠。最惠国待遇是为了使处于一国境内的不同国家的外国人处于平等地位，通常适用于经济贸易的某些事项。

---

① 韩德培主编：《国际私法》，高等教育出版社、北京大学出版社 2014 年版，第 76 页。

② 李婕妤：“外国人在华民事法律地位研究”，载《湖北警官学院学报》2014 年第 7 期。

（二）外国公司的民事法律地位

法人的民事权利能力差异并不意味着法人的民事法律地位不平等，在民事活动中，不论何种法人其法律地位仍然是平等的。[①] 但这种平等只在涉及主体均为内国法人的情形，如果涉及外国法人，其法律地位取决于内国关于外国法人民事法律地位的规范。这种规范既可以是国内实体法规范，也可以是国际私法规范。例如，《斯洛文尼亚共和国关于国际私法与诉讼的法律》第 17 条规定："法人的法律地位，适用法人国籍国法。"

（三）外国投资者的民事法律地位

外国投资者主要有两类：一是自然人；二是法人。外国投资者是国际投资法律关系的主体，在东道国依法享有一定的权利并承担相应的义务。外国投资者的法律地位有国内渊源和国际法渊源。

国内法渊源通常是指东道国的外资法。例如《中华人民共和国外商投资法》第 2 条将外国投资者界定为"外国的自然人、企业或者其他组织"。外商投资企业界定为"全部或者部分由外国投资者投资，依照中国法律在中国境内经登记注册设立的企业"。只有经东道国认可的合格投资者，才能享受东道国国内法的保护。

国际法渊源主要有国际投资协定。国际投资协定中的"投资者"定义涉及两个问题："合格"的投资者和"受保护"的投资者。大多数的投资条约都规定"投资者"既包括自然人也包括法人或其他经济组织。例如，《中国和联邦德国关于促进和相互保护投资的协定》规定，"投资者"一词在德意志联邦共和国方面，系指"……（二）住所在本协定有效范围内，依照法律设立的法人具有或不具有法人资格的，其股东或成员具有有限责任或无限责任的、营利或非营利性的商业公司、其他各种公司和社团"。

"受保护"的投资者一般指具有缔约国国籍或者经常居所的自然人、法人、其他经济组织。但不同条约规定有所不同：ECT 第 1 条（7）规定，自然人投资者是指"根据缔约国可适用的法律，具有缔约国公民身份或国籍，或者在缔约国永久居住的人"。法律实体是指"根据缔约国可适用的法律设立的公司和其他组织"。它采用了国际法上普遍采用的"成立地标准"来判断企业的国籍。NAFTA 第 201 条对作为投资者的企业的界定是"根据可适用法律组成或建立的任何实体，不论是否为盈利目的，是否私人所有或政府所有，包括任何公司、信托、合伙、独资企业、合资公司或其他组织"；而 MAI 草案关于法律实体投

---

① 郭明瑞主编：《民法学》，北京大学出版社 2001 年版，第 64 页。

资者的定义是："依缔约国可适用的法律成立或组织的法人或任何其他实体，不论是否盈利，也不论是由私人还是政府拥有或控制，包括公司、信托、合伙、独资企业、合资企业、社团或组织。"

（四）外国公司分支机构的民事法律地位

外国公司分支机构的法律地位指其作为营业主体的法律性质。各国公司法大多规定，外国公司的分支机构从属于外国公司，是外国公司的派出机构，外国公司需为其分支机构的债务承担责任。例如我国《公司法》第 195 条规定："外国公司在中国境内设立的分支机构不具有中国法人资格。外国公司对其分支机构在中国境内进行经营活动承担责任。"

三、外国公司的认可

作为法律上拟制的"人"，公司与其注册地密切相关。公司人格是基于注册地法律拟制的。这种拟制的人格能否延伸到东道国，需要东道国的认可。外国公司的认可制度，其目的在于保护本国的权益以及便于对外国投资者的管制。根据属地主义原则，除条约另有规定外，是否认可外国公司以及认可的条件是东道国主权范围内的事项。认可后的外国公司，原则上享有国民待遇，但具体的权利义务方面与内国公司还是存在差别的。各国一般通过双边或多边条约，把国民待遇限制在海难救助、商标注册、申请专利权、版权以及民事诉讼权利方面，而在沿海贸易、邻水渔业、内水航运、公用事业和自由职业等方面一般不给予外国人国民待遇。

（一）外国法人认可的内涵

外国法人的认可是内国根据本国法律对外国法人的资格进行审查，承认并允许其在内国从事民商事活动的过程。[①] 从本质上来说，是指外国公司在内国从事营业活动的营业许可和市场准入问题。[②] 内容包括两个层次：（1）承认问题。承认是指内国同意外国法律制度下特定事实状态的法律效果得延伸到内国制度之内，即仅指对外国法人基本人格的承认。承认可以解释为内国对已经设立完成而仍存在的外国公司人格的"认知"。[③] 外国法人依外国的法律是否有效成立，是一种事实判断。对此，各国采取了比较一致的做法，即依据该外国法人的属人法确定该法人的权利能力和行为能力。（2）营业许可问题。营业许可

① 韩德培主编：《国际私法》，高等教育出版社、北京大学出版社 2014 年版，第 68 页。
② 吕岩峰主编：《国际私法教程》，吉林大学出版社 2007 年版，第 85 页。
③ 邢钢：《公司法律问题的比较法与国际私法评判》，中国法制出版社 2018 年版，第 122 页。

是实体法上具体的营业权利，指依外国法有效成立的法人，内国法律是否允许它作为法人进入内国营业。[①] 营业许可是一种法律判断，涉及外国法人在内国的具体营业活动的范围、程度和条件，可以说是涉及特别权利能力和特别行为能力的问题。[②] 依据的是内国的外国人法，但各国做法不同。

（二）外国法人认可的性质和效力

外国法人的认可，性质上并非依据内国法律创设新的法人，或者将其转化为内国法人，而是承认外国法人在内国享有法律人格，允许其在内国经营业务。换言之，认可是对已经存在的外国法人的“确认”，而不是“重新赋予”其法律人格。这种法律人格是基于外国法人设立准据法而具有的，经内国承认的法律人格。外国法人的认可，属于“宣告的承认”，并非“创设的承认”。如果外国公司依据其设立时的准据法不具有法人资格，那么纵使经内国认可仍不具有法人资格。反之，如果外国公司依据其设立时的准据法具有法人资格，那么经内国认可，就可以外国法人的名义在内国经营业务。

经认可后的外国公司，在内国确定为具有权利能力的外国公司，其法律上的权利义务，除法律另有规定外，原则上与同种类的内国公司相同。但这种相同并不是完全相同，经认可的外国公司与内国公司存在差别待遇，在经营方面会受到一些限制。这些限制来自法人属人法和内国法。[③] 内国得对其主张属地管辖。内国法律对于内国公司的限制都适用于认可后的外国公司。唯有在内国法律许可的范围内，外国公司始得依属人法从事法律行为。我国《公司法》第196条规定：“经批准设立的外国公司分支机构，在中国境内从事业务活动，必须遵守中国的法律，不得损害中国的社会公共利益，其合法权益受中国法律保护。”

未经认可的外国公司，其人格未为内国所承认，不具备内国的民事主体资格，不能在内国营业或设立分支机构。有的国家甚至规定未经认可的外国公司，也不能以自己的名义在法院进行起诉。[④] 但事实上，外国公司往往已在内国为一定的法律行为，原则上承认外国公司的诉讼能力有利于内国人的利益，因此一些国家在实践上采取变通措施，视其为“事实法人”，即仍不失为设有代表

---

① 营业系指以盈利为目的而进行的连续的，有计划的同种类的活动（行为）。

② 王彦志：《国际经济法总论：公法原理与裁判方法》，华中科技大学出版社2013年版，第235页。

③ 法人属人法一般是指法人的国籍国法，常用来解决法人的成立，解散及权利能力和行为能力等方面的问题。参见韩德培主编：《国际私法》，高等教育出版社、北京大学出版社2014年版，第106页。

④ 赵磊：《公司法中的外国公司法律问题研究》，法律出版社2017年版，第45页。

人或管理人的非法人团体，具有民事诉讼能力，得为原告或被告。[①]

（三）外国法人许可的条件与方式

外国法人认可制度分国际立法认可方式和国内立法认可方式。后者主要有特别认可制、概括认可制、一般认可制。[②] 实践中，各国针对不同类型，不同国家的法人采用多种认可方式。外国法人的认可具体表现为营业执照的签发。具体条件依各国公司法的规定。

① 邢钢：《公司法律问题的比较法与国际私法评判》，中国法制出版社2018年版，第135页。

② 韩德培主编：《国际私法》，高等教育出版社、北京大学出版社2014年版，第68页。

第三章

跨国公司行为析论

跨国公司作为一个多维的跨国经济行为体，其行为模式非常复杂。作为一个经济体，它从事维持经济体运转的一般经营行为，又因企业边界的扩展而延伸为跨国经营行为；国际一体化经营过程中的政府决策者的“经济人”特征和政治市场的不完全会引发跨国公司的政治行为；无论是经济行为还是政治行为，一旦它产生、变更或者消灭一项国际经济法所调整的社会关系时，它就变成了一项国际经济法律行为。[①]

第一节　跨国公司的经济行为

一、跨国公司的一体化国际经营

当今世界的政治经济关系，相互依存性更加紧密，产品、服务以及资本市场都呈现全球化的态势。这种经济全球化的界限扩展主要体现在两个层面：一是宏观层面上国家间的区域一体化和全球一体化，二是微观层面上跨国公司的一体化国际经营。跨国公司一体化国际经营也被称为跨国公司国际生产体系，是企业内部分工在国际范围内的再现，是跨国公司控制下国际价值增值活动的区位安排。国际生产不局限于制造过程的增值，还包括从研发、制造、销售到

① 车丕照：《国际经济法》，中国法制出版社2008年版，第38页。

售后服务的各个环节，而且拓展到服务提供的全部阶段。① 这种一体化经营在传统国家界限思维中体现为国际经营一体化，而在企业界限思维中体现为企际经营一体化。

跨国公司以对外直接投资为主体的跨国经营，导致了最终产品、中间产品以及技术和服务在全球范围内的大流动。而这种流动又以其内部贸易为媒介，其实质是跨国公司在全球范围内进行包括资本、技术和管理三者一体的“合成资源”有效配置的过程。其主要表现为国际贸易、国际技术转让和国际直接投资。

二、跨国公司的国际贸易行为

（一）跨国公司的国际货物贸易

传统的国际货物贸易是跨国经营的最古老形式。② 国际贸易的发展催生了跨国公司，而跨国公司又有力地促进了国际贸易的发展。不仅体现为跨国公司对国际贸易量的贡献，而且还创造了内部贸易的形式，丰富了国际货物贸易的形式。

跨国公司内部贸易是为了克服国际市场的不完全而在公司内部展开的跨越国界传输却未越出公司界限的国际贸易，即跨国公司母公司与分支机构之间，以及同一体系分支机构之间产生的国际贸易关系。

跨国公司内部贸易与一般的国际贸易有本质区别。（1）内部贸易的利益原则和获利动机不是以一次性交易为基础，而是以综合交易为基础。（2）内部贸易的交易机制是转让定价。转让定价是“涉及跨国集团各所属经济实体间商品、劳务和无形资产转让时的内部定价机制”。最大的特点在于它与产品成本的偏离。作为一种跨国公司内部的会计手段，转让定价在一定程度上不受市场供求的影响，而是根据子公司所在国的具体情况与母公司的全球战略和经营管理需要而人为制定的。（3）内部贸易是公司内部经营管理的一种形式，不同于一般贸易的临时安排，其数量安排、销售方向、价格制度等都要受跨国公司全球战略的统筹计划。（4）中间产品贸易成为跨国公司经营活动正常进行的重要途径。跨国公司通过直接投资建立以母公司为终极结点（树冠）的全球网络体系，凭借本国外部环境优势（阳光）培养企业特定优势（光合作用），通过内部贸易（营养传输管道）将国内优势在全球范围扩张，同时也从具有区位优势

① 丁勇、朱彤：“跨国公司国际生产体系和我国制造业发展策略”，载《国际经济合作》2006年第11期。

② 王晓萍：“国际贸易与跨国公司的关系初探”，载《兰州学刊》2005年第2期。

的国家获取收益，如此循环往复，最终建立起富可敌国的庞大经济体系。

跨国公司进行内部贸易时，通常采用转移定价策略进行国际避税。具体做法有五种：（1）当生产资料从甲国向乙国子公司转移时，如乙国关税较高，并且是从价税，那么跨国公司就将转移价格定得很低，以降低该子公司的进口关税负担。（2）如果乙国征收的所得税很高，跨国公司将通过乙国子公司与其他子公司或母公司进行“高进低出”的内部贸易，提高成本，降低利润以逃避高所得税。（3）如果乙国实行外汇管制，对外国子公司的利润汇出实行严格限制或征税，则跨国公司在向乙国的子公司转移产品时，可将价格定得高些；产品由该国转出时，将价格定得低些，以减少在该国的利润，避免利润汇出时的麻烦，可少纳税。（4）如果乙国已经出现或即将出现较高的通货膨胀率，为避免资金在该国大量积累，在向乙国子公司转移产品时，可将价格定得高些；由该国转出时，将价格定得低些。（5）在“国际避税港”设立基地公司，为跨国经营活动提供避税条件。“国际避税港”是指某些国家或者地区采取低税、免税或税收优惠措施，为跨国纳税人提供避税的便利条件的国家和地区①。按照IMF确定的标准，只要符合以下条件之一者，即可视为“避税港”：①有特殊税收优惠规定；②居民缴税高于非居民；③有金融保密法使外国政府难以对来自该管辖区的所得征税。② 国际避税港大致有六种类型：①以巴哈马群岛和百慕大为代表的“免征所得税和一般财产税”模式；②以新加坡和香港为代表的“免征境外所得税”模式；③以开曼群岛和科威特为代表的“免征某些所得税”模式；④以荷属安的列斯群岛和巴巴多斯为代表的“境外所得适用低税率”模式；⑤以列支敦士登、塞浦路斯为典型的“所得税和一般财产税适用低税率”模式；⑥以卢森堡和英国为代表的“特定行业或经营方式税收优惠”模式。③

（二）跨国公司的服务贸易

时至今日，何谓“服务贸易”，国际上尚未有一个公认的标准。它是国际贸易领域中最复杂和庞大的领域，涉及商业（包括专业和计算机）服务，通信服务，建筑和相关的工程服务，分销服务，教育服务，环境服务，金融（保险

---

① 关于避税港国际上有不同的称呼：英美等国称为“避税港”，德国称为“税收绿洲”，法国称为“财政天堂”。

② IMF认为，“避税天堂”通常是由大量金融机构构成的中心，这些金融机构主要对非居民开展业务，交易金额与当地的经济需求不符。避税天堂通常不征税或税率很低，实施宽松的监管标准，并允许银行实行保密或匿名制度。

③ 张富强、孙珏明：“国际避税港的六大模式”，载《涉外税务》2003年第10期。

和银行）服务，与健康有关的服务和社会服务，旅游业和旅游有关的服务，娱乐、文化和体育服务，运输服务和其他上述未包括的服务，共12大类，155个细目。①

跨国公司是服务业国际转移潮流的发轫者和主体。“二战”后跨国公司的兴起促进了服务贸易和服务业国际投资的发展。服务贸易的蓬勃发展也造就了服务业跨国公司在20世纪70年代后的异军突起，成为继制造业跨国公司全球扩张之后，跨国公司发展的再一次飞跃。

《服务贸易总协定》（GATs）规定的服务贸易主要有以下几种形式：（1）自一成员领土向任何其他成员领土提供服务；（2）在一成员领土内向任何其他成员的服务消费者提供服务；（3）一成员的服务提供者通过在任何其他成员领土内的商业存在提供服务；（4）一成员的服务提供者通过在任何其他成员领土内的自然人存在提供服务。

三、跨国公司的国际技术转让

国际技术转让，是指技术所有者或持有者通过某种形式将其所持有的生产、经营技术以及相关的权利有偿让与他国的技术需求者的过程。② 标的是技术（包括知识产权、专有技术和公开技术），一般不涉及技术所有权的转让，仅涉及使用权，甚至是部分使用权的转让。

跨国公司是国际技术转让最重要的主体。国际技术转让既是跨国公司海外投资的结果，也是其开展全球化经营的重要方法和扩张手段。

一般而言，跨国公司的国际技术转让主要采用国际技术贸易、国际直接投资以及资本货物的进出口的方式。国际技术贸易是国际技术转让的最主要方式，是国际以纯技术的使用权为主要交易标的的商业行为。主要包括许可证贸易、特许经营、技术协助、交钥匙项目、合作生产与合作开发研究以及成套设备和关键技术设备的进出口等方式。此外，跨国公司的国际技术转让，相当一部分是通过直接投资完成的。目前，这种跨国公司体系内部技术转让的比重高达80%以上。③ 通过国际技术贸易和国际直接投资完成的国际技术转让有很大的不同，具体体现为：（1）投资的方式不同。在技术贸易的过程中，转让方通过特许协议转让技术的使用权。在技术投资的过程中，技术转让方按照合营企业合同，以技术作为资本，投入合营企业，完成技术的资本化过程。（2）权益获

① WTO, Services Sectoral Classification List, MTN. GNS/W/120.

② 车丕照：《国际经济法》，中国法制出版社2008年版，第178页。

③ 赵永宁：“跨国公司国际技术转让及其对我国的启示”，载《经济问题探索》2004年第1期。

得的方式不同。前者转让方的权益基于债权，来自许可费，与企业的利润无直接关系。后者转让方的权益基于股权或出资额获得的企业利润分成，与企业利润直接相关。(3) 企业管理权的有无不同。前者转让方是企业的债权人，不享有管理权。后者转让方是企业的股东或出资人，享有管理权。(4) 风险承担方式不同。前者转让方不承担企业亏损责任，可能碰到的风险是企业破产时债权不能实现。后者转让方要与其他出资人一道承担企业亏损责任。债务承担以出资额为限。(5) 技术本身的风险分担不同。前者在许可协议签署后，技术本身的风险就从转让方转移到受让方。后者转让方要与其他投资人共担风险，共负盈亏。(6) 法律依据不同。前者可以在不违反相关国家法律的基础上，由双方协商特许协议适用的法律，如未选择，适用最密切联系原则。后者要受东道国涉外投资法律的调整。第三种形式是资本货物的进出口。资本货物主要是指一种储存性财富或者生产制造模式。人们利用资本货物进行其他商品或货物的生产。跨国公司在资本货物转让的同时，使得物化在其中的技术得以转移。受让方可通过反求工程对技术加以再创造，这已经成为后发展国家获得技术的一个捷径。

21 世纪以来，跨国公司的技术转让呈现出技术研发离岸化、研发战略联盟化和国际技术转让内部化三大新特征。[①]

四、跨国公司的国际投资

国际投资是资本的跨国流动。跨国公司与对外直接投资密不可分。跨国公司是国内公司以对外直接投资的方式向海外扩展的必然结果。跨国公司一旦形成，又成为国际投资领域最基本、最重要的行为体。对外直接投资尤其是跨国并购成为跨国公司组织国际生产的基础和重要实现形式，也是跨国公司实施全球战略的重要手段。跨国公司主导的直接投资占全球直接投资总额的比例逐年上升，20 世纪 90 年代后期，跨国公司直接投资占对外直接投资总额的比例甚至高达 90% 。[②] 2011 年世界投资报告披露的 2010 年全球外国直接投资流量达到 1.24 万亿美元，其中跨国公司的全球生产带来 16 亿美元的增值，约占全球 GDP 的 1/4。子公司的产值占全球 GDP 的 10% 和世界出口额的 1/3。[③]

（一）国际投资的界定

传统上，习惯将国际投资划分为国际直接投资和国际间接投资。现代，投

① 吴林海、吴松毅：《跨国公司对华技术转移论》，经济管理出版社 2002 年版，第 98 页。

② 柳剑平："跨国公司自接投资与国际经济关系发展的新特征"，载《世界经济》1998 年第 9 期。

③ 资料来源：UNCTAD，*World Investment Report* 2011。

资范围进一步扩大，涵盖了众多的财产权，直接投资与间接投资日益融合。有鉴于此，现代投资协定的国际实践中，“投资”的定义基本上回避了“直接投资”和“间接投资”的表述。而采用或“基于资产”，或“基于企业”以及两种模式结合的方法界定投资及其范围。尽管有关国际直接投资的定义见仁见智，但都强调了投资者对其投资的控制因素。①

1. 传统的定义

传统的划分大多基于投资者对其投资的企业是否有控制权的问题和法律规定的投资比例，将投资区分为直接投资和间接投资。但区分的标准各有不同，目前世界上无通行的标准。联合国和 IMF 的文件都以 10% 股权转移为界，区分直接投资和间接投资。

国际直接投资往往以产业资本的投入为特征，主要体现为除了资金形式的投入外，还必然包括实物形式（如机器设备、原材料、交通工具、不动产）和知识产权（如专利、商标、专有技术等）等有形与无形资产的资本投入。产业资本投资回收期长，必须通过生产经营活动才能取得投资收益。国际间接投资以金融资本转移为特征，主要通过所购买股票或债券的股息或利息来收回投资或收益，而不涉及生产经营。当然投资者亦可通过二级市场的证券交易转让所购证券，获取证券交易的差价收益。

狭义的国际投资仅指国际直接投资。对于何谓国际直接投资，众说纷纭。一些国际组织在其发布的文件中作出了尝试：（1）WTO 秘书处将其定义为“一个国家的投资者在另一个国家以获得财产的意图来经营产业”。（2）OECD《外国直接投资的标准定义》（2008 年版）将其定义为，“外国直接投资表现为在某一个经济体的居民企业（直接投资者）通过在其居住以外经济体的企业（直接投资企业）获得长期利益。长期利益意味着在直接投资者和直接投资企业之间存在长期关系，并对企业管理产生重大影响。居住在另一个经济体的投资者直接或者间接拥有在一个经济体的居民企业 10% 或者以上的投票权，被视为存在上述关系”。②（3）IMF《国际收支平衡手册》（2008 年版）将其定义为，“直接投资是跨境投资的一种形式，表现为位于一个经济体的实体对设在另一个经济体的企业拥有控制权或者对其管理有重大影响”。③

尽管表述各异，但这些定义没有实质的区别，都赋予了国际直接投资如下的共同特征：（1）直接投资者对直接投资企业拥有直接或间接的控制权或者重

① 陈安主编：《国际投资法学》，北京大学出版社 1999 年版，第 2 页。

② OECD：Benchmark Definition of Foreign Direct Investment，Four Editions（2008），p. 117.

③ IMF：Balance of Payments and International investment Position Manual，6 Edition（2008），p. 6. 8.

大影响；（2）具有控制权或者重大影响的判断标准通常是直接投资者对其投资企业的经营活动所具有的投资比例。如果直接投资者对所投资的企业拥有10%或10%以上的投票权时，就视为具有重大影响，并不要求直接投资者对所投资企业的绝对控股。

2. 现代的定义

现代国际投资协定的法律实践中，“投资”的定义基本上回避了“直接投资”和“间接投资”的表述。因为“投资”一词包括了各种各样的财产和财产权，涵盖的范围十分广泛，如果仅以直接投资和间接投资来区分投资形式，太过简单。而且实践中直接投资与间接投资有融合的趋势，无法严格区分直接投资和间接投资。

目前，有三种方式可以确定投资的法律内涵。第一种方式是基于经济领域的理解而将解释和适用留给仲裁庭的实践。《ICSID公约》第25条未明确“投资”的定义就简单使用该术语，使得国际投资仲裁实践中，不同仲裁庭的做法各异甚至是大相径庭。比较一致的看法是，都强调每项投资都是由好几个相互之间有联系的经济活动构成的，而上述经济活动也不可单独地被检验。①

第二种方式，是基于经济领域的理解而将解释和适用留给国家。例如《中华人民共和国外商投资法》第2条规定：“本法所称外商投资，是指外国的自然人、企业或者其他组织（以下称外国投资者）直接或者间接在中国境内进行的投资活动，包括下列情形：（1）外国投资者单独或者与其他投资者共同在中国境内设立外商投资企业；（2）外国投资者取得中国境内企业的股份、股权、财产份额或者其他类似权益；（3）外国投资者单独或者与其他投资者共同在中国境内投资新建项目；（4）法律、行政法规或者国务院规定的其他方式的投资。”

第三种方式是在国际投资协定中进行定义。在国际投资协定中没有统一的“投资”定义，国际投资协定的分散性使得投资定义呈现出多样性。投资定义因国际投资协定目的的不同而有所差异。具体的定义模式有“基于资产”模式、“基于企业”模式和两种模式相结合模式。

（1）“基于企业”的定义。以资本自由流动为目的的国际投资协定大多采用“基于企业”的定义。传统的“基于企业”的定义是发展中国家倡导的，它将投资限定于新建或收购一个企业，以及拥有使投资者对该企业进行控制的股份。这种严格的定义未能为广大发达国家所接受。1988年美加FTA、NAFTA、

① ［德］鲁道夫·多尔查、［奥］克里斯托弗编：《国际投资法原则》，祁欢、施进译，中国政法大学出版社2014年版，第64页。

2004年加拿大BIT范本，提供了“基于企业”定义的现代版。例如2004年加拿大BIT范本的投资定义涵盖了一个广泛的、但有限的有形资产和无形资产的清单，明确排除了某些纯粹的商业交易，包括销售合同和纯粹的金融贷款协议，但不涉及资本风险。再如，NAFTA的投资定义，先描述投资的特点，列举包括的投资类型，又用否定清单的方式补充要排除的财产，例如“因销售货物或服务而产生的单独的金钱之诉”。

（2）“基于资产”的定义。以投资保护为目的的国际投资协定大多采用“基于资产”的定义。此类定义往往通过解释性列举的方式，以“包括但不限于的形式”，将根据条约给予所有可想到的投资形式以保护，包括基于资产的投资，比如间接投资。[①] 越来越多的国际投资协定采纳此种定义方式。有的协定以开放的列举式囊括了所有形式的资产，几乎没有限制。例如2003年签订的《中华人民共和国和德意志联邦共和国关于促进和相互保护投资的协定》第1条规定，“投资”是指缔约一方投资者在缔约另一方境内直接或间接投入的各种财产，包括但不限于：①动产，不动产及抵押、质押或其他财产权利；②公司的股份、债券、股票或其他形式的参股；③金钱请求权或其他具有经济价值的行为请求权；④知识产权，特别是著作权、专利和工业设计、商标、商号、工艺流程、商业秘密、专有技术和商誉；⑤法律或法律允许依合同授予的商业特许权，包括勘探、耕作、提炼或开发自然资源的特许权。作为投资的财产发生任何形式上的变化，不影响其作为投资的性质。

基于资产的投资定义，其最大的特色是对“投资”的界定非常宽泛。这一问题，已经在新近签订的一些投资协定中，被通过某种方法加以限定，因而有关投资的范围在进一步缩小。[②] 这种限定包括：①受条约保护的“投资”是依据东道国法律认可的投资。②以一个“封闭的定义清单”代替“开放的定义清单”，或称“穷尽列举”。③限制“基于资产”的方式，只接受直接投资，排除股份投资组合。④介绍投资风险和其他确定资产保护的客观因素。⑤排除某些类型的资产，例如某些商业交易，如普通的销售、服务的销售，某些短期贷款和某种债务证券，以及非商业目的的资产。⑥使作为资产的知识产权更有选择性。⑦处理复杂的企业集团作为投资者的特殊问题等。[③]

---

① ［尼］苏里亚·P. 苏贝迪：《国际投资法：政策与原则的协调》，张磊译，法律出版社2015年版，第101页。

② Scope and Definition：UNCTAD Series on issues in International investment Agreements 11，2011，p. 5.

③ 祁欢：“国际投资协议实践中的投资定义及范围的演变和思考”，载《2011年中国国际经济法学会年会论文集》。

(3) 两者结合的模式。2004 年美国 BIT 范本采用了将“基于资产”和“基于企业”结合起来的模式。该范本第 1 条规定:“投资是指投资者直接或间接拥有或控制的各项资产,该资产具有投资性质,包括资本或其他资产承担,收益或利润预期或风险承担。”它取消了 NAFTA 列举清单里的限制性条件,将投资界定为具有投资性的“资产”,增加了期货、期权,以及其他衍生金融工具的间接投资形式,成为最广泛的“投资”定义。

(二) 国际投资的类型

根据控制方式的不同,可以分为传统的和现代的国际投资。传统的国际投资方式是股权参与。股权参与是指以所有权为基础,以决策经营权为途径,以实现对企业有效控制或影响的直接投资方式。现代,控制方式多样化,新型直接投资蓬勃发展。主要表现为朝着国际资本流动和国际贸易两个方向扩展:一方面从股权直接控制向贷款投资和供货信贷方向转移;另一方面,从股权控制向技术服务、管理参与、供货合同等贸易方式转移,又称为非股权投资方式。非股权投资是指外国投资者通过各种合同安排和业务联系,部分地或间接地参与东道国企业的生产和经营并分享利润的投资方式。包括合约制造、服务外包、订单农业、特许经营、许可经营、管理合约及其他类型的合约关系。

根据投资者进入方式的不同,跨国公司的对外直接投资可以分为新设投资和并购投资。新设投资也称绿地投资或创建投资,是指跨国公司在东道国境内,依照东道国的法律设立的新的部分或全部资产所有权归外国投资者所有的企业。早期跨国公司的海外投资基本上采用这种形式。

并购投资是指跨国公司通过兼并或收购一家东道国公司的全部或大部分股权或资产,从而达到控制这家公司,并进而利用这种控制促使公司价值提升的投资行为。跨国并购是发生于不同的东道国和母国企业之间的兼并和收购行为。严格地说,并购方(母国企业)必须获得另一国被并购企业(目标企业)全部或部分控制权。跨国并购的实质是跨国性的战略投资行为和产权交易行为。跨国并购是国内企业并购的延伸,包括跨国兼并和跨国收购两种形式。

跨国兼并通常是指一家企业以现金、证券或其他形式,购买取得其他外国企业的产权,使其他外国企业丧失法人资格或改变法人实体,并取得对这些外国企业决策控制权的经济行为。跨国兼并可以分为新设合并和吸收合并两种。新设合并,又称联合或平等合并,是指在外国公司与东道国公司合并设立一个新的公司。最显著的特征在于新设公司的成立同时意味着参与合并各方的解散或消失。新设公司接管原来企业的全部资产和业务,重新组建董事机构和管理机构等。吸收合并又称兼并、法定合并,即外国公司吸收东道国公司。最显著的特征在于合并不意味着参与合并各方全部解散，而是外国公司作为存续公司继续存在，被吸收的公司（东道国公司）解散或消失，故吸收合并又称存续合并。

跨国收购是指企业用现金、债务或股票购买另一家外国企业的部分或全部资产或股权，以获得该企业的控制权。按照购买目标企业股权的比例，跨国收购可分为：（1）全部股权收购（100%股权），实际上是将被收购的目标公司整体买断，但其收购价格实际上通常是目标公司偿还债务后的出价，即交易完成之时，收购方已对被收购方的债务进行了清偿。[①]（2）多数股权（50%－99%）与少数股权（10%－49%）的收购，又称控股式收购，即通过购买目标公司的股票或股份来对其实行控制，但目标公司的法律主体资格仍然存在。至于收购方对被收购方的债务承担，是以其出资额为限。这种方式的运行是以目标公司的良好资产状况为前提的，只有在资大于债的情况下才予以采用。（3）承债式并购。是在目标公司的资产与债务相等情况下，其净资产为零时，收购方以承担目标公司的债务为条件，而不是支付货币资金，来全面收购目标公司的全部资产。这种交易不以价格为准，而以债务、资产的整体接受为准。其法律后果是目标公司的主体资格消灭。按照收购的目标公司不同，跨国收购可分为：（1）收购国外子公司（国外子公司增资）。（2）收购当地企业，包括收购当地私营企业和收购公有企业（私有化）。实践中，跨国并购主要指跨国收购而不是跨国兼并。[②] 据UNCTAD统计：1987年至1999年跨国并购的总量中，绝大部分为跨国收购，而跨国合并仅占跨国并购总量的3%不到。[③] 这部分缘于兼并会导致原来企业的消失或者变化，程序要求较高，因此采用兼并的情形较少；而收购可以在资本市场上通过证券交割或者契约协商展开，而为商业实践所普遍采用。[④]

跨国并购兴起于“二战”以后，其在国际直接投资方式中所占的比例快速增长。20世纪80年代以来，跨国并购逐渐成为国际直接投资中的主要方式。《2000年世界投资报告》显示，在过去的10年中，国际生产的增长主要是由跨国并购而不是由新建投资推动的。[⑤] 最初，跨国并购主要发生在发达国家跨国

---

① 法定合并和全部收购的关键区别在于前者建立了一家新的法人实体，后者则没有。但在其他场合，这两种方式可以看作是相同的。

② 叶建木：《跨国并购：驱动、风险与控制》，经济管理出版社2008年版，第18页。

③ 资料来源：UNCTAD，World Investment Report 2000。

④ 陈长文主编：《企业家跨国财经法》，法律出版社2007年版，第58页。

⑤ 资料来源：UNCTAD，World Investment Report 2000。

公司与发展中国家实力较弱的国内企业之间。[①] 20 世纪 80 年代以后，发达国家跨国公司之间的并购成为跨国并购的主流。21 世纪，主权财富基金和私募股权基金的跨国并购则是全球国际直接投资出现的新现象。

（三）外资的认定

司法实践中如何认定外资，是有管辖权的法院根据本国法律进行识别的过程。针对一国多法域之间的投资的认定，有的国家视同为外资。而英国和美国并未将实行不同法律的地区间的相互投资，视为外资，而是认定为"Inward Investment"。

第二节　跨国公司的法律行为

一、跨国公司的法律行为

跨国公司在一体化国际经营和内部化政治市场的不完全过程中面临三大基本矛盾：国家主权与工业主权的交锋；跨国公司管辖权的冲突；跨国公司集团内部的各实体间以及跨国公司与其他经济组织之间的利益冲突。跨国公司的国际关联属性，使得跨国公司在面对这三大基本矛盾时产生了复杂的法律关系，衍生出不同的法律行为。其中跨国公司与东道国之间的关系，在跨国公司法律关系中居于中心位置。

国家主权与工业主权的交锋体现在国家与跨国公司的关系上，包括跨国公司与东道国关系和跨国公司与母国关系。跨国公司与东道国之间是监管和被监管关系。东道国要管理跨国公司在东道国的投资，而跨国公司有义务遵守当地的法律，服从东道国的管理，实施"相对人行为"。相对人行为主要包括申请行为、申报行为和缴纳行为。[②] 跨国公司与母国之间也是监管和被监管的关系。母国出于国际收支和就业等考虑也会监管跨国公司的海外投资。母公司也需要实施"相对人行为"。不同的是东道国监管的是跨国公司的分支机构，而母国监管的是母公司。母公司有义务向母国交税、申报和申请。

正是由于东道国和母国对跨国公司都有管辖权，才引发了第二重矛盾——

---

① See Professor of Development Economics, Implications of Cross – Border Mergers and Acquisitions by TNCs in Developing Countries: A Beginner's Guide, Queen Elizabeth House, University of Oxford.

② 车丕照：《国际经济法》，中国法制出版社 2008 年版，第 42 页。

跨国公司管辖权的冲突，使得两国之间需要就监管行为进行协调和约束，跨国公司的国际监管应运而生。

第三重矛盾主要由跨国公司的交易行为引起的。包括跨国公司内部各实体之间的关系和跨国公司与其他经济组织的关系两种情况。

跨国公司内部各实体之间的关系包括母子公司间的关系、总分公司间的关系、子公司间的关系、子公司与分公司的关系等。其中最为重要的是母公司与子公司间的关系。母公司和子公司是依据不同国家的公司法创设的、相互独立的法人实体，两者之间的交易本应该体现为平等主体之间的合同关系。但因母公司对子公司在所有权、合同或事实等方面的垂直控制，使得母子公司之间的关系更多地体现为控股股东与所投企业之间的股权关系。母公司是子公司的控股股东，与一般的自然人股东不参与公司管理不同，母公司积极参与子公司的管理，子公司的董事一般也由母公司选任。这使得子公司利益在与母公司冲突时，子公司的利益经常被牺牲，而考虑整个公司的利益最大化。

即使是最大的跨国公司也无法包揽所有的生产环节，跨国公司的全球生产必然与其他企业发生业务往来。法律上表现为合同关系。尤其是外包业务中体现得更加明显。跨国公司的投资活动可能伴随着对环境的污染、产品责任、人身损害等侵权责任，从而产生侵权关系而且往往性质比较严重，如印度博帕尔惨案、BP 墨西哥湾污染事故等。

二、国际避税行为

跨国公司国际避税指跨国公司以合法的方式，利用各国税收法规的漏洞和差异或利用国际税收协定中的缺陷，通过变更经营地点、经营方式以及人和财产跨越税境的流动、非流动等方法来谋求最大限度地减轻或规避税收负担的行为。[①] 跨国公司国际避税的方式主要有课税主体避税和课税客体避税两类。

（一）课税主体的避税

（1）课税主体的流动。主要是指跨国公司通过自身在各国税境之间的迁移，避免或者改变其居民身份，以规避无限纳税义务的行为。（2）课税主体的非流动。跨国公司并不实际迁移出境，只是采取在避税地建立信托的方式转移一部分财产或所得，或者滥用税收协定成立导管公司、脚踏石公司或者避税地控股公司避税。

① 陈安主编：《国际经济法学》，北京大学出版社 2001 年版，第 389 页。

（二）课税客体的避税

（1）课税客体的流动。跨国公司通过资金、商品、劳务、费用等相关要素在各国国境之间的流动，将课税对象从高税国向低税国转移，改变所得来源地，实现避税的目的。转让定价和不合理分配成本和费用是最为常用的方式。此外还可以通过国际避税地实现客体转移避税。①转让定价是跨国公司内部交易避税的最为常见的方式，它主要发生在具有资本控制的跨国母子公司之间或同一公司控制下的两个子公司之间。②不合理分配成本费用，指跨国公司利用各所在国所得税税率的差异，在总部与分支机构之间，通过不合理地分配成本和费用的方式，人为地增加某一机构的费用开支，从而减少利润数额，以达到避税的目的。它主要发生在跨国公司总分公司之间。实践中跨国公司往往将两种方式结合使用。

（2）课税客体的非流动性避税。①利用资本弱化避税。跨国公司利用关联企业进行资本弱化，实现在同样的投资和回报率的情况下跨国公司集团纳税义务最小化。②利用延期纳税的规定避税。许多国家税法规定，如果公司未将利润以股息形式分配给股东，在计算股东的应税所得时，可以暂时不计这部分应取得而尚未实际取得的股息所得，从而股东可以取得延期纳税的好处。延期纳税对于跨国公司而言等于获得了一笔无息贷款，增加了流动资本，而且在通货膨胀的经济环境中，延期缴纳的税款的币值下降，从而减少了实际的纳税支出。③分支机构或子公司的选择。跨国公司决定在国外投资时，出于追求企业利润最大化的目的，结合当地情况，考察设立分支机构或子公司的利弊，最终会选择一种总体税负最轻的投资方案。

跨国公司的国际避税是跨国公司在不违反税法的前提下，利用各国法律漏洞的行为，不是违法行为，也不是合法行为，是一种滥用法律的行为。这种国际避税行为是对已经发生的纳税义务和责任的规避，损害了国家的财政利益，所以必须对其进行限制。

三、限制性商业行为

关于限制性商业行为，目前国际上还没有一个明确、统一的法律定义。发达国家和发展中国家，基于各自的利益，对限制性商业行为的解释各不相同。发达国家基于竞争标准，认为凡是构成或导致市场垄断，妨碍竞争的行为即为限制性商业行为。发展中国家基于发展标准，认为凡不利于或妨碍技术受方技术发展的行为即为限制性商业行为。认定原则上，发达国家主张合理原则和本身违法原则，而发展中国家主张审判机构基于发展标准的自由裁量权。

目前最具影响的概念是1980年联合国第35届大会通过的联合国《关于控制限制性商业惯例的公平原则和规则的多边协议》中的界定："企业通过滥用或者谋取滥用市场力量的支配地位，限制进入市场或以其他方式不适当地限制竞争，对国际贸易，特别是对发展中国家的国际贸易及其经济发展造成或可能造成不利影响，或者是通过正式或非正式，书面或者非书面的协议或安排造成了同样影响的一切行动或行为都叫作限制性商业行为（惯例）。"其中"市场力量的支配地位"是指一个企业本身或与其他几个企业一起，有能力控制某一货物或服务，或几类货物或服务的有关市场；"企业"指从事商业活动的，不论以何种方式创办、控制或拥有的，私营或国营的商号、合伙、有限公司、公司、其他社团、自然人或法人，或它们的任何结合，包括它们的分支机构、子公司、附属公司或直接、间接受它们控制的其他实体。

（一）限制性商业行为的表现形式

《关于控制限制性商业惯例的公平原则和规则的多边协议》中规定了企业不得采取下列两种限制性做法：一是滥用市场支配地位，即参加卡特尔或以其他方式加强卡特尔的限制性作用。包括使用低于成本的价格消灭竞争者；订立歧视性的交易条件，以合并、合资经营等方式取得对其他企业的控制权；以及搭售安排等。二是限制贸易的共谋和协议，包括规定价格的协议，串通投标的协议，划分市场的协议，分配生产定额或销售定额的协议，集体行动如联合抵制交易，拒绝对某个进口商供货等。即滥用或谋求滥用市场支配地位，限制进入市场或以其他方式不适当地限制竞争，从而对国际贸易特别是对发展中国家的贸易及经济发展产生不利影响。可见，卡特尔、垄断或滥用市场支配地位限制贸易的共谋和协议都属于限制性的商业行为。

1985年《国际技术转让行动守则（草案）》第4章列举了国际技术转让领域中限制性商业行为的14种表现形式，可供各国或国际组织参考。（1）专属回授条款。对于受方的技术改进，不合理地要求转让或回授给供方或供方指定的任何其他企业。（2）排除受方对技术效力的异议。不合理地要求受方对被转让的专利和其他保障发明办法的效力不表示异议。（3）独家经营。不合理地限制受方从其他来源（尤其是与供方相竞争的对手）购入技术或物品。（4）对研究的限制。限制受方从事旨在按当地情况吸收和更改所转让技术的研究发展。（5）对使用人员方面的限制。不合理地要求受方使用供方指定的人员。（6）限定价格。不合理地管制受方对用所得技术制造的产品或提供的服务在作为技术转让对象的市场上所定的价格。（7）对技术更改的限制。不合理地禁止受方技术革新。（8）包销协定或独家代理协定。要求受方以包销权或独家代理授予供方或供方指定的任何人，除非当事方在分包安排或制造安排中已同意，根据技术转让安排生产的全部或部分产品由供方或其指定的任何人销售。(9) 附带条件的安排。不正当地强使受方接受其不愿要的额外技术等。(10) 出口限制。(11) 共享专利或者互授许可协定以及其他安排。技术供应人之间的共享专利或者互授许可协定或其他国际技术转让安排引起的，会不正当限制取得新的技术发展的机会或会造成滥用支配某一工业或市场的力量因而对技术转让产生不利影响的，对地区、数量、价格、顾客或市场的限制，但合作安排（例如合作研究安排）附带的适当限制，则不在此限。(12) 对宣传的限制。不合理地管制受方广告或宣传的限制。(13) 工业产权期满后的付款和其他义务。对继续使用已失效、取消或满期的工业产权要求付款或承担其他义务。(14) 在技术转让安排期满后的限制。①

（二）国际技术转让中限制性商业行为的特点

国际技术转让中的限制性商业行为，实质上是技术转让方以保护行使专利、商标等合法权利为借口，以最大限度地谋取高额垄断利润为目的，不合理地利用自身的优势地位，人为地限制竞争，向其潜在的竞争对手（技术受让方）在转让技术时提出的一种单向的权利限制。② 跨国公司作为国际技术转让的主要供方，在合同中总是强力推行限制性商业条款，以维持垄断优势地位。

(1) 限制性商业行为缘起于跨国公司滥用其拥有的知识产权。跨国公司拥有强大的技术研发实力，掌握很多专利或专有技术。为了保护自身的知识产权，跨国公司在国际技术转让过程中，对受方实施一定的限制是合理的。知识产权人因知识产权而具有市场支配地位，是知识产权人的专有权在市场上的综合体现，属于一种经济优势，具有合法性和必要性。作为一种合法的垄断权，知识产权是近现代社会为推动科技进步而作出的一项重要的制度设计。但是合法垄断权并非是绝对的权利，不能摆脱社会利益的约束与限制。如果跨国公司滥用技术优势地位，制定不合理的交易价格或者强行要求受方接受不合理的交易条件等，就构成了对知识产权的滥用和限制性商业行为，需要对其进行规制。

(2) 限制的目的在于获得超额垄断利润。跨国公司掌握的先进技术是其获得垄断利润的必要条件。为了尽可能长地保有技术优势，跨国公司往往通过限制性商业条款来限制受方的竞争，持续获得垄断利润。

(3) 限制的手段通常表现为技术的供方对受方的单方限制。如供方通过直

---

① 中国百科网 http://www.chinabaike.com/law/gjt/1426946_3.html，2011年5月1日访问。

② 叶昌富："国际技术转让中对限制性商业行为的法律调整"，载《广东外语外贸大学学报》2002年第1期。

接影响市场，削弱竞争或通过诸多要价过高，强加参与管理等方法来单向地限制技术受让方。当然，由于国际技术转让的复杂性使得有时由于谈判双方力量对比有利于技术受方，偶尔也会出现一些技术受方对技术供方进行限制的情况。

（4）限制的核心是限制受方对“受让技术”的处理，包括技术的发展和改良、技术适用范围的扩展等。

（5）限制的后果严重。虽然限制性商业行为表现为限制受方的行为，但后果可以及于其他竞争对手，客观上限制了竞争和技术贸易的自由，影响到技术接受国的国家利益。

（6）限制的性质具有隐蔽性。国际技术转让的客体是无形的商品——技术。这使得国际技术转让中的限制性商业行为较之有形贸易中的限制性商业行为更加复杂和难以识别。

四、国际投资法律行为

国际投资法律行为是国际投资法主体有意识进行的、具有法律意义的、为国际投资法所调整的、可以产生国际投资法上效果的涉法性行为。①

从行为主体角度来看，国际投资法律行为可分为国家行为、国际组织行为和私人投资者行为。国家行为分为管理行为、条约行为和合作行为。国际组织行为主要是提供谈判和磋商的场所，依其职权对国家投资管理行为进行审查，欧盟等一体化程度较高的国际组织还可以直接调整私人行为。私人投资者行为，主要是指私人投资者对国家管理的回应行为，包括经济管理相对人行为（包括申请行为、申报行为和缴纳行为）、法律规避行为，因国家行为受到损害时的求偿行为。②

---

① 吕岩峰、何志鹏、孙璐：《国际投资法》，高等教育出版社2005年版，第53页。

② 吕岩峰、何志鹏、孙璐：《国际投资法》，高等教育出版社2005年版，第56—60页。

第四章

跨国公司责任析论

第一节　跨国公司的利益相关者

一、跨国公司的利益相关者

利益相关者最早被记载于《牛津词典》（1708 年），指的是“赌注”或“押金”的意思。[①] 直到 1929 年，通用电器公司的一位经理在就职演说时提出了“公司应该为利益相关者服务”的想法，第一次将利益相关者问题引入公司范畴。而将“利益相关者”用来表示“与企业有密切关系的所有人”，则出现在 1963 年斯坦福研究中心内部备忘录中的一篇管理论文里。20 世纪 70 年代，利益相关者理论逐渐为西方学者和企业所认识并接受，影响日渐扩大。

经济学界对企业利益相关者概念大致有三种观点：一是最广泛的定义。美国经济学家弗里曼认为：凡是能够影响企业生产经营活动或者为企业生产经营活动所影响的人或团体都是企业的利益相关者。包括股东、债权人、雇员、供应商、消费者、政府部门、相关的社会组织和社会团体、周边的社会成员等等对企业活动有直接或间接影响的组织或个人。其中，股东、雇员、债权人、供应商、销售商、消费者、竞争者是企业的直接利益相关者，一般公众、媒体、社区、政府组织、非政府组织是企业的间接利益相关者。二是较为狭窄的利益相关者定义。克拉克森认为：“利益相关者是那些向企业投入了专用性人力资本或非人力资本从而自愿承担了企业某种风险的人或群体，或者说由于企业的

① 李善民、毛雅娟、赵晶晶：“利益相关者理论的新进展”，载《经济理论与经济管理》2008 年第 12 期。

活动而非自愿承担风险的人或群体。但如果没有风险因素，就没有利益相关。”① 三是范围最窄的定义，利益相关者是那些组织为了实现其目标必须依赖的人。

无论如何，公司所有的利益相关者必须具备以下三种属性中至少一种：合法性，某一群体是否被赋有法律和道义上的或者特定的对公司的索取权；权力性，某一群体是否拥有影响公司决策的地位、能力和相应的手段；紧迫性，某一群体的要求能否立即引起公司管理层的关注。②

跨国公司的利益相关者范围较之一般的国内公司更加广泛，包括母公司和子公司、合资企业和战略联盟、外派经理和国际劳工以及母国和东道国政府等等。宏观层面，包括跨国公司母国、跨国公司东道国以及政府间国际组织；中观层面，包括跨国公司所在区域的社会活动团体、媒体、公众等；微观层面，包括跨国公司的各单元、各单元的股东以及各单元的债权人、客户、供应商、雇员、工会、消费者、自然环境。其中，母国政府和东道国政府是最为重要的利益相关者。跨国公司在保护股东利益的同时，还应该考虑其行为对利益相关者的潜在影响，并在此基础上承担其社会责任。

二、国家

国内法上，国家的法律人格是虚拟的。③ 除了宪法在调整国家与公民关系时，将国家作为一个整体用于分析之外，国家不直接成为法律关系的主体，一般都是将国家权力分割后分别授予立法、行政和司法机关。

国际法上，国家拥有独立的法律人格。《奥本海国际法》认为，“当人民在他们自己的主权政府下定居在一块土地之上时，一个真正意义的国家就存在了”。即“国家是指居住在特定领土上的人民在一套政府机构的运作之下而形成的具有主权的实体”。④《牛津词典》认为，“国家或政治社会是指生活在地球表面的确定部分、在法律上组织起来的并且人格化了的社会”。⑤ 也有学者将

---

① Max B. E. Clarkson, A risk based model of stakeholder theory, *Proceedings of the Second Toronto Conference on Stakeholder Theory*, Toronto: Centre of Corporate Social Performance & Ethics, University of Toronto, 1995.

② Ronald L. Mitchell, Bradley R. Agle, Donna J. Wood, *Toward A Theory of Stakeholder Identification and Salience: Defining the Principle of Who and What Really Counts*, *The Academy of Management Review*, 1997, Vol. 22, No. 4, pp. 853—886.

③ 薛克鹏：《经济法的定义》，中国法制出版社 2003 年版，第 247 页。

④ ［英］詹宁斯、瓦茨修订：《奥本海国际法（第 1 卷第 1 分册）》，王铁崖等译，中国大百科全书出版社 1995 年版，第 92 页。

⑤ ［英］戴维·M. 沃克：《牛津法律大辞典》，光明日报出版社 1989 年版，第 851 页。

"国家"一词指称"在法律上代表公共利益的具有法律人格的特殊权利主体"。① 可见，从国际法意义上来说，国家的基本特征是定居的居民、确定的领土、政权组织和主权。②

国家在参与国际经济交往时，是国际经济的交往者，更是国际经济法规范的创立者和实施者。国家通过国家实践和法律确信形成了习惯国际经济法规范，通过谈判缔结双边，区域和多边经济条约，并负责实施，并制定实施国际经济管理的涉外经济公法。③

在国际经济法体系中，国家可以三重身份出现。④ 国际法意义上，相对于有国际经济交往的另一国家而言，是平等的主权者和交往者。在没有实际的国际经济交往时，各国形成了国际经济消极共存的法律关系，彼此之间承认经济主权人格，负有相互尊重经济主权和消极不干涉的义务。存在实际的国际经济交往时，则会生成各种国际经济法律关系（缔结国际经济条约，加入国际经济组织），此时各国不是单纯的主权者身份了，而是进入国际经济交往的各种"法锁"之中，必须依据具体的国际经济法规范来行使权利和承担义务。

公法意义上，相对于在本国从事国际商事活动的私人主体（包括跨国公司），是处于支配地位的管理者，可以依据国内法在国际法义务的约束下对私人主体实施管辖。国家的管理权是基于国际经济领域的国家管辖权产生的，包括属地管辖、属人管辖和效果管辖。⑤

私法意义上，依据私法原则与其他国家私人主体进行国际经济交往时，国家主要是国际商事交易关系中的交易者，与私人大体处于平等地位。但由于国家的特殊地位（主权者和管理者），如果国家没有放弃豁免权，一定条件下可以享受国家主权豁免，国家与私人合同相对方的地位就不完全平等。除非国家明确承诺了法律稳定条款或其他特定义务，否则国家还可依据公法对合同关系进行调整。

---

① 张文显主编：《法理学》，北京大学出版社 1999 年版，第 376 页。

② 赵建文主编：《国际法新论》，法律出版社 2000 年版，第 69 页。

③ 王彦志：《国际经济法总论：公法原理与裁判方法》，华中科技大学出版社 2013 年版，第 209 页。

④ 车丕照：《国际经济法》，中国法制出版社 2008 年版，第 26 页。

⑤ 王彦志：《国际经济法总论：公法原理与裁判方法》，华中科技大学出版社 2013 年版，第 211 页。

三、政府

英国自由主义思想家约翰·洛克在其著名的《政府论两篇》（1690）的第二篇中运用自然法学说阐明了政府的起源及其本质。洛克认为：“人们联合成为国家和置身于政府之下的重大的和主要的目的，是保护他们的财产……这就是立法和行政权力的原始权利和这两者之所以产生的缘由，政府和社会本身的起源也在于此。……人们在参加社会时放弃他们在自然状态中所享有的平等、自由和执行权，而把它们交给社会，由立法机关按社会的利益所要求的程度加以处理，但是这只是出于个人为了更好地保护自己、他的自由和财产的动机，社会或由他们组成的立法机关的权力绝不容许扩张到超出公众福利的需要之外。”①

不同的学科领域，对于何谓政府有着不同的界定。在经济学中，政府是一个处于自然垄断地位的部门。它主要向社会提供两种产品：秩序和政策。在政治学中，政府的概念有广义和狭义之分，广义的政府是指对整个国家进行组织管理的政权机构，包括立法、行政、司法机关。狭义的政府是指执行人民意志的中央和地方的各级行政机关。无论是广义还是狭义上的政府，政府在本质上应该只是公众转让的社会权力的一种执行机构，其存在的合理性在于按人民意志行使社会管理职能和对外捍卫国家主权的职能。在国内法上，政府是代表国家对市场进行干预行使行政权的机关。在国际法上，政府是国家的政权组织，执行国家行政职能的机构。政府对内代表国家行使行政管理权力（统治权），对外代表国家进行国际交往。

政府在国内法中具有现实的法律人格，国家在管理经济生活中的职能主要通过政府进行，政府是代表国家对市场进行干预和行使行政权的机关。国家与市场的关系具体表现为政府与市场的关系。经济学中国家和政府一词经常混用，而从法律思维的严密性出发，“国家干预”应当界定为“政府干预”或称为“政府监管”。

政府在法律关系中最初的角色是“当事人”，随着经济的发展，包括市场主体与社会公共利益的矛盾突出，政府担当了“执法者”的角色，以准司法机关的角色保护社会公共利益。具体来说，经济法（无论是国内经济法抑或国际经济法）的调整对象抽象为市场主体和政府在经济活动中与社会整体之间的关系，包含两类法律关系。在市场主体与社会公共利益的关系中，政府担当的是

---

① ［英］约翰·洛克：《政府论（下篇）》，叶启芳、瞿菊农译，商务印书馆1996年版，第77—80页。

“执法者”或“政府干预”的角色。作为“执法者”，政府代表国家行使行政管理权；在政府与社会公共利益之间的关系中，政府属于义务主体“当事人”，需要“干预政府”，其干预对象是政府的调控行为。[①] 可见，政府在经济法中的双重角色是由两个独立的法律关系决定的，并未违反“当事人不能成为自己案件的法官”的自然公正原则，同时可以解释为什么可以将政府监管法视为“政府干预之法和干预政府之法”。

四、政府间国际经济组织

广义的国际组织是指“凡是两个以上国家或其政府、人民、民间团体基于特定的目的，以一定协议形式而建立的各种机构”[②]。包括政府间组织和非政府组织。狭义的国际组织仅指政府间国际组织。其中履行经济职能的政府间国际组织是政府间国际经济组织。政府间国际经济组织主要是指两个或两个以上的国家依据条约建立的、以经济目标或经济职能为主的、具有独立国际法律人格的国际组织。[③]

与国家一样，政府间国际经济组织既是国际经济活动的管理者，国际经济法规范的创立者，也可以是国际经济合同的当事人，一定条件下享有特权与豁免。政府间国际经济组织对国际经济法律体制的建立具有重要影响。政府间国际经济组织往往确立了相应领域的国际经济秩序的基本框架，例如 ICSID 和 MIGA 确立了国际投资争端解决和国际投资担保领域的基本框架。政府间国际经济组织在监管跨国公司时履行管理者职能，在协调国家管辖权时履行协调者职能，在参与国际经济合同时履行当事人义务。政府间国际经济组织还是国际经济法实施、谈判和政策协调的最重要场所。

五、非政府组织

跨国公司中观层面的利益相关者主要是非政府组织。尽管非政府组织“就像尼斯湖的怪兽——人们可以肯定地说它‘不是什么’，但很难说它‘是什么’”——但不妨碍它成为全球公民社会最活跃的主体。[④] 虽然法律上的界定尚无定论，但不可否认非政府组织具有以下几个法律特征：组织性、民间性、非

① 薛克鹏：《经济法的定义》，中国法制出版社 2003 年版，第 292—293 页。

② 梁西：《国际组织法（总论）》，武汉大学出版社 2001 年版，第 4 页。

③ 王彦志：《国际经济法总论：公法原理与裁判方法》，华中科技大学出版社 2013 年版，第 222 页。

④ 周志忍、陈庆云：《自律与他律》，浙江人民出版社 1999 年版，第 2 - 3 页。

营利性、自治性和志愿性。[①] 晚近，全球化引发的各种全球社会矛盾激化，自上而下的政府改革与自下而上的社团革命交织，促进了非政府组织的勃兴。[②] 非政府组织是国际经济立法、实施和裁判的参与者，也是跨国公司的重要监督者。

第二节　跨国公司与利益相关者之间的关系

跨国公司在跨国经营过程中面临三大基本矛盾：跨国公司工业主权与国家主权的交锋；各主权国家和国际组织争夺对跨国公司中各实体管辖权的冲突；跨国公司集团内部的各实体间以及跨国公司与其他组织之间的利益分配问题。

相应的法律关系体现为：（1）国家和国际组织管制跨国公司国际经营活动的纵向关系；（2）国家和国际组织管制跨国公司国际经营活动的横向竞争关系；（3）跨国公司内部各实体之间关系；（4）跨国公司之间以及跨国公司与其他经济组织之间的横向国际经济交易关系；（5）跨国公司与社会其他利益相关者的利益分配关系。其中跨国公司与东道国之间的关系，在跨国公司外部治理结构中居于核心位置。

一、跨国公司与国家关系的发展阶段

查尔斯·林德布洛姆曾说，“在世界上所有的政治制度中，大部分政治是经济性的，而大部分经济亦是政治性的”。跨国公司与主权国家（其代理人是政府）的关系是对这句话的很好注解。[③]

跨国公司的全球经营对世界经济产生深远的影响。全球100个最大经济体中，有51个是跨国公司，49个是主权国家。公司建立的初衷是为了追求利润最大化，从诞生之日就有挣脱主权国家约束的原动力，跨国公司更是如此。跨国公司的“工业主权”挑战“国家主权”是当今世界的显著特征。在两种力量冲突的过程中，国家主权依然是最有力的主宰。不管是对国际组织的主权让渡，还是对跨国公司的放松管制，都是国家主动的政策选择。各国相互影响，创造

① 美国学者萨拉蒙归纳的五个基本属性被认为是权威概括。

② 以志愿求公益为基本机制的“第三部门”是人类一种古老的组织形式，在20世纪后期“全球市民社会运动”仅仅是再次凸显了其价值而已。

③ ［美］查尔斯·林德布洛姆：《政治与市场：世界的政治经济制度》，王逸舟译，上海人民出版社1994年版，第9页。

出经济力量在其中运作的政治关系框架。跨国公司对于国家的管制政策，除了用脚投票以外，更多的是通过实施一定的政治行为介入政府的决策过程，以获得更大的利润空间。作为政治市场上的供需双方，政策的制定者——政府是卖方，政策的接受者——跨国公司是买方。两者的力量对比决定了管制跨国公司政策的导向。

（1）跨国公司与国家关系的“稳定期”。“二战”前，跨国公司的发展规模非常有限，各国还很少形成专门的跨国公司政策，相互关系比较平缓。这一时期，跨国公司主要应对来自东道国的管制。（2）跨国公司与国家关系的“蜜月期”。“二战”后到20世纪60年代，跨国公司成为母国资本扩张的工具。东道国需要大量资金和技术来复兴受战争破坏的经济，对跨国公司的限制较少，跨国公司面临的政治风险极小。跨国公司蓬勃发展，这一时期也被称为跨国公司时代。（3）跨国公司与国家关系的“冲突期”。20世纪70年代，母国担心跨国公司对外直接投资导致资本和科技外流，使得母国丧失比较优势，东道国担心跨国公司侵蚀其主权，各国普遍加强了对跨国公司的管制，跨国公司面对的政治风险相应增加。（4）跨国公司与国家关系的“调整期”。20世纪90年代，投资自由化倾向日益明显，各国普遍放松管制。跨国公司与东道国之间关系表现出合作多于对抗的发展趋势。仅1991—2002年，有165个国家对本国外资法律法规等进行了1641项修订，其中95%是以外资政策更加自由化为目标。（5）跨国公司与国家关系的“紧张期”。1998年和2008年两次世界金融危机，使得各国开始反思投资自由化政策，普遍加强了管制。跨国公司要面对更多的各种壁垒和政治风险。

二、跨国公司与母国之间的关系

跨国公司与母国体现为既相互依存又相互冲突的关系。跨国公司的民族性决定了它与母国之间的相互依存关系。考察跨国公司的历史，我们可以看出跨国公司最初是作为母国的国家公司出现的，是母国的代言人；跨国公司为母国开拓海外市场，取得海外资源，其收益汇回母国，有利于母国的收支平衡；在与东道国发生冲突时，跨国公司会寻求母国的支持和安全保护；母国为了国家的利益，也会支持作为其外交政策工具的跨国公司的业务扩张。

作为不同的行为体，跨国公司的逐利目标和母国的国家利益并不总是一致的。跨国公司的世界性决定了它与母国之间的冲突。随着跨国公司力量的壮大，其独立人格日益确立，跨国公司的利益开始与母国利益发生冲突。跨国公司的海外投资会导致母国的资金和技术外流、就业减少，影响母国的国际收支平衡；跨国公司还常常利用转移定价而逃避母国的税收。这些因素使得母国除了对跨国公司提供投资保护和促进之外，也要对其采取措施予以管制，形成了纵向的经济管理关系。跨国公司对母国的依赖已经由原先的完全依赖，走向了相对独立。通过各种政治行为，跨国公司在其母国直接参与政策制定与决策。母国对跨国公司的控制也由以前的完全控制和利用，逐渐走向了适度调控和利用，并对跨国公司的决策产生一定的影响。

三、跨国公司与东道国之间的关系

跨国公司与东道国的关系（纵向的经济行政管理关系和横向的投资契约关系）在跨国公司的外部治理结构中居于中心位置。① 国际投资法的关键问题是私人投资者与东道国政府之间的关系，主权国家与外国国民之间的传统关系。②

东道国与跨国公司之间的关系有两个维度，横向上，基于国际投资合同，尤其是跨境自然资源开发合同，会产生东道国与跨国公司之间的国际投资合同关系。纵向上，东道国与跨国公司之间会产生纵向管理关系，这一关系居于两者关系的核心地位。

公司在一国范围内经营时，公司与国家关系的政治维度尚未凸显，因此公司的国籍并不重要。然而当其经营跨越国界时，政府干预和政治控制问题就凸显出来，跨国公司需要在母国、东道国和自身利润最大化三者之间进行权衡，东道国则必须考虑跨国公司行为所致的经济扭曲和跨国公司行为影响国家权力和公司自治的合法性问题。③ 这使得东道国无一例外地要对跨国公司的活动予以管制。两者之间形成了一种纵向的经济行政管理关系。经济全球化背景下，跨国公司与东道国的关系较之过去有明显的改善，双方之间的利益冲突也因相互需要而趋于缓和，但两者在利益冲突下的管制与规避管制的基本关系没有改变。当跨国公司的行为可能破坏环境、限制市场竞争、违背本国的外交政策或不利于本国的国家安全时，国家对跨国公司的管制将是毫不留情的。④

面对东道国政府的管制，跨国公司可选择的策略有两种：一种是约束自己的行为，使其符合东道国利益和社会目标；另一种是运用各种手段规避政府的管制，或将政府的影响降至最小。在东道国的谈判力量很强或跨国公司之间竞争激烈时，跨国公司会主动与东道国政府合作，并在一定程度上约束公司的市场行为，反之跨国公司将利用各种方法规避政府的管制。

---

① 实践中大多为跨国公司与东道国国家公司之间的合同关系所取代，本书不做重点讨论。

② ［英］施米托夫：《国际贸易法文选》，赵秀文译，中国政法大学出版社2006年版，第40页。

③ 冼国明、李诚邦："跨国公司与东道国政府关系之研究"，载《南开学报（哲社版）》2004年第5期。

④ 车丕照："身份与契约"，载《法制与社会发展》2002年第5期。

在经济全球化背景下，跨国公司与东道国关系的发展趋势正在从冲突——对抗走向合作——互补。政府和跨国公司有较强的动机进行互惠合作而不是各自控制，当这种合作持久进行时，跨国公司与东道国的关系逐渐根植并受制于互惠规范的社会交易，这进一步强化了合作。① 东道国与跨国公司之间的控制与反控制关系仍然存在，但控制的表现形式已不同于冲突范式下的激烈对抗。东道国对跨国公司较少采取直接的控制行为，代之以各种“柔性”劝导，跨国公司也相应地调整其政治行为和组织承诺，积极响应和贡献于社会需要或政府关注（如教育、控制污染和卫生设施建设）。跨国公司在东道国经营时，将不仅关注经济利益，还要承担起社会责任，最终嵌入东道国社会之中。

四、跨国公司与政府间国际经济组织之间的关系

单纯依赖国家对跨国公司进行管制，难免出现管辖短板和管辖冲突。为了协调各国的外资政策，更好地管制跨国公司的活动，政府间国际经济组织登场了。国际调节是由两个以上的国家或区域性、全球性组织，通过协商或签订国际条约，或以国际组织的决定等形式，对国际市场的经济结构和运行实行调节，以维护和促进国际社会经济协调稳定和发展。② 国际调节既包括两个国家之间的双边国际调节，也包括两个以上国家的区域性或跨区域性的国际调节，还包括更多国家之间的、普遍的、世界性的国际调节。

政府间国际经济组织对跨国公司的管制权来自组织章程和缔约国的授权，是国家主权的部分让渡。这种管制一般体现为对国家管辖权的再调节，是间接管制。就跨国公司财产权利的保护而言，各国外国投资法是初次保障，而国际投资条约则是二次保障，其实质是对国家管制权的再调节。此外，一些较为成熟的国际组织（例如欧盟）可以直接对私人（包括跨国公司）实施管制。这种管制是直接管制。例如欧盟在竞争等领域的法律不但直接规定私人市场主体的权利、义务和责任，而且由欧盟委员会直接执行这些法律。③ 这种关系可以比照国家与本国国民的保护与被保护、管理与服从的关系。④

---

① 冼国明、李诚邦：“跨国公司与东道国政府关系之研究”，载《南开学报（哲社版）》2004 年第 5 期。

② 漆多俊：“市场国际化、国际调节及相关法律问题”，载《经济法论丛》第 9 卷，中国方正出版社 2004 年版，第 6 页。

③ 王彦志：《国际经济法总论：公法原理与裁判方法》，华中科技大学出版社 2013 年版，第 78 页。

④ 吕岩峰、何志鹏、孙璐：《国际投资法》，高等教育出版社 2005 年版，第 65 页。

五、跨国公司与非政府组织之间的关系

非政府组织已经成为介于民族国家、跨国公司和政府间国际组织的第四种跨国力量，正重塑着我们生活的世界。非政府组织最重要的作用在于监督和制约国家和跨国公司的活动，使之更好地体现民主和公民利益。一方面，管理跨国公司的行为规则如果不能得到消费者的大力支持，迫使跨国公司执行的话，是毫无用处的，而消费者的代表是非政府组织。另一方面，非政府组织也可以行使自治管制权力或实施国际法或国内法授予的权力，从事管制治理的私人调节。[①] 由于吸引外资的考量或管辖权的限度，在面对跨国公司时，发展中国家和转型经济体国家往往为了经济增长和竞争资本而实施低管制标准，发达国家往往因为资本自由流动而无法有效实施高管制标准，而国际组织管制也存在真空，跨国公司往往逃避劳动、环境、健康、人权、安全、反腐败、消费者保护等政府管制立法，导致非政府组织越来越多的介入，独立制定实施这些领域的管制措施。

六、跨国公司利益相关者之间的关系

（一）东道国之间的关系

东道国之间吸引外资引起的竞争关系，也是与跨国公司有关的法律关系。国际直接投资的世界市场是全球性的。对资本的争夺，不仅发生在跨国公司之间，也发生在政府之间。每年有多达6000家的国家的、区域的或地方的政府机构在竞相争取由跨国公司进行的各类投资项目。[②] 各东道国为了吸引外国投资，开展了过分抬高的金融鼓励竞争、趋于零的财政鼓励竞争或趋于最低点的政策竞争。具体鼓励措施主要包括：（1）提供便利和服务。如政策的宽松和自由化，保护知识产权、提高教育水平、完善基础设施等。（2）提供特殊优惠政策，主要是税收优惠政策。这种优惠政策的竞争，在东道国之间形成了恶性循环，增加了跨国公司与各东道国讨价还价的筹码，导致东道国之间的关系日趋紧张，最终结果对任何一个东道国都是不利的。

（二）母国与东道国之间的关系

跨国公司经营一体化的实质是基于企业界限上的一体化，这与基于地理边

---

① 王彦志：《国际经济法总论：公法原理与裁判方法》，华中科技大学出版社2013年版，第76页。

② 联合国贸发会议跨国公司与投资司编著：《1999世界投资报告》，冼国明译，中国财政经济出版社2000年版，第182页。

界的国家界限必然产生冲突。跨国公司在全球范围内追逐高额垄断利润必然与东道国有时甚至是母国产生矛盾，导致跨国公司与东道国、母国之间的管制与去管制的矛盾斗争，甚至导致东道国与母国的国际冲突。这种国际冲突具体表现：跨国公司投资的唯一性影响两国之间的利益分割，加剧了两国之间的经济摩擦甚至相互实施报复；东道国对子公司财产实行国有化而跨国公司申请母国海外投资保险的冲突；母国的反垄断法域外适用时与东道国国内法适用的冲突；东道国当地救济与母国适用外交保护的冲突；东道国与母国同时行使跨国公司管辖权时的管辖冲突等。另外，跨国公司又是母国和东道国之间重要的桥梁和纽带。跨国公司的全球经营，加强了双方在经济领域内的合作和相互依赖。在经济全球背景化下，以跨国公司为中介的母国与东道国关系，正在由松散变得紧密，合作的同时竞争也日益加剧。

（三）政府间国际经济组织与国家之间的关系

单边的国家管辖无法应对跨国公司日益扩大的国际影响，政府间国际经济组织加入到对跨国公司管辖的队伍中。政府间国际经济组织与国家的关系分为：（1）政府间国际经济组织与缔约国之间的关系。国家在加入相关国际公约时，让渡了部分跨国公司的管辖权给国际组织，使得国际组织能够通过国际投资条约对一国的管辖措施实施一定的约束，使其遵守国际义务。（2）政府间国际经济组织与非缔约国之间的关系。政府国际经济组织制定的国际经济规则有时会对非缔约国产生重要影响。

第三节 跨国公司的法律责任

跨国公司通过设立子公司可以使母公司的财务风险限定在其出资范围之内，即以其投入子公司的资本为限。但近年来的趋势是要求跨国公司母公司对子公司的债务和行为承担责任。这直接关系到跨国公司利益相关者的利益保护问题。

跨国公司的母公司和子公司虽然是依据不同国家法律组建的法律实体，但经济上彼此联系成一个整体，因国际关联的存在使得子公司要服从母公司的统一领导。实践中，跨国公司母公司总是通过各种“控制手段”，利用“公司人格独立”将风险转嫁给子公司和其他利益相关者。这种控制权的滥用应该伴随着行使控制权主体的法律责任。① 母公司是否应为其海外子公司的行为承担责任？承担何种责任？司法程序上在东道国境内的利益相关者能否在本国或母国起诉母公司？

一、承担责任的主体

跨国公司的控制权主体是母公司。最大的跨国公司的母公司大都是上市的股份公司。② 大型上市公司里，主要的政策、战略计划以及日常决策主要是由职业经理（管理层）控制的。母公司的管理层是跨国公司核心的独立机关。在大型跨国公司的母公司层面，董事与管理层通常是混同的。③

母公司对子公司业务运营上的实际控制权类似于一般意义上的公司管理层对公司的控制权。此时依据英美法的若干判例，母公司也可以被视为一种“事实上的董事”。④ 子公司的管理层则处于一个双重效忠的尴尬境地。子公司是东道国的独立法人，子公司的管理层应该向子公司的董事会负责。但母公司对子公司的实际控股，使得母公司操纵着子公司的董事会。子公司管理层的任命并非由子公司的董事会完成，而由集团上一层级的高级经理来完成。在集团管理等级架构下，子公司的管理层直接对上级管理层或母公司管理层负责，并对母公司效忠。子公司的董事会会议不过是如何执行上面指令的会议。可见，母公司及其管理层是跨国公司治理中的两个主要的控制权行使主体和责任承担主体。⑤

二、跨国公司法律责任的理论

（1）有限责任原则。理论依据是母公司与子公司是各自独立的法律实体，根据公司法基石之一的有限责任原则，股东以其出资额为限承担责任，公司以其全部资产承担责任，公司责任与股东责任有所区别，母公司不应为子公司的债务承担责任。单纯依赖此理论，有时不利于债权人的保护，但基于国民待遇原则，内国投资者享有公司法提供的有限责任原则的保护，就不应要求跨国公司母公司承担连带责任，否则就是歧视。一般情况下，对跨国公司仍应适用此原则，只有例外情况下可以适用“刺破公司面纱”或“公司人格否认”原则。

---

① 陈东：《跨公司治理中的责任承担机制》，厦门大学出版社 2003 年版，第 123 页。

② 约翰·B. 库伦：《多国管理：战略要经》，邱立成等译，机械工业出版社 2000 年版，第 4 页。

③ S. J. Rubin & D. Wallace, Jr. (ed.), Transnational Corporations and National Law, Routledge Pub., 1994 (UN Library on TNCs, Vol. 19; General Editor: J. H. Dunning), p. 30.

④ R. R. Pennington, Company Law, 6th ed. Butterword, 1990, pp. 738 – 739.

⑤ 陈东：《跨公司治理中的责任承担机制》，厦门大学出版社 2003 年版，第 248 页。

（2）统一实体责任原则。该原则是将母公司与子公司视为一个企业实体来承担责任。这种观点并无法律或法理上的依据，而是基于跨国公司本身包括母公司及其子公司的事实，认为应将跨国公司看作一个统一的实体，该实体中的任何经营机构或组成部分所产生的责任均可归责于该实体的整体，并可由母公司或总公司代表。滥用此原则会造成诉讼泛滥、阻碍新的投资，破坏公司法的基石。实践中，德国和欧盟有企业集团的概念。但适用最困难之处在于如何判断一个跨国公司已经成为一个单一实体。

（3）刺破公司面纱理论。“刺破公司面纱”的含义是指如果子公司因资本不足而不能应对可以预见的，且可能对其产生的诉讼请求时，法院就会“刺破公司面纱”，并剥去这个有限责任。该原则来源于美国早年的司法判例。法律上承认母公司与子公司是两个独立的法律实体，仅在例外的情况下，如母公司与子公司间的关系依其行为并非具有独立的两个法人资格的实质关系，子公司便应视为母公司的分支机构，从而不能独立承担法律责任，而母公司必须对其行为负责。[①] 或者说当子公司因母公司的支配和控制而不具有独立性时，其分立的法人实体不存在了，就可以认为子公司仅为母公司的“外壳”或“工具”，而应当“刺破公司面纱”，否定子公司之独立人格，由母公司承担子公司的债务责任。

（4）代理理论。其依据来自大陆法系中民事代理的法律后果。如子公司事实上作为母公司的代理人，则可以依据代理法原则让母公司对子公司的行为负责。[②]

（5）产品责任理论。根据产品责任法，只要产品有缺陷，对消费者和使用者造成不合理的危险，并给其人身或财产造成伤害或损害，该产品的生产者和销售者必须对此负责。如果母公司是缺陷产品的生产者和销售者，它作为侵权人就必须直接承担责任。[③] 即使产品的生产者和销售者是子公司，但如果母公司未能干预或监督子公司的经营活动，则会承担连带责任。

三、跨国公司法律责任的实践

（1）一般情况下，对跨国公司仍应适用有限责任原则，只有例外情况下可以适用“刺破公司面纱”或“公司人格否认”原则。（2）“刺破公司面纱”原则应受到严格限制，否则会动摇公司法的基石，也会恶化东道国的投资环境。

---

① 王贵国：《国际投资法》，北京大学出版社2001年版，第282页。

② 孙南申：《国际投资法》，中国人民大学出版社2008年版，第116页。

③ 余劲松：“论跨国公司责任的法律依据”，载《法商研究》1995年第3期。

美国法院通过“刺破公司面纱”原则追究母公司的责任应符合以下条件：①子公司侵权且资不抵债；②母公司有效控制子公司决策权；③子公司从事高风险营业活动；④跨国公司滥用公司独立人格。[①] 实践中这种情况更可能发生在侵权案件中，而且必须是母公司有效地控制了子公司的经营决策，而子公司的设立又是用来在国外从事本身就危险的活动。[②] 此外，有些国家还基于法律形式的滥用、公司的投资不足或善意标准来揭开公司面纱。[③] （3）适用统一实体责任。实践中，德国和欧盟有企业集团的概念。但适用最困难之处在于如何判断一个跨国公司已经成为一个单一实体。（4）适用代理理论，追究母公司责任。依据《美国代理法》，母公司的责任可在下列情况下产生：①若子公司并非真实存在，像代理人一样没有独立性，那么母公司的责任可根据代理法产生。此外，母公司对子公司的固有的危险性经营活动也可能负责任，因为在此情况下它有义务预先给予特别防备以防止损害后果的发生。②根据不可代理的规则，第三人负有不可代理的谨慎注意的义务，即使是代理人的过错，委托人仍须对违反这一义务承担责任。因此，也可以以此为据让母公司承担责任。③在委托人明确授权的范围内，委托人对代理人的侵权行为承担责任。若母子公司符合这一条件，母公司作为委托人就须承担责任。[④] （5）适用产品责任中的直接责任和连带责任。实践中有两种情况，一种是母公司本身是缺陷产品的生产者和销售者，此时它承担直接责任；二是子公司是缺陷产品的生产者和销售者，但如母公司未能尽到监督责任，会被认定需要承担连带责任。

第四节 跨国公司的社会责任

跨国公司是经济与利益大规模增长背后的推动力。但是，不受拘束的全球经营却在可持续发展、人权、环境等方面增加了国家之间的不平等。加之，传统法律框架下跨国公司权利义务的不对称，使得跨国公司对通过其内部安排所获得的法外利益缺乏相应的义务机制。跨国公司作为全球化的利得者，在全球经营过程中不承担或弱化社会责任的行为，引发了一系列的社会问题，国际社会要求跨国公司承担社会责任的呼声四起，那么跨国公司应该承担的社会责任

① 孙南申：《国际投资法》，中国人民大学出版社 2008 年版，第 118 页。

② See Enic L, *The Law for Global Business*, Richard D Irwin Inc. 1995, p. 43.

③ 余劲松：《跨国公司法律问题专论》，法律出版社 2008 年版，第 101 – 102 页。

④ 余劲松：《跨国公司法律问题专论》，法律出版社 2008 年版，第 103 页。

内涵和外延是什么？跨国公司社会责任的承担机制该如何设计？

一、跨国公司的社会责任

对企业社会责任的权威定义是美国佐治业大学教授 A. B. Carroll 提出的："企业社会责任是社会在一定时期对企业提出的经济、法律、道德和慈善期望，由企业经济责任、法律责任、伦理责任和慈善责任构成，并成金字塔形状。"第一层为企业的经济责任，是企业最基本的社会责任，指企业首先负有生产、盈利和满足消费者需求的责任。第二层为企业的法律责任，即企业需在守法和法律要求下履行其经济使命。第三层为企业的伦理责任，包括道德标准、规范，反映了股东、员工、消费者和社区关心公平公正的期望，以及对利益相关者道德权利的尊重和保护等。顶层为企业的慈善责任，即企业自愿开展行动或者项目来促进人类福利的发展，体现了社会要求企业成为优秀企业公民的愿望。①

跨国公司的社会责任是指作为全球企业公民的跨国公司在进行跨国生产经营活动时，对其利益相关者承担的社会责任。

二、跨国公司社会责任的范围

跨国公司社会责任的最初提及是在联合国主持下的《跨国公司行动守则（草案）》中，当时主要关注的是跨国公司活动对当地法律秩序的遵守问题。②

一方面，跨国公司作为企业组织的高级形式，当然具有一般的企业社会责任。另一方面，跨国公司在不同的国家活动，使得跨国公司社会责任的客体和范围较之一般国内公司更加复杂和微妙，并在全球范围有所扩展。跨国公司承担社会责任的客体除了一般企业社会责任的客体（母国的利益相关者）外，还涉及与东道国、国际层面的利益相关者之间的关系。跨国公司承担社会责任的范围扩展，表现在横向不只限于母国社会责任，还扩展到东道国社会责任和国际社会责任；纵向上较之一般国内公司的经济责任、法律责任、伦理责任和慈善责任上都有所扩张。不仅要求跨国公司开展慈善活动或遵守当地法律，还包括尊重东道国国家主权、社会制度和文化，维护东道国和全球的政治和经济安全，促进全球经济、资源和环境的可持续发展等。

---

① Carroll, "The Pyramid of Corporate Social Responsibility: Toward the Moral Management of Organizational Stakeholder", *Business Horizon* 1991, 34 (4), p. 42.

② Cherie Metcalf, "Corporate Social Responsibility as Global Public Law: Third Party Rankings as Regulation by Information", 28 *Pace Envtl. L. Rev.* 145, 2010 - 2011, p. 160.

三、跨国公司社会责任的标准

跨国公司社会责任的标准各异，鉴于联合国《全球契约》已成为企业社会责任方面最重要的全球协议，本书采纳该标准，将跨国公司社会责任划分为人权、劳工、环境和反贪污四个方面。前三项也可视为广义的人权责任。尽管国际社会对跨国公司人权责任的性质和范围还存在争议，但至少在劳工保护、环境保护、结社自由、种族歧视、少数群体权利方面，跨国公司的人权责任问题已得到越来越多的承认。[①] 跨国公司必须遵守以下6项劳工原则：第一，结社自由和有效地认可集体谈判的权利；第二，彻底消除所有形式的强迫或强制劳动；第三，有效地废除童工；第四，杜绝任何在用工与行业方面的歧视行为；第五，鼓励人力资本的形成；第六，遵守有效的健康和安全规则。在环境责任方面要求：企业应对环境挑战未雨绸缪；主动增加对环保所承担的责任；鼓励无害环境技术的发展与推广。反腐败责任要求企业应反对各种形式的贪污，包括敲诈、勒索和行贿受贿，尤其是反商业贿赂。

四、跨国公司社会责任的承担机制

一个有效的跨国公司社会责任治理机制需满足四个要素：（1）权力性，即跨国公司社会责任治理的参与者具有大家公认的治理权力，可以凭借这些权力让他人履行社会责任；（2）义务性，即一旦社会责任治理决策形成，有义务无条件接受它；（3）能力性，即参与跨国公司社会责任治理者需要拥有治理所需的财力、管理能力和与治理相关的专业技术知识；（4）强制性，即要求强制遵守已制定的标准，对于违反者轻则警告，重则将受到惩罚或进行赔偿。[②]

（一）企业社会责任的自愿实施

伴随着对公司责任的再认识，一些著名的跨国公司纷纷推出自律性的内部行为准则。同时积极参与到《全球契约》之中。如 Caterpillar 公司 1974 年出版了“世界商务行为守则和经营准则”，成为跨国公司处理社会责任的典范。皇家荷兰壳牌集团公司在1990年6月出版的“一般经营原则论”中把公司的责任划分为四个方面：（1）对股东，保护股东的投资，并提供一个可接受的收益。（2）对雇员，为所有雇员提供良好安全的工作条件、良好的竞争条件和服务条

---

① 何易：“论跨国公司的国际人权责任”，载《武汉大学学报（哲学社会科学版）》2004 年第 3 期。

② Detomasi, D. A. (2007), “The Multinational Corporation and Global Governance: Modelling Global Public Policy Networks”, *Journal of Business Ethics* 71 (3), p. 324.

件；促进人类智能的开发并充分利用，提供平等的就业机会；在制订计划和工作指导方面鼓励员工介入，承认企业的成功取决于所有员工的全部贡献。（3）对顾客，以必要的技术和商业技能为后盾，开发和提供在价格和质量方面都具有价值的产品和服务。（4）对社会，处理经济事务要本着一个有责任心的社会企业成员的身份，遵守经营国家有关安全、环境标准的社会准则和法律。①世界最大的玩具生产厂商 Mattel 公司甚至成立了一个独立的监督理事会，该理事会可以检查和核实公司遵守自己制定的《全球生产守则》的情况，并将结果在不受公司任何限制的情况下公之于众。

（二）国际社会的监督

联合国贸易和发展会议提出了"全球企业公民"的概念，强调跨国公司不只是其所在国的公民，只对该社会的标准负责，它们还应是"全球公民"，在全球的背景下承担责任。根据联合国《全球契约》成立的联合国全球契约组织，是世界上最大的推进企业可持续发展的国际组织，拥有来自 170 个国家的约 10 000 家企业会员和 3000 多家其他利益相关方会员。签字会员履行以联合国《全球契约》为基础的，涵盖人权、劳工、环境和反腐败领域的全球契约十项原则，并支持更广泛可持续发展目标的实现。

涉及企业社会责任的国际标准或宣言还有：（1）经合组织 1998 年《公司治理结构原则》以及 2010 年《OECD 跨国公司行动准则》。《跨国公司行动准则》涉及供应链、消费者权益、信息披露、劳工问题、反腐败、环境和税收等问题，要求企业以谋求可持续发展为前提，切实关注环境保护，鼓励竞争，反对垄断，抑制商业腐败等。该准则也是促进商业行为承担责任的主要国际法文件。（2）国际标准化组织 2010 年 ISO26000。（3）国际劳工组织 1977 年《关于跨国企业和社会政策的三方原则宣言》。（4）国际劳工组织 1998 年《关于工作中的基本原则和权利宣言》。（5）相互诚信宣言。（6）国际社会责任体系 SA8000。（7）公司社会责任的社会风险网络标准。（8）全球沙利文原则。（9）《世界人权宣言》。（10）联合国《跨国公司和其他商业企业在人权方面的责任（草案）》。虽然这些国际宣言没有法律约束力，但它们作为一种社会规范能为建立良好的公司治理提供指导和建议。当其建立了一系列系统和工具时，无约束力的公约也会对国际法产生影响。

---

① 吴先明："跨国公司治理：一个扩展了的公司治理边界"，载《经济管理》2002 年第 24 期。

第五章

跨国公司的国家管辖权

跨国公司管辖权体系可以看作一个离散函数，管辖主体为纵轴，分布有国家、双边、区域和多边四个变量。投资的不同阶段为横轴，分布有外资设业、外资运营和外资退出三个变量。离散函数的定义域是跨国公司的投资行为，值域是外资不同阶段对应的不同层次的管辖机制。跨国公司管辖机制的变化是跨国公司与管辖主体之间的力量对比决定的。管辖权可以在水平层面上分配，即国家间的管辖权分配或国际组织间的管辖权分配；也可以在垂直层面上分配，即国家和国际组织间的管辖权分配。[①] 管辖权在国家间的分配表现为东道国和母国之间管辖的分配；管辖权在国际组织间的分配主要由国际投资协定中的适用范围条款所确定。国家和国际组织之间的管辖权分配主要由国家在参加国际组织时的承诺义务所决定。国际投资自由化程度越高，跨国公司享有的权利就越多，国家管辖权就越少，而且国家管辖权受到国际机制的制约也越多。

当今社会，所有行为体都认识到主权国家有权控制它们国界之内的经济活动。没有国家的制约，跨国公司无法运作。[②] 从内容上看，广义的国家管辖权包含立法权、行政权和司法权。狭义上的国家管辖权仅指行政权。它对内受制于投资准入后跨国公司既得权利和东道国社会公共利益，对外受制于东道国的条约义务和全球公共利益。从主体上看，国家管辖权分为东道国管辖权和母国管辖权。其中，东道国管辖是整个跨国公司管辖体系的核心。如何在保护跨国

---

① TRACHTMAN, JOEL P.; "Institutional Linkage: Transcending 'Trade and …'", *American Journal of International Law*, 2002, 96 (1): 77 – 93.

② ［美］斯蒂芬·D. 克拉斯纳：《结构冲突：第三世界对抗全球自由主义》，李小华译，浙江人民出版社 2001 年版，第 175 – 176 页。

公司在内的外国投资者既得权和维护东道国外资管辖权之间寻求平衡是合理构建跨国公司国家管辖机制的关键。

第一节　跨国公司国家管辖权的内涵

跨国公司国际投资行为具有双重效应，一旦对其疏于管理和防范，就可能给相关国家乃至整个世界经济的发展带来不良影响。为了发挥其促进效应，防范其负面效应，尤其是对国家经济安全的冲击，无论是母国还是东道国，都要对其进行管辖。

一、国家管辖权的含义

管辖权是国家通过立法、司法和行政等手段对本国领土范围之内和之外的一定的人、事、物进行管理和处置的权力。[①] 对其领域内的一切人（本国人、外国人和无国籍人）、物和事件行使管辖权，称为“属地管辖权”；基于国籍，对在其领域外的本国人（自然人和法人）行使管辖权则为“属人管辖权”。

管辖权具有权利和权力的双重含义。国际法意义上管辖权是国家的基本权利，“平等者之间无管辖”，每个国际法主体都是平等的，其他国家或国际社会不得干预主权国家对其内部事务的管辖；国内法意义上管辖权是国家的权力，对内表现为领土内最高统治权。国家可以对国内管辖事项充分行使各种权力。国内管辖事项，一般指国家可以不依国际法义务的限制，而能自由处理的那些事项。[②] 国内管辖事项的范围取决于国际法并依国际法的发展而变化。国际法决定国家可以采取各种形式管辖权的可允许限度，而国内法则规定国家在事实上行使它的管辖权的范围和方式。[③]

狭义的国家管辖权是一种治权。治权是在一定领土范围（区域）内，宪法赋予国家具体职能部门（政府）对社会事务、公共事务行使管理和治理的权力。[④] 治权是国家权力的行使，主要和主权相关，但并不完全重合。一般情况

---

① 周忠海：《国际法》，中国政法大学出版社 2004 年版，第 25 页。

② 梁西：《国际组织法》，武汉大学出版社 2001 年版，第 78 页。

③ ［英］詹宁斯、瓦茨修订：《奥本海国际法（第 1 卷第 1 分册）》，王铁崖等译，中国大百科全书出版社 1995 年版，第 327 页。

④ 何芳：《国际投资法律体系中的外资管辖权研究》，法律出版社 2018 年版，第 84 页。

下，一个单一制国家有且只有一个实施治理权的机关——政府，一个治权。但在一国多法域的情况下，依照该国宪法的规定各法域也可能享有有限的区域治权。

跨国公司国家管辖权，广义上是指国家在一定的领土范围内对跨国公司进行规制、监督和管理的立法、行政和司法权的总称。《2012 年世界投资报告》将其表述为“规制权”。规制既包括东道国法律和行政总体框架，也包括特定领域或产业的特别规则。[①]中义上指跨国公司政府监管，包括母国政府监管和东道国政府监管。狭义上仅指东道国政府监管。

二、国家管辖的依据

国家主权原则以及衍生的管辖权是各国对境内跨国公司管辖的国际法依据。经济主权对内体现为自主地和自由地组织经济活动且在其领域内对经济活动排他地行使管辖的权利。对外体现为国家在与其他国家交往中，自主的行动不受任何国家的指使、干涉和控制。可见，经济主权原则本身就包含了对跨国资本进行管理的内容。规制权属于国家主权的范畴，所围绕的权利有着客观的国内法基础，无须依赖贸易或投资协定的授权。[②]

联合国大会有关的决议确认了国家主权原则。联合国大会《国家权利和义务宣言》第 2 条规定：“除国际法公认豁免外，各国对领土内的一切人与物有行使管辖权的权利。”1962 年联大第 17 届会议第 1803 号（XVIII）决议、1974 年联大第六届特别会议通过的第 3021（S－VI）号决议（《建立国际经济新秩序宣言》）和随后 1974 年联大第 29 届会议通过的《各国经济权利与义务宪章》特别强调了一国对境内外国资本和跨国公司的管理监督权。每一个国家对本国的自然资源以及一切经济活动拥有完整的、永久的主权。为了保护这些资源，各国有权采取适合本国情况的各种措施，对本国的资源及开发事宜加以有效的控制管理，包括有权实行国有化或把所有权转移给本国国民。这种权利是国家享有完整的永久主权的一种体现。任何国家都不应遭受经济、政治或其他形式的胁迫，阻挠它自由地、充分地行使这一不容剥夺的权利。

---

① UNCTAD, *World Investment Report* 2012, p. 108.

② IISD, *The right of States to regulate and international investment law 5*, Adopted on 6－8 Nov. 2002 [EB/OL]. available at http://www.iisd.org/pdf/2003/ investment right to regulate. pdf, visited on 21 Sep. 2019.

第二节　国家管辖权的行使

一、国家管辖权的内容

国家管辖权主要涉及立法和执行法律，包括立法权、行政权和司法权。分别由不同的国家授权机关行使。

（一）立法权

立法权顾名思义就是制定法律的权力。立法权是立法主体从事立法活动的依据和基础。孟德斯鸠把立法权视为最重要的国家权力，与行政权、司法权并列为国家三大权力之一。

立法权是一个经常使用而又很难界定的概念。立法权概念可以归结为三种类型的观念：结构主义的立法权、职能主义的立法权和限定主义的立法权。① 职能主义立法权是指所有的有权行使立法权的主体之立法权力，而不对行使的机关加以特别的区分。② 国际私法上，立法权还被理解为法律适用范围，指通过立法、行政行为或命令、管理规则和条例或法院的决定，使其法律适用于有关活动、关系或人的身份、人在物中的利益。

立法权源于国家规制权。国家规制权是国家对本国规则制定的一种自主权、规制权或管制权。③ 国际投资法中的国家规制权是指一国制定本国外资法律规则的自主权。规制权是国家主权的一种表达。规制不仅是一国的权利，也是一国所必备，如果不具备合适的规制体系，一国无法吸引外国投资。从第一次世界大战以来的一长串事例表明，立法机关可以在不违反财产保护的情况下，制定一般性的法律，以保护公共健康、安全和秩序。其理论依据是财产权的享有本来就要受制于一个隐含的前提，那就是它不能损害到公共的健康、安全和秩序。④

（二）司法权

司法权是指一国的司法机关对于特定的人、物和事件进行审判的权限。司

---

① 陈宏光："立法权概念的评析"，载《安徽大学法律评论》2002 年第 1 期。

② 李林：《走向宪政的立法》，法律出版社 2003 年版，第 27 页。

③ 黄世席："欧盟国际投资仲裁法庭制度的缘起与因应"，载《法商研究》2016 年第 4 期。

④ ［美］亨金等编：《宪政与权利》，郑戈等译，生活 · 读书 · 新知三联书店 1996 年版，第 162 页。

法是司法机关代表国家行使权力之行为，是公法行为。在某些国家，管辖权的行使往往通过司法机关，因此，在某些情况下管辖权和司法管辖权是等同的。①

司法权源于裁判权。裁判权是指有关国家依据国际法有权适用法律行使审判权的资格。② 李浩培先生称之为：“一个国家按照国际法行使司法权的权能。”③ 也有学者称之为“立法管辖权”，是一国法律所规定的本国法院在何种情况下对某一类涉外案件具有管辖权限。④ 依据现代国际法的绝对属地原则，每一个国家在其领土内享有无限制的和专属的裁判最高权。但是基于“平等者之间无裁判权”这一习惯国际法原则，一个主权国家在另一个国家享有裁判豁免权。⑤

国家具有的司法权是公法意义上的，这和国际民事诉讼的管辖权是不同的概念。⑥ 一国对某一涉外事件享有司法权和裁判权是一国对其具有直接国际裁判管辖权的前提。国家享有司法权，并不意味着国家对所有涉外案件都具有直接国际裁判管辖权，以何种标准来划分涉外民事案件的管辖权是国际民事诉讼法的内容。

国家主权在诉讼领域的一个具体体现就是国际民事诉讼管辖权的行使，这是各国公认的原则，构成了国际民事诉讼法的基础。国际裁判管辖权（通称国际民事诉讼管辖权）决定一个含有涉外因素的事件应由哪个法院行使裁判管辖权的问题。⑦ 也有的学者将其称为“司法管辖权”，一国法院根据本国法律的规定，在考虑具体案件的相关情况后，能否受理案件并作出裁决的权力。⑧ 目的是在国际社会范畴内进行管辖权的分配。

国际裁判管辖权可以分为直接的和间接的两种。⑨ 直接国际裁判管辖权规定内国法院对于涉外民事事件有无裁判管辖权。⑩ 有鉴于此，直接国际裁判管辖权似应属于国际法的范畴。但习惯国际法并未形成相应的规则，只能依赖各

---

① 王铁崖主编：《中华法学大辞典（国际法卷）》，中国检察出版社 1996 年版，第 170 页。

② 李双元、谢石松：《国际民事诉讼法概论》，武汉大学出版社 2001 年版，第 169 页。

③ 李浩培：《国际民事程序法概论》，法律出版社 1996 年版，第 27 页。

④ 肖永平：《国际私法原理》，法律出版社 2003 年版，第 19 页。

⑤ 李浩培：《国际民事程序法概论》，法律出版社 1996 年版，第 45 页。

⑥ 李旺：《国际诉讼竞合》，中国政法大学出版社 2002 年版，第 5 页。

⑦ 李浩培：《国际民事程序法概论》，法律出版社 1996 年版，第 27 页。国际裁判管辖权通称为国际民事诉讼管辖权。

⑧ 肖永平：《国际私法原理》，法律出版社 2003 年版，第 19 页。

⑨ 间接国际裁判管辖权规定作出判决的外国法院对涉外民事件有无裁判管辖权，因而内国法院据以决定是否应承认和执行其裁决。

⑩ 李浩培：《国际民事程序法概论》，法律出版社 1996 年版，第 46 页。

国的国内法或者双边或多边条约的规定。而不同的管辖权依据和规则导致了直接国际裁判管辖权的冲突。直接国际裁判管辖权与国际商事仲裁管辖权不同。管辖权之于国际商事仲裁是转借。国际商事仲裁管辖权是国际商事仲裁机构或仲裁庭、仲裁员有权对特定的国际商事争议进行审理并作出有拘束力的裁决的依据。①

（三）行政权

行政权就是政府规制或政府监管，是治权。国内法上，国家的法律人格是虚拟的。② 主权需要具体的权力来实现，这一具体的权力是治权，由宪法赋予合法政府代表国家来实施。国家与市场的关系具体表现为政府与市场的关系。英美法中这一权力表述为"规制权"，其含义大致为国家寻求指导或鼓励那些如果没有国家干预就不会发生的经济活动，其目标是纠正市场失灵以满足集体或公众的利益。美国法中表述为"治安权"：（1）一个主权国家所享有的，为维持公共安全、公共秩序、公德和社会正义而制定所有必需和正当法律的内在和绝对的权力。（2）根据美国宪法第10修正案赋予州的权力，以此权力，州有权制定和实施保障公共卫生、公共安全和社会福利的法律，或将此权委托给地方政府。（3）泛指政府对私有财产适用的干预。③

尽管有不同的称谓，但现代法治都肯定了规制权是主权国家固有的管理国家、维护公共福利的正当权力。规制权是国内法授予本国政府管理国家的权利，一般均会在本国宪法，行政法或类似立法中明确予以规定，并且该权力还得到了习惯国际法的认可。④在一国享有的治安权范围内，由于善意的非歧视管制所导致的经济损失不予赔偿，这是习惯国际法公认的原则。但也有例外：第一，如果国家已作出具体承诺；第二，已签订了稳定条款保障投资者利益；第三，如果新规则是恶意，歧视性，违反比例原则的，那么投资者则可以要求赔偿。⑤传统的国际投资协定为了保护外国投资，赋予了外国投资者在一定条件下挑战东道国规制权的权利，使得实践中出现了"规制寒颤"。因而晚近的国际投资协定中有的增设了东道国规制权的宣誓条款。

政府监管是政府部门依据法律的授权采取直接的干预措施，并且这些措施仍然在法律框架内。具体表现在：（1）监管需要提供法律根据；（2）监管部门

---

① 宋连斌：《国际商事仲裁管辖权研究》，法律出版社2000年版，第39页。

② 薛克鹏：《经济法的定义》，中国法制出版社2003年版，第247页。

③ Brayan A. Garner, *Black's Law Dictionary*, 9th ed., West Publishing Co., 2009, p. 1276.

④ 张庆麟主编：《国际投资法：实践与评析》，武汉大学出版社2017年版，第4页。

⑤ 申启慧："欧盟提议设立国际投资法庭代替ISDS机制"，载《法制与社会》2018年第9期。

要得到立法授权；（3）受监管的企业和个人，可以根据法律对政府的监管行为提出法律诉讼。跨国公司政府监管指一国政府在市场机制的框架内，为了矫正市场失灵，基于法律对跨国公司的经营以及与之伴生的社会问题进行的干预和控制。

二、国家管辖权行使的制约因素

根据国家主权原则享有的跨国公司国家管辖权，并非不受约束的权力。

（一）对内受制于跨国公司的权利和社会公共利益

作为外国投资者的跨国公司享有的财产权、国际投资设业权、外资运营权等权利的范围界定了国家管辖的边界。外国投资者享有的权利范围越大，国家管辖权力受到的限制越多。

社会公共利益与国家利益不是包含关系，而是交叉的，但又不完全相同。① 公共利益包括某些国家利益，也包括某些社会利益。② 通常情况下，国家利益与社会公共利益是一致的，但国家作为政治实体，具有独立的利益，更多时候体现为统治阶级的利益。社会是独立于国家的另一种自治的共同体。社会利益以维护社会的自治和良性运转为目的，并排斥国家的肆意干涉。③ 例如，征收只有在符合社会公共利益的前提下，依据正当的程序进行才是合法的国家管辖行为。

（二）对外受制于国际条约义务、其他国家的主权和全球公共利益

1. 受制于它参加的各层次国际条约的约束

全球化增加了国家之间的相互依存。这种相互依存使得民族国家“在所谓内政问题上接受一定程度的国际管制和约束”。④ 国际条约的覆盖领域不断扩大，使得单个国家在面对日益复杂的国际问题时，已经不能独立的作出决策，必须考虑相应的条约义务。与全球化伴生的国际社会组织化趋势，使得大多数的国家都已经是某一国际组织的成员，而国际组织对其成员国的影响是巨大的，加深了各国之间的联系同时也约束缔约国的行为。除了保留事项以外，缔约国应在条约范围内承担相应的义务。条约之外，国家可以保有充分自由的管辖权。

国际投资条约对东道国的约束体现在投资准入条款、投资待遇条款、征收

① 张光：《国际投资法制中的公共利益保护问题研究》，法律出版社 2016 年，第 19 页。

② 佘少祥：“怎样理解公共利益”，载《北京日报》2010 年 8 月 9 日。

③ 张光：《国际投资法制中的公共利益保护问题研究》，法律出版社 2016 年，第 22 页。

④ ［美］莉萨·马丁、贝思·西蒙斯编：《国际制度》，黄仁伟、蔡鹏鸿等译，上海人民出版社 2018 年版，第 419 页。

条款和投资争端解决条款。例外条款则是东道国的安全阀，为东道国在符合条件时背离条约义务行使国家管辖权预留了空间，提供了可行的路径。依据联合国国际法委员会的《国家对国际不法行为法律责任》第25条的规定，国家基于公共利益规制的紧迫和必要性排除了违反条约义务的不法性，为东道国国家管辖在国际投资条约中预留了特定行使空间，是分辨合法的监管行为和保护主义的界限。

2. 受制于其他国家的主权

在一国基于属地管辖权行使国家管辖权，另一国基于属人管辖行使国家管辖权时，一般遵循属地管辖优先的原则，各国应该体现一定程度的国际礼让。

3. 受制于全球公共利益

经济全球化的深入，环境污染、经济危机、国际卫生事件等全球性问题日益增多和各国相互依存关系不断加深，使得各国之间的利益更紧密的关联。"倾巢之下，安有完卵"，可以说，没有任何国家能够无视国际社会的公共利益而单独求得发展。国家管辖权也要受制于全球公共利益。

（三）国家管辖权的自我限制

实践中，国家根据国情，可以实施外资激励措施和外资优惠措施，这些都是东道国管辖权的自我限制，也是东道国行使国家主权的表现。

第三节　东道国的国家管辖权

跨国公司的投资必然涉及资本在两个国家的运作——资本输出国（母国）和资本输入国（东道国）。资本输出国调整本国投资者在海外投资行为的法律规范是海外投资法；资本输入国调整外国投资者在本国投资行为的法律规范是外国投资法。

一、东道国管辖的含义和依据

一国有权管理在其领土范围内经营的国外控制企业的活动。即使东道国关于跨国公司子公司管辖权的法律和政策与另一个主权国家（母国）的法律相冲突，东道国也有权要求在其领土上依法建立的跨国公司子公司遵守东道国的法律。东道国管辖权是指东道国对跨国公司的国际经营及其引起的社会问题进行规制、监督和管理的立法、行政和司法权力的总称。

（一）立法管辖的依据

国家主权原则以及衍生的属地管辖权和属人管辖权是各国对境内跨国公司实体管辖的国际法依据。

能够直接被各国，尤其是发展中国家广泛援引，据以实施管辖的原则和规则主要体现在《各国经济权利与义务宪章》《关于自然资源之永久主权宣言》《建立国际经济新秩序宣言》和《建立国际经济新秩序的行动纲领》等文件中。所有上述规则和原则，都为东道国管辖外资的活动提供了无可辩驳的法律依据。

新的跨国关系的出现，使得国家通过权利和义务的再分配、法律责任的设置以及违法行为的制裁等方法来管制跨国公司具有现实意义。(1) 公司的跨国经营形成了涉及两个或两个以上的国家、跨越一国国境的民商事关系，本质上是超越个体国家的法律制度的新型跨国民商事关系①；(2) 跨国公司的全球经营使得公司与国家的关系超越了国界，形成了一种新型的跨国经济管理关系；(3) 跨国公司活动的外部性（如垄断、环境污染、欺诈消费者和忽视劳工利益等诸多社会问题），引发了个体与社会公共利益的深层矛盾，使得公司社会责任的范围更加广泛，出现了跨国公司社会责任这一新型的社会关系。法律管辖是指法律适用范围，基于一国投资法没有域外效力，当然仅指东道国的法律适用。② 但在实践中，以美国为代表的国家以“效果原则”或“行为准则”为依据，力图使其证券交易法、对敌通商法及出口管理法、反托拉斯法等经济法产生域外效力，并在相应的领域得以具体实施。这种法律管辖权在经济法领域的扩大适用加重了跨国公司管辖权冲突的可能性。

（二）行政管辖的依据

1. 国家职能的客观要求

国家具有政治和经济双重职能。政治职能包括保障本国的国家安全和贯彻本国的外交政策。经济职能体现为国家对社会公共事务的管理。跨国公司的国际投资行为是母国的资本在东道国的运作过程，涉及不同国家的主权和经济利益，所以无论是母国还是东道国都要对这种投资进行管辖。中央政府作为维护国家经济安全的终极力量，为了更好地将“国家经济安全”作为一种经济公共品，提供给本国范围内的企业和居民，必须对跨国公司进行有效管辖。现代政府的经济职能被确定为：制定法律体系；决定宏观经济稳定的政策；影响资源

① 徐卉：《涉外民商事诉讼管辖权冲突》，中国政法大学出版社2001年版，第46页。

② 孙南申：《国际投资法》，中国人民大学出版社2008年版，第119页。

配置以提高经济效益；建立影响收入分配的方案。①

2. 纠正市场失灵或发育残缺的制度安排

“市场失灵”是指私营市场经济体系不能提供某些商品，或者不能提供最合意或最适度的产量。关于 FDI 的政策要克服两类市场失灵。其一是投资过程中产生的信息和协调失灵；其二是来自跨国公司的私人利益与东道国的经济利益的背离。跨国公司的垄断足以使一国的市场扭曲。政府监管可以解决垄断问题，可以使外部性内部化，可以解决信息偏在和信息不对称问题，而且由于政府具有成员的普遍同质性和强制性权力，使得政府在处理市场失灵时具有其他组织无法比拟的优势。②

与发达国家经济发展面临的“市场失灵”和“政府失灵”的两难选择不同，发展中国家普遍存在市场发育不充分，缺少辅助性制度的缺陷。发展中国家的监管能够弥补制度供给的不足，本质上是制度的创新。

（三）司法管辖的依据

一国对国际民事案件行使司法管辖权是国家主权在司法领域的必然延伸和表现。③ 确定国际民事诉讼管辖权的依据最初是各国的国内法。但是各国都是根据本国的社会、政治、经济利益，从有利于本国和本国国民诉讼的角度规范涉外民事诉讼管辖权，使得各国形成了不同的管辖权制度。

为了促进国际民事交往，便利国际民事诉讼管辖权冲突的解决，国际社会开始重视相关国际条约的制定。东道国缔结或者参加的公约，除了声明保留的内容，都对缔约国有拘束力。这里的国际条约包括专门规定国际民事诉讼管辖权的普遍性多边和区域公约、规定某一类国际民商事案件管辖权的专门性公约和双边条约。(1)《国际民商事案件中外国判决的承认和执行公约》、《选择法院协议公约》、2019 年《承认与执行外国民商事判决公约》，区域性的有 1928 年《布斯塔曼特法典》、1968 年欧共体《关于民商事案件管辖权和判决执行公约》（布鲁塞尔公约）、2000 年欧盟《布鲁塞尔规则Ⅰ》、1988 年《洛迦诺公约》。(2) 后者如《关于统一船舶碰撞中民事管辖权若干规则的公约》、海牙《国际有体动产买卖协议管辖权公约》等。(3) 在两国间缔结的双边条约中载入的管辖权条款。

---

① ［美］保罗·萨缪尔森、威廉·诺德豪斯：《经济学（下册）》，萧琛译，中国发展出版社 1992 年版，第 1169－1170 页。

② 谢地主编：《政府规制经济学》，高等教育出版社 2003 年版，第 11－13 页。

③ 宋渝玲主编：《涉外民事诉讼法律实务》，厦门大学出版社 2017 年版，第 175 页。

二、东道国国家管辖权的分类

按照管辖主体不同，东道国国家管辖权可以分为立法管辖权、司法管辖权和行政管辖权（政府监管）。立法管辖权是指东道国享有的对跨国公司投资行为制定相关法律的权力。司法管辖权是指东道国基于属地主义对跨国公司投资行为享有的国际裁判管辖权。行政管辖权是指东道国主管外国投资的行政机构依据国家有关法律法规，对跨国公司投资行为享有的行政管理权。

按照跨国公司参与东道国经济活动的进程，东道国国家管辖权可分为外资准入管辖权、外资运营管辖权和外资退出管辖权。此外，各个阶段都可能发生争议，因而还有专门的外资争议管辖权。

（一）外资准入管辖权

外资准入管辖权是指东道国享有的对外国投资进入本国市场从事经营活动进行甄别、限制和审查的权力。既包括实体内容又包括程序内容，是国家外资法律制度的首要环节，是经济安全的第一道保障，起到安全阀的作用，是国家根据国际习惯享有的权利。① 与之相对应的外国投资者的权利是国际投资的设业权。

（二）外资运营管辖权

外资运营管辖权是指东道国对其领土范围内从事经营活动的外国投资者（包括跨国公司）的经营予以监督和管理的权力。与之相对应的外国投资者的权利是外资运营权。

外资运营管辖权是外资管辖权中内容最丰富的部分。在跨国公司通过市场准入获得在东道国的开业权之后，其设立的或并购的企业便进入经营阶段，从而面临东道国政府部门的经营管理。管理权主要涉及税收、劳动、外汇、土地使用、环境、竞争、金融、会计等方面，并主要以东道国制定的有关投资措施的行政法规为依据。投资措施包括投资管理措施、投资激励措施和投资限制措施。

（三）外资退出管辖权

外资退出管辖权是指东道国对跨国公司资金退出的监管和管理权。基于外资退出的不同原因，有不同的管辖权。如果是自然退出和主动退出，涉及跨国破产和清算管辖。如果是被动退出，涉及国有化问题。基于国家利益或社会利

---

① Jeswald W. Salacuse & Nicholas P. Sullivan, *Do BITss Really Work?: An Evaluation of Bilateral Investment Treaties and Their Grand Bargain*, 46 Harv. Int' l L. J. 67, (2005), p. 91.

益，东道国有对外国投资者的资产采取国有化或类似行为的权力。一般外资经营管辖权包含了外资退出管辖权。

（四）外资争议管辖权

跨国公司在东道国从事生产经营活动，不可能一帆风顺，国际投资争议屡有发生。外资争议管辖权是指东道国对领土内一切因外国投资产生的争议享有处理的权力。国际投资争议的解决可以通过东道国国际民商事诉讼、行政复议、国际商事仲裁、投资机构仲裁的方式进行。只有前两种方式是东道国行使的外资争议管辖权。

对涉及分公司的诉讼，东道国享有属地管辖权。许多国家的公司法规定，公司的法人人格排除了其股权所有者对公司行为应负的责任。因此，东道国的管辖权一般只适用于在其领土范围内的和在其国家注册的跨国公司分公司。[①]对在其领土注册的子公司，东道国享有当然的属地管辖权。与此同时，如果母国行使属人管辖权，则会发生裁判管辖权冲突。对涉及母公司的诉讼，基于公司人格独立，一般东道国无管辖权。除非能够证明子公司是代表母公司的，此时可适用“揭开公司面纱”，东道国得直接对母公司行使管辖权。国际法协会认为，如果发生在域外的行为，由雇员或代理人在其职权范围内在域内履行的话，那么一国就有规定支配该行为的规则的管辖权。但在以“代理”为根据对母公司行使管辖权时，应证明该子公司是代表母公司，为母公司的利益服务的。[②]

第四节　母国的国家管辖权

母国的国家管辖权是指跨国公司母国对跨国公司海外投资活动进行监督和管理的权力。为了切实保证海外投资能够为本国带来利益，跨国公司母国必然对海外投资活动进行一定的监督管理。按照管辖目标可分为为本国经济利益施加的管理和为政治外交利益施加的管理。前者主要体现在为保证本国税收收入施加的管理、为保障本国投资者利益施加的管理以及为维护市场秩序施加的管理三个方面。[③] 如对转移定价的管制、海外投资保险法律制度和反垄断法等。

① 史晓丽、祁欢：《国际投资法》，中国政法大学出版社2009年版，第63页。

② 参见国际法协会第55次会议报告。

③ 车丕照：《国际经济法概要》，清华大学出版社2004年版，第347页。

后者指基于某种政治原因而禁止或限制对某一国家的投资。

与海外投资的过程相适应，母国国家管辖权分为投资准出管辖权、投资运营管辖权和投资争议管辖权。

一、投资准出管辖权

对于一项投资而言，涉及两道外来的关卡：第一，本国是否允许资本输出；第二，目标国是否允许资本进入。母国对于跨国公司的投资准出管辖权是第一道关卡。例如，1965 年，美国联邦政府出台了对外直接投资的“自愿限制安排”，要求本国公司在限制资本流到发达国家子公司方面加以合作，并增加子公司向母公司的红利汇回。1968 年美国联邦政府又宣布对外直接投资的“强制控制安排”，规定了各个企业对外投资的限额。限额指标以跨国公司 1965 - 1966 年经营为基数，分 A. B. C 三个地区来确定。向 C 类国家的投资限制最严，这类国家主要指西欧国家；对 A 类国家的限制最少，这类国家主要指发展中国家。①

二、投资运营管辖权

投资运营管辖权表现为外汇管理、股权和有价证券的投资与贷款法律、税务管理、反垄断法等。作为并购公司的所在国（母国）也会基于国家安全等考虑，对本国投资者的海外并购行为通过反垄断法予以限制。

三、国际投资争议管辖权

对于涉及子公司的诉讼，东道国基于属地管辖原则对其领土内的投资争议享有当然的管辖权。同时，国际投资的跨国属性使得母国也享有属人管辖权。如果两国同时行使管辖权，必然导致管辖权冲突。

对于涉及母公司是否应为其海外子公司行为承担责任的诉讼，原告选择在母国起诉，母国基于属地管辖本享有管辖权，但此时母国经常会依据“不方便法院原则”拒绝行使管辖权。即使该母国法院接受起诉，各方还必须确定母公司是否应对海外子公司行为负责这一实质性法律问题。

① 金芳：“美国联邦政府对跨国公司的立法及其管理”，载《世界经济研究》1995 年第 12 期。

第六章

跨国公司的国际管辖权

管辖权是国家的一项基本权利。然而，“管辖权以主权为依据的事实并不意味着，每一个国家在国际法上有在它所选择的任何情况下行使管辖权的主权权利”①。管辖权的实施必须满足一定的条件，并非不受限制的国家权力，须由国家善意为之。

国家主权具有相对性。(1) 对内，管辖权与外国投资者权利存在一定的张力。不能因国家管辖权而罔顾投资者权利，也不能因保护投资者利益而否定国家管辖权的正当行使。(2) 对外，国家管辖权受国际法的限制。国家主权的属性之一就是承担国际义务的权利。主权国家之间的每一个条约都在一定范围内限制了它们行使主权的权利。即使是原则上属于国内管辖的事项，一旦通过一个国际条约予以规定，则成为缔约国之间的国际法问题。② 国家签订投资条约时会对管辖权的行使作出适当的限制。东道国对外国投资者保证其实施规制权（管辖权）应依照特定条约的条款并满足一定的条件。③ 如此规制权受到国际义务的约束，如同在双边或区域层面经常见到的外国投资者待遇问题，国际承诺会减少政策空间。(3) 规制权在一定条件下也可以让渡给某个国际组织，尤其是为国家集体制定规则。④ 随着国际社会组织化趋势的进一步增强，国际组织的触角不断地深入国家主权的管辖范围，使得诸如贸易、投资、知识产权和环

---

① ［英］詹宁斯、瓦茨修订：《奥本海国际法》（第 1 卷第 1 分册），王铁崖等译，中国大百科全书出版社 1995 年版，第 328 页。

② ［奥］阿·菲德罗斯等：《国际法（上册）》，李浩培译，商务印书馆 1981 年版，第 606 页。

③ Surya P. Subedi, *International Investment Law: Reconciling policy and Principle*, Oxford and Portland Oregon, 2008, p. 161.

④ UNCTAD, *World investment report* 2012, p. 108.

境保护等诸多方面受到不同程度的影响。国内管辖事项还在相对缩小。[①] 另外，大多数国家都单独或集体加入了某些国际组织，这些国际机制间可能相互包容或重合，有些国家甚至在不同的机构中作出了冲突的承诺。国际机制的重合与冲突为国内决策者策略性选择国际制度提供了条件。[②] 但由于国际社会没有明确的体系来决定各类国际规则之间的位阶，也会使得国家决策者处于两难境地：他们既要保持各类国际机制的开放性，以便能够采取策略充分发挥谈判杠杆的作用；同时又要设法避免当事方挑选法院。(4) 在空前复杂的国际体系中，主权本身已经在国家、地区组织、国际组织等机构之间进行了分割，而且主权本身的这种多元性也限制了主权。[③]

跨国公司的蓬勃发展，形成了可以与“国家主权”对抗的“工业主权”，仅仅依靠各国国内法无法实现对跨国公司的有效监管。在相互依存的国际社会中，以内含了国际因素的跨国公司为纽带而联结起来的法律变革问题是一个国际社会的问题，需要国际社会来共同关注，需要国家与国家之间的合作与协调。[④]

国际社会规制跨国公司国际投资的努力始于巴黎和会提出的《外国人待遇协定》。第二次世界大战以后至20世纪70年代，管辖跨国公司的国际机制方兴未艾。国际机制是指在某一特定问题领域里组织和协调国际关系的原则、准则、规则和决策程序。[⑤] 管辖跨国公司的国际机制既是对单一国家跨国公司政策的补充，也是对跨国公司与政府关系的规范。目前已经形成了由双边、次级地区、地区、地区之间、部门、诸边和多边投资条约构成的多层次的国际投资协定体系。[⑥][⑦] 区域机制和多边机制是指具有促进国际社会法律逐步协调和统一职能的国际组织制定决议和文件之行为，而双边机制则是两国间签订条约的活动。相应的管辖权就分为双边、区域和多边管辖权。

2018年，各国签署了40个国际投资协定：30个双边投资协定和10个包含投资条款的条约。至此，国际投资协定的总数达到3 317（2 932 BITs and 385 TIPs）个。无论是何种国际机制都是对国家管辖权的冲击和限制，尤其是国际

① 杨泽伟：《主权论》，北京大学出版社2000年版，第41页。

② ALTER，KAREN J. &MEUNIER，SOPHIE. Nested and Overlapping Regimes in the Transatlantic Banana Trade Dispute [J]. *Journal of European Public Policy*，2006，13 (3)：362－382.

③ [英] 戴维·赫尔德：《民主的模式》，燕继荣等译，中央编译出版社1998年版，第434页。

④ 李金泽：《公司法律冲突研究》，法律出版社2001年版，第250页。

⑤ Stiphen Krasner (ed)，*International Regimes*，Cornell University Press，1983，p. 1.

⑥ 缔约方的数量并不构成区分国际投资协议层次的实质性因素，更重要的是看其组织原则和运行情况。

⑦ 2019年世界投资报告。

投资协定中普遍采用的被誉为 BITs 中“最伟大的发明”的投资者/国家仲裁解决机制，使得投资者掌握了争端解决的主动权，可以绕开两国政治机构直接提起国际投资仲裁，将习惯国际法上要求的用尽当地救济抛之脑后，成为最重要的投资争端解决方式，极度地挤压了东道国的投资争议管辖权。

第一节　双边机制与国家管辖权

一、双边机制的内涵和性质

投资的单一性特征，使得东道国与母国在管辖跨国公司问题上必然存在利益冲突。主要处理“本座”位于东道国境内的“双边投资关系”的双边投资协定（Bilateral Investment Treaties，BITs）应运而生。

双边机制是指国家间通过签订 BITs 的形式，形成对双方有约束力的跨国公司政策协调机制，体现管辖事项的主要有投资准入条款、外国投资者的待遇标准、履行要求条款、征收条款以及投资者与东道国的投资争端解决条款。BITs 表面上是东道国与母国之间的双边投资协定，实质上反映了东道国——跨国公司——母国之间的博弈关系。内容上，BITs 直接规定了外国投资者的权利，是涉及第三者权利义务的特殊国际条约，外国投资者是条约的“第三方”。[①] 形式上，BITs 是缔约国之间的“特殊国际法”，只对缔约国双方有拘束力，无法拘束“第三方”（包括投资者）。可见，BITs 只为包括跨国公司在内的投资者创设了权利，而无法直接管制跨国公司。但因 BITs 是通过保护和管理“投资和投资者”的权利义务，来实现国家之间协调投资关系、保护和促进投资自由化之缔约宗旨的，可以约束缔约国对跨国公司的管制行为，因而也是跨国公司的国际管辖机制之一。

二、双边机制的类型

从 1778 年《美法友好通商航海条约》开始，到近年来涌现的大量含有投资条款的 FTAs，BITs 包含了以下几种类型：（1）早期的友好通商航海条约（Friendship，Commerce and Navigation treaties，FCN）；（2）只有程序性规定的美国式双边投资保证协定（Investment Guarantee Agreement）；（3）包含实体规

① 梁开银：“双边投资条约冲突条款研究”，载《法商研究》2012 年第 2 期。

定的欧洲式双边投资促进和保护条约（Agreement For Promotion and Protection of Investment）；（4）包含更高保护标准和自由化程度的美国式双边投资促进和保护条约（Agreement For Promotion and Protection of Investment）；（5）订有投资条款的自由贸易协定或其他经济合作协定（特惠贸易与投资协定）（Free Trade Agreement，FTA）。

（一）友好通商航海条约

友好通商航海条约是指在相互友好的政治前提下，针对通商、航海和航空等事宜全面规定两国间经济、贸易关系的一种贸易条约。① 最早的 BITs 可以追溯到 1778 年美国与法国签订的友好通商航海条约。② 早期 FCN 不是以保护私人投资为重点的，主要应对贸易和海上航运的保护问题。虽然它们也包含若干财产保护条款，如保证公正和公平待遇，依照习惯国际法予以保护，以及即时、适当和有效的征用补偿等，但这些条款是对财产的普遍保护，而不是单单保护投资本身。此外，FCN 保护的对象是商人，而不是工业投资者。“二战”后，保护私人海外投资逐渐成为 FCN 的主要内容，已经包含现代 BITs 四大核心条款中的 3 种条款，广泛涉及投资待遇、征收及其补偿和外汇转移问题，有时会涉及国家间投资争议的解决。因此从性质上讲，现代 FCN 已经可以视为一种双边投资条约。③ 但因为 FCN 内容过于宽泛，缺乏保护投资的程序性条款，发展中国家一直不积极参与等因素，使它在 20 世纪 60 年代中期逐渐退出了历史舞台。最后的两个 FCN 是美国与泰国、美国与多哥签订的。

（二）双边投资保证协定

1955 年美国——哥斯达黎加签订的《根据共同安全法第 413 节保证私人投资换文》是最早的冠以“投资”一词的双边条约。④ 双边投资保证协定是美国政府保护其海外投资一向采用的协定方式。⑤ 双边投资保证协定的特点是仅涉及投资者母国根据其投资保险制度给予投资者赔偿后，对投资者母国的程序性救济（投资者母国保险机构给予投资者赔偿后，即取得代位求偿权，并且规定资本输入国与投资者母国因此发生的争议应通过有约束力的仲裁来解决）而没有直接规定对外国投资者的保护。⑥ 其作用有限，在双边投资协定中不占重要

---

① Navigation 也有航空之意，因此应该翻译成《友好通商航行条约》。参见肖永平、孙玉超：“论美国推行航空运输自由化的本质”，载《北京航空航天大学学报（社会科学版）》2008 年第 4 期，注释。

② 余劲松主编：《国际投资法》法律出版社 2003 年版，第 212 页。

③ 刘笋：《国际投资保护的国际法制》，法律出版社 2001 年版，第 5 页。

④ 刘颖、邓瑞平：《国际经济法》，中信出版社 2003 年版，第 382 页。

⑤ 孙南申：《国际投资法》，中国人民大学出版社 2008 年版，第 164 页。

⑥ 韩亮：“20 世纪 90 年代双边投资保护协定的发展及评价”，载《法学评论》2001 年第 2 期。

地位。而且鉴于 MIGA 具有更广泛的影响力，现在有关投资保险的问题大多通过 MIGA 解决，因此，此类 BITs 的作用日益减少。

（三）欧洲式双边投资促进和保护条约

以 FCN 有关促进和保护投资的事项为主要内容，1959 年，联邦德国与巴基斯坦和多米尼加共和国签订了最早的两个双边投资促进和保护条约。此后，欧洲的很多国家纷纷效法。这类 BITs 也被称为欧洲式 BITs。① 欧洲式 BITs 是前两种 BITs 的混合体：不同于友好通商航海条约，它仅仅涉及投资保护的内容；不同于美式投资保证协定，它规定了投资保护方面的实体性内容。截止到 2015 年，德国是世界上签订专门化 BITs 最多的国家。

（四）美式双边投资促进和保护条约

为了规范 BITs 的实践，美国从 1981 年开始制定 BITs 的范本，作为谈判的基础。范本此后历经 1994 年、2004 年、2012 年三次较大修订，反映出美国在 BITs 谈判立场上出现了一些新的变化。

1982 年范本，除了吸收欧洲式投资保护条约的财产保护条款之外，还舍弃了传统 BITs 的投资准入条款，将投资的国民待遇扩展至准入阶段，增加了有关投资纪律的透明度、履行要求禁止等推行高度自由化的政策，以及有关投资与环境、投资与劳工等新领域，实行投资者/国家投资仲裁机制赋予投资者提起国际仲裁的权利，而不需要考虑东道国的内国法等，充分反映了美式 BITs 内容扩张、精细化和注重保护投资者权利忽视东道国管辖权的特点。1994 年范本的最大特点在于高标准的投资保护与倡导投资自由化。但这种过分关注投资者利益保护的机制也带来了诸多问题，促使立法者在修订新的投资协定范本（2004 年范本）时注意平衡外国投资者与东道国的利益，注意平衡投资保护与其他正当的公众关注（环境、公共健康和文化多样性等）。②其中有关最低待遇标准、征收、透明度和仲裁上诉机制 4 个问题推广了美国国际投资法的新概念，对国际投资法和仲裁法的发展起到重要的影响作用。2012 年范本与旧文本相比，继续维持了 2004 年范本倡导的在保护投资者利益与维护政府出于公共利益采取管理措施的权力之间的平衡。同时，更强调透明度和公共参与，强化了关于劳工与环境的保护。③ 2012 年范本还针对国有企业的特殊待遇和自主创新政策带来的扭曲等制定了更加严格的纪律，包括：（1）协定方的采购政策不得与本国技术含量

---

① 德式最新的范本是 2008 年范本，由于欧盟已经决定以欧盟的名义与第三国签订 BITs，德国范本将成为名副其实的欧洲范本。

② 隽薪："估计投资体制的法治转型"，载《2011 年中国国际经济法学会年会论文集》，第 62 页。

③ 如第 13 条规定缔约方需遵守国际劳工组织规范下的义务等。

要求挂钩；（2）允许外国投资者在非歧视的基础上参加标准制定；（3）对“国有企业被授予政府职能”作出定义。

（五）双边特惠贸易与投资协定

21 世纪以来，双边机制的一个重要发展趋势是订有投资条款、借此补充或者取代“正统”BITs 的自由贸易协定或者其他经济合作条约。① 这些协定催生了一种既包含贸易要件也包含投资要件的新型国际投资协定——FTAs。② FTAs 的出现既是经济全球化下，贸易与投资相互融合的产物，也是各国基于本身的政治、经济发展的需要和国际战略的考虑而采取的对外经贸政策。签署双边 FTAs 已经成为一个政治和经济综合的战略问题。

FTAs 是在原有的仅仅约束贸易自由的自由贸易协定中添加了专门的投资规则，为投资者提供类似 BITs 的保护范围。与以往 BITs 主要处理外国投资的待遇不同，FTAs 涵盖服务、知识产权、竞争、劳工、环境、透明度等广泛的投资问题，主要通过定期谈判及相互减让的形式实现投资准入自由化。这种广泛的涵盖面显示出这样一种趋势，即在制定国际投资规则时，以综合的方式处理相互联系的议题。③ 美国、日本、新加坡和墨西哥等国积极推动 FTAs 的谈判。墨西哥是这一领域行动最早，取得成就最大的国家。亚洲国家中新加坡是最积极进行 FTA 谈判的国家，也是取得成就最大的国家之一。④ 美国自 2000 年起积极推进 FTAs 的谈判，形成了美式 BITs 与 FTAs 谈判并进的局面。

三、双边机制对国家管辖权的限制

签署双边投资协定，从而为外资提供可预见的投资环境，是东道国行使国家主权的方式之一，是一国在对外投资管理事务上进行的主权自我限制。

作为一种国际协定，最初 BITs 是在发达国家和发展中国家之间签订的，常常被视为一国向跨国公司传达“商业开放”信号的主要工具。⑤ 早期的欧式促进和保护投资协定相比 20 世纪 80 年代美式 BITs 而言，对外资管辖权的限制较少。欧式 BITs 在投资准入阶段并没有采取国民待遇原则，而是肯定了东道国对

---

① 联合国贸易与发展会议：《国际投资规则的制定：评估、挑战与前景展望（2008）》，摘要部分。

② 这一称谓始见联合国贸发会议《国际投资规则的制定：评估、挑战与前景展望》一文。

③ 詹晓宁等：“国际投资协定：趋势和主要特征”，载《国际经济法学刊》第 14 卷第 1 期，第 124 页。

④ 朱文晖：“世纪之交国际双边 FTA 谈判的动态与中国的对策”，载《南开经济研究》2003 年第 6 期。

⑤ 除个别情况外，发达国家间的投资关系通常由其他国际方式来维系，BITs 在发达国家之间并不多见。

外资准入的管理权；就投资待遇而言，大多只规定了公平与公正待遇和最惠国待遇，国民待遇并没有被发展中国家普遍接受，即使是有国民待遇也限于准入后的国民待遇；征收及其补偿方面，没有采纳“赫尔原则”；没有禁止履行要求的规定；投资者——国家争端解决方面，一般均规定采取国际投资仲裁方式，但是需要双方达成协议或者国际投资仲裁的范围有所限制。因而比较为发展中国家所接受，成为现代 BITs 的主要形式。

为了瓦解和对抗发展中国家通过 20 世纪 70 年代不懈斗争取得的，由联合国大会一系列的宣言和决议所保护的发展中国家经济主权（包括东道国对跨国公司的管理）和建立国际经济新秩序的主张，20 世纪 80 年代开始，美国大量签署美式 BITs。美式 BITs 在外资准入方面，要求对外资准入实行国民待遇并取消各种“履行要求”，极大地挤压了东道国对跨国公司的准入管制权力；投资待遇方面，全面推行准入前国民待遇，并坚持“国际最低待遇”标准；国有化补偿标准上奉行“赫尔原则”，要求“充分、即时和有效的补偿”，事实上限制了东道国国有化权力；投资争端解决方面，赋予外国投资者依据 BITs 径直提起国际投资仲裁的权利，减弱了东道国当地救济的机会。凡此种种，莫不以进一步限制东道国跨国公司管辖权，最大限度保护投资者和投资为目的，将触角伸向了国际投资领域传统的国内管辖事项，成为高标准的投资自由化条约。

20 世纪的 BITs 一直沿着投资自由化的方向发展，成为保护跨国公司的有力武器。国家对跨国公司的管辖权受到越来越大的挑战：国民待遇扩大适用到投资准入阶段；征收补偿标准从适当补偿到更多适用“充分、即时和有效”标准；“公平和公正待遇”标准走上国际投资法制的舞台；用尽当地救济原则逐渐被国际仲裁机制取代；等等。

进入 21 世纪，传统 BITs 体现出的保护投资与促进投资的严重失衡，跨国公司的私人利益与东道国国家利益的严重失衡，用尽当地救济与寻求国际投资仲裁的严重失衡，使得一些国家开始修正自己的 BITs 政策，降低对外国投资者的保护，提高对东道国和本国投资者利益的维护，更加务实地处理 BITs 谈判，实现了某种程度的主权回归。① 正如联合国贸发会议在一份报告中指出的：“越来越多的国家在其缔结的 BITs 中强调，实行既定的投资保护，不能以牺牲东道国合法的公共关切作为代价。为此多数国家采取在条约中设定各种例外，以维护东道国制定各种条例的权利，即便所制定的条例与 BITs 不相一致。除了传统的税收和经济一体化以外，越来越多的国际投资协定将保证东道国的重大安全与公共秩序、保护国民健康与安全、保护自然资源、保护文化多样性以及东道

① 李小霞：“双边投资条约的发展新趋势及中国对策探析”，载《经济问题》2010 年第 3 期。

国金融服务审慎措施等，全部或部分列入东道国义务的豁免范围。这些例外表明了缔约各方在决策考虑方面的价值观念和衡量标准，并且把对投资的保护从属于缔约各方所追求的其他关键性的政策目标。”①

20世纪八九十年代以来，BITs谈判活跃度放缓，协定签署数量持续下降，越来越多的国家致力于缔结区域协定。

第二节 区域机制与国家管辖权

进入21世纪以来，尤其是在后金融危机时代，区域主义的兴起日益成为国际投资法律机制发展的重大趋势和特征。② 区域性的国际投资协定数量在攀升，越来越多的国家在区域或次区域层面展开国际投资协定的谈判，尤其是TPP和TTIP中达成的新投资规则必然会对整个国际投资法律体系产生本质影响。③ 区域机制是各成员国让渡部分主权的结果，是区域内成员国协商行使的国际管辖权，是向多边机制过渡的一个过程。区域机制的最大特征就是内部整体性和外部歧视性并存。④

一、区域机制的内涵及类型

管辖跨国公司的区域机制是指由构成这一区域组织的成员国，通过区域组织共同行使对在其区域内进行投资活动的跨国公司的管理和控制的机制。

按照区域性投资法律文件处理外国直接投资问题的方式，将其区分为专门规范跨国公司行为的、单纯投资议题的和与贸易议题一体化的区域机制。(1) 专门规范跨国公司行为的，主要有安第斯条约组织制定的规范跨国公司行为的《安第斯共同市场外国投资规则》（24号决议）。(2) 单纯投资议题的，如《东南亚国家联盟促进和保护投资协定》和《亚太经济合作组织非约束性投资原则》。(3) 与贸易议题一体化的，以《建立欧洲共同体条约》《里斯本条约》《北美自由贸易协定》和《美墨加协定》为代表。

---

① UNCTAD, Bilateral Investment Treaties 1995 - 2006: Trends in Rulemaking, United Nations, New York And Geneva, 2007, p. 142.

② UNCTAD, The Rise of Regionalism in International Investment Policy making: Consolidation or Complexity? 12 June, 2013.

③ 参见2012年世界投资报告。

④ APEC是比较特殊的区域组织，具有开放性的特征。

二、区域主义的兴起

目前，在跨国公司国际法律机制中，BITs在数量上仍然处于主导地位，但是，BITs正在失去势头，国际机制的形式正在从BITs转变为区域自由贸易协定或经济伙伴关系协定（EPA）中的投资专章。就经济影响力而言，BITs以外的其他投资协定（IIAs）尤其是各种形式的区域FTA或EPA，地位更加重要。

随着区域主义的兴起，区域投资协定有扩散的趋势。具体表现为同一或不同地缘区域内三个以上国家和地区之间、某一区域经济一体化组织与外部第三国家和地区之间，以及不同区域经济一体化组织相互之间的专门投资协定或者包含投资专章的自由贸易协定或经济伙伴关系协定蓬勃发展。

三、区域机制对国家管辖权的限制

不同的区域机制对于国家管辖权的限制程度和方式是不同的。例如欧式区域贸易协定和美式区域贸易协定在国内监管措施和特殊服务部门的监管措施两方面均有不同。原因在于不同区域的利益和需要、发展水平以及未来发展的前景不相同。

（一）北美

1. NAFTA

《北美自由贸易协定》（NAFTA）是迄今为止美国参与缔结的内容最为全面和规则最为严格的多边投资条约。[①] NAFTA调整投资准入阶段和运营阶段的法律关系，而且投资纪律的严格性甚至超出了美式BITs的规定。NAFTA第11章的诞生预示着以美国为代表的越来越多的国家将制定国际投资规则的注意力从WTO框架内的努力转向了通过双边或区域合作来构建理想的国际投资规则。[②]

NAFTA第11章是专门的投资章节，共分3节39条。第1节规定成员国在促进和保护其他成员国投资方面应承担的实体性义务；第2节规定因成员国违反义务或损害另一成员国投资者利益争端解决的程序性问题；第3节规定了有关本章概念的定义。附件1－4规定了成员国在促进投资自由化的例外情形。

尽管在投资准入、经营和投资争端解决机制方面，NAFTA都更倾向于投资

---

① Daniel M. Price, "An Overview of the NAFTA Investment Chapter: Substantive Rules and Investor - State Dispute Settlement", *The International Lawyer*, 27 (1993), 736. 转引自刘笋：《国际投资保护的国际法制》，法律出版社2002年版，第53页。

② 梁丹妮：《〈北美自由贸易协定〉投资争端仲裁机制研究》，法律出版社2007年版，第31页。

者权利的保护，但NAFTA中也没有排除国家管理外资的权力。NAFTA为各成员国保留了为维护国家安全、维持国际和平与安全而履行联合国宪章下的义务而采取任何必要的措施的一般例外。① NAFTA第1108条第7款规定了成员国提供国民待遇和最惠国待遇等义务不适用于政府采购或补贴等领域。NAFTA允许成员国在附件中，列明某些措施或重要部门，排除适用国民待遇、最惠国待遇或禁止履行要求的规则。此外，鉴于发展水平的差异，NAFTA允许加拿大和墨西哥可以继续对某些较大规模的外资项目实行审查。NAFTA允许墨西哥以宪法为依据，将从事某些重要商业活动的权利保留给墨西哥政府。

但NAFTA生效以来发生的众多投资者诉国家的仲裁案件，不同程度地挑战了各成员国的主权权利和内国国民的平等权，使东道国面临着经济赔偿的风险。这些仲裁案折射出来的问题，促使各成员国试图通过寻求缩小责任的范围，来应对公众压力和减少它们自身在诉讼中的损失。NAFTA成员国已经意识到对等互惠制的双边或多边投资规则制定者不能向另一成员国投资者提供过于前卫的实体和程序保护，应确保外国投资者得到的投资保护水平不高于对国内投资者的保护，否则将作茧自缚。② 从此，2011年NAFTA下的自由贸易委员会颁布了对第1105条的进一步解释，以明确政府管理行为和征收之间的关系。③

2. PPP

2008年美国、澳大利亚、秘鲁和越南宣布加入跨太平洋战略经济伙伴关系协定谈判。2016年2月，美国、日本、澳大利亚等12个国家正式签署了《跨太平洋伙伴关系协定》。④ TPP投资规则主要集中在第9章，由两部分组成，实体部分16个条款，投资者/东道国争端解决程序部分29个条款，以及12个附件。此外，还有针对跨境服务贸易和投资的2个附件。

与美国2012年BIT范本相比，TPP投资实体规则进一步加强了东道国管制权，并试图对外国投资者义务作出规范。具体在以下条款中有所体现：(1) 最低待遇条款。(2) 转移条款。(3) 履行要求条款。(4) 社会责任条款。TPP第9章程序规则建立了更加公正透明的国际投资争端解决机制，提供了防范滥诉的保障措施，以确保政府对健康、安全和环境保护在内的公共利益的监管权。这也明显反映出以美国为首的国家在提高仲裁有效性方面作出的努力。⑤

① 刘笋：《国际投资保护的国际法制》，法律出版社2002年版，第116页。

② 张圣翠："NAFTA投资规则及其影响"，载《政治与法律》2005年第2期。

③ 魏卿、魏逊："美国双边投资协定的最新发展"，载《河南司法警官职业学院学报》2005年第3期。

④ 2017年1月，美国当选总统特朗普签署行政命令，退出了TPP。

⑤ 详见陶立峰：《美国双边投资协定研究》，法律出版社2016年版，第240－243页。

3. USMCA

2018 年 9 月 30 日，美国、墨西哥和加拿大就《北美自由贸易协定》（NAFTA）的重新谈判达成一致，并将新的协定命名为《美墨加协定》（*United States Mexico – Canada Agreement*，USMCA）。作为美国第一个重新谈判的自由贸易协定，USMCA 在协定理念、目标和具体内容方面，体现出与 NAFTA 的不同。协定除了赋予外国投资者在实体和程序方面的权利外，也给予了东道国政府合理的政策空间：在界定国民待遇与最惠国待遇时，考虑东道国合法的公共福利目标；澄清投资者合法期待与公平与公正待遇的关系；规定企业社会责任条款；限定投资者提起投资仲裁的范围；要求相关文件和信息公开，使其更加透明；允许第三方参与仲裁程序和提交法庭之友意见，使其更加民主；在选任仲裁员方面，着重避免利益冲突；等等。①

（二）欧洲

作为世界上最大也是一体化程度最高的区域组织，欧盟在区域投资立法方面成效显著。

欧盟的发展经历了一个渐进的过程。1951 年欧洲六国签署《关于建立欧洲煤钢共同体的条约》，组建了欧洲煤钢共同体（ECSC）。1957 年六国签署了《建立欧洲经济共同体条约》（EEC）与《建立欧洲原子能共同体条约》（EURATOM）（即《罗马条约》），组建了欧洲经济共同体和欧洲原子能共同体。1965 年六国签署了《布鲁塞尔条约》，并于 1967 年将上述三个共同体机构融为一体，统称欧洲共同体（简称欧共体）。经欧共体各成员国批准，《马斯特里赫特条约》（简称马约）于 1993 年 11 月 1 日正式生效，欧共体开始向政治、经济一体化的组织——欧洲联盟过渡。1997 年签署的《阿姆斯特丹条约》（简称阿约）修正了《罗马条约》和《马约》，标志着欧盟一体化的继续深化。《罗马条约》《马约》和《阿约》作为欧盟最高法律形式，辅之以一系列欧盟指令和条例，确立了欧盟国际投资自由化的基本原则。2008 年 2 月欧洲议会采取“双重多数表决制”方式通过了《里斯本条约》。2009 年欧盟《里斯本条约》通过并生效后，进一步推动了欧洲一体化的进程。2020 年 1 月 31 日英国正式脱欧，按照双方协议，欧盟与英国将在 11 个月的过渡期内就未来关系展开全面谈判。

欧盟内部的投资政策，根据《罗马条约》实行货物、资本、人员和服务的自由流动，之后欧盟的建立和欧元的采用，欧盟内部的投资已经高度自由化了。

---

① 张生：“从《北美自由贸易协定》到《美墨加协定》：国际投资法制的新发展与中国的因应”，载《中南大学学报（社会科学版）》2019 年第 4 期。

欧盟外部的国际投资政策正式形成于《里斯本条约》将对外直接投资纳入共同商业政策之后。该条约的生效，使得对外直接投资相关政策的制定成了欧盟的专属权能，在欧盟层面上实行统一的对外投资政策，并将由欧盟代表所有成员国与第三方缔结投资方面的条约。① 欧盟将在此基础上对外谈判适用于整个欧盟成员国的投资协定或者包含投资专章的自由贸易协定，成员国只有在欧盟授权下才可以独立谈判此类协定，而成员国与第三国之间的既有 BITs 也将逐步为欧盟谈判缔结的此类协定所取代。自此大量的欧盟国际投资协定开始进行谈判。欧盟与加拿大完成《全面经济贸易协定》（*Comprehensive Economicand Trade Agreement*, CETA）。CETA 是欧盟签订的第一份包含投资保护规则的国际协定，其投资规则既超越传统欧式协定，又不盲从美式协定，在市场准入、国民待遇、最惠国待遇、公平公正待遇、征收等实体标准以及可仲裁事项范围、磋商、仲裁庭组成、透明度、费用承担等程序规则方面均有创新和特色。作为欧式协定向美式协定靠拢的标志性事件，CETA 投资规则可能产生明显的“溢出”效应。② 2015 年欧盟委员会公布了《TTIP 投资保护和投资仲裁庭系统》提议草案，最大的亮点有两个：（1）重申了国家为了公共利益行使的管辖权应当予以充分保留。（2）提出建立两审终审的常设国际投资仲裁庭体系。此外，2019 年 4 月 10 日生效的《欧盟外资安全审查条例》，力图在欧盟层面建立外资安全审查框架，协调成员国外资安全审查机制，赋予欧盟委员会对外资安全审查的咨询权力。

欧盟外部的投资政策仅仅包含欧盟与非欧盟第三国的投资协议。鉴于《里斯本条约》没有对欧盟处理和监督直接投资的细节作进一步说明，欧盟内部 BITs 恐怕还不能退出舞台。欧盟成员国内部的投资协定仍旧属于欧盟成员的权能范围。欧盟的国际投资规则在内部存在着欧盟成员国原有的 BITs 与欧盟法律的冲突，在外部存在着非欧盟国家与欧盟及欧盟成员之间的投资规则冲突。③

（三）亚洲

1. APEC

从 1994 年“APEC 非约束性投资原则”（NBIPs）的提出，到 1998 年单边行动计划下“选择菜单”的具体操作适用，从 2008 年“投资便利化行动计划”到 2009 年“亚太自由贸易区”的建设设想，可见 APEC 投资监管是一个逐步自

① 余劲松、周成新主编：《国际投资法》，法律出版社 2014 年版，第 224 页。

② 任清：“欧加（全面经济贸易协定）投资规则的特点及影响”，载《国际经济法学刊》2015 年第 1 期。

③ 董静然：《欧盟新型国际投资规则法律问题研究》，中国政法大学出版社 2019 年版，第 29 页。

由化的渐进机制。

2. ASEAN

东南亚国家联盟（简称东盟）于1967年正式成立，并于2002年建成自由贸易区。作为南南合作的典范，东盟是除欧盟以外的又一重要的区域一体化实践。成员国多层次的地缘政治和经济结构，使其具有与欧盟和北美自由贸易区不同的特征，体现为成员之间经济互补性较弱，组织结构松散，采取协商一致、开放的和非约束性的运作方式。投资规则也充分体现了这一特征。通过1987年《东盟促进和保护投资协定》及其1996年议定书、1998年《东盟投资区域框架协议》和2009年《东盟全面投资协议》，东盟逐渐确立其投资保护与自由化水平逐步提高的区内投资法律制度。

有关国家管辖权的规定，体现在2009年修订的《东盟综合投资协定》第17条。该条详尽规定了东道国投资措施的一般例外。“如果下列措施的实施不会在情形相同的国家及其投资者之间构成任意的或者不合理的歧视，或者不会形成伪装起来的对国际投资流动的限制，本协定中的任何条款不得解释为妨碍缔约一方采取或者实行这些措施：（1）为保护公共道德或者维持公共秩序所必需的；（2）为保护人类和动植物的生命健康所必需的；（3）为保证与本协定相符的法律法规的实施而必需的；（4）旨在保证对任何一方的投资或投资者公平或有效的课征或收取直接税；（5）为保护具有艺术、历史或者考古价值的国家财产所必需的；（6）与保护可用尽的自然资源相关的，并且该措施必须与限制国内生产或消费同步实施。”

（四）南美洲

安第斯共同市场（ANCOM），也称为安第斯共同体，是依据1969年南美洲安第斯山脉五国签订的《安第斯区域一体化协定》建立的。安第斯共同体（下称安共体）是继欧共体之后最为活跃的区域性国际组织。然而，与欧盟成员国数量不断增加和一体化程度日益加深形成鲜明对比的是，安共体仍停留在经济一体化的最初阶段且进展迟缓，反而出现了所谓的“去一体化”现象。

作为纯粹由发展中国家组成的区域性经济集团，在开展区域内经济合作的同时，它更注意对来自区域外国家的直接投资进行共同的、协调一致的限制和监督。安第斯共同体对待外国投资的共同规则经历了一个从限制外资到吸引外资的过程，是最具有代表性的发展中国家适应经济全球化趋势所采取的务实措施。[①] 共同规则始于在1969年通过了《关于外国投资待遇、商标、专利，许可

① 王贵国：《国际投资法》，北京大学出版社2008年版，第248页。

证以及提成费共同制度的卡塔赫那协定》。委员会对共同体的投资规则进行了多次修订。1970 年通过了《安第斯共同市场外国投资规则》（“第 24 号决议”）；1987 年通过了“第 220 号决议”取代了“第 24 号决议”；1991 年通过了“第 291 号决议”和“第 292 号决议”取代了“第 220 号决议”，逐步形成了安第斯共同体的外资共同规则。

第 24 号决议一度被认为是发展中国家集体对抗外国垄断资本势力的杰出成果①。它主要规定了成员国对外国投资施加限制的最小限度。该决议颁布后，流向安第斯地区的外资不降反升。这表明发展中国家对外资的合理限制措施并不会使它们丧失对外资的吸引力。第 220 号决议将外资利润汇出比率、投资部门限制以及投资争端解决等方面规则的制定权，留给成员国，悉听各成员国自便。第 291 号决议开宗明义地声明要取消对外资的大部分限制，以促进外国资本和技术流入安第斯条约地区。

第三节　多边机制与国家管辖权

一、多边机制的内涵及类型

跨国公司管辖的多边机制是为了协调跨国公司国家管辖，而由具有促进国际社会法律协调统一的国际组织制定决议和文件的，包括规则、方法和机构在内的一套有机联系的法律制度。国际社会早在 20 世纪 70 年代就开始了通过国际立法统一管辖跨国公司的努力（《哈瓦那宪章》第 12 条规定东道国应避免歧视和不合理、不公正的行动），但至今尚未出现对其有拘束力的一般性国际立法，现有的规则大都属于软法性质，或者范围有限。

（一）按规范程度不同的分类

按照规范程度不同，可分为规制跨国公司国际投资的初级规范和高级规范。前者是指国家、国际组织在跨国公司规制问题上的国际合作。主要通过多边框架内的立法，实现协调各国国内立法的多边管制功能。这一框架内，各国通过修改国内法或重新立法以履行国际义务。后者是指国际社会制定的直接针对跨国公司施加义务的管制规则，如《跨国公司行动守则（草案）》。

① 陈安主编：《国际经济法学》，北京大学出版社 2004 年版，第 341 页。

制定跨国公司的行动守则是国际监督和管制的最重要手段。[①]这类规范必将是未来跨国公司多边规制的发展方向，它体现了国家主权对抗工业主权侵蚀的国际合作态势。

（二）立法表现形式不同的分类

有关跨国公司管辖的多边机制的立法，表现形式各异：公约形式的如《解决国家与他国国民投资争端公约》《多边投资担保机构公约》；宣言或决议形式的如《自由开发自然财富和资源的权利》626 号决议、《关于自然资源之永久主权宣言》1803 号决议和 2158 号决议、《建立国际经济新秩序宣言》3201 号决议、《建立国际经济新秩序的行动纲领》3202 号决议、《各国经济权利与义务宪章》3281 号决议；守则形式的如联合国《跨国公司行动守则（草案）》；指南形式的如世界银行《外国直接投资待遇指南》。

《建立国际经济新秩序的行动纲领》第 5 条阐述了对跨国公司活动进行规制与控制的内容，它提出应当竭尽全力制定、通过和实施一项有关跨国公司行为的国际法典：(a) 以便能够防止他们独立或与种族主义政府、殖民当局合作干涉别国的内政事务；(b) 以便能够规制他们在东道国的活动，减少限制性商业活动、与发展中国家的国家发展计划与目标相符并在这样的前提下于必要时重新审查和修改之前订立的协定；(c) 以便他们能够在平等和优惠的条件下向发展中国家转移科学技术和管理技巧或者提供此类帮助；(d) 以便能够在考虑相关各方合法利益的情况下，对它们营业利润转移回国的行为进行规制；(e) 以便能够促使它们将利润重新投资到发展中国家。

《各国经济权利与义务宪章》或许是规定国家经济权利与义务方面最为综合性的国际文件。尽管它不是硬法，只是联大的决议，法律意义有限，但因世界上绝大多数国家投票支持了该决议，它所阐释的自然资源永久主权背后的历史理念，使其成为具有历史意义的文件。

（三）适用性不同的分类

根据适用性宽泛与否分为两种：一是适用性较宽泛的一般原则性行为标准。二是确定具体的跨国企业活动的行为标准。属于第一类守则的文件有 1976 年经合组织的《跨国企业指导原则》[②]，1977 年国际劳工组织的《关于跨国企业和社会政策三方原则》，1980 年联合国贸易和发展会议的《关于限制性商业惯例

---

① 余劲松主编：《国际经济法问题专论》，武汉大学出版社 2003 年版，第 49 页。

② 国内论著中对其有多种译法，《多国企业的指南》《跨国企业指导原则》《多国企业的指导方针》。本书采纳后者。但为了引文的准确性，引文部分尊重原文。其他国际协定的翻译也做同样处理。

的准则》以及1983年联合国《跨国公司行动守则（草案）》等。属于第二类的文件有1981年世界卫生组织的《母乳替代品销售国际守则》，1997年国际商会的《禁止商业交易中欺诈和贿赂行为》及1990年《可持续发展企业宪章》等。①

二、多边机制对国家管辖权的限制

目前国际投资领域的国际协调与管理仍远远落后于国际投资活动本身的发展。应然上，多边机制对于跨国公司的管辖规则应包含两部分内容：一是直接管辖跨国公司行为的规则；二是规制和协调国家对跨国公司管理行为的规则。实然上，后者居多，而直接管制跨国公司的规则尚不多见。

（一）直接管辖跨国公司行为的规则

这类规则以联合国《跨国公司行动守则（草案）》、OECD《多国企业的指导方针》、联合国《全球契约》为代表。

1.《跨国公司行动守则（草案）》

联合国跨国公司委员会于1977年开始拟订《跨国公司行动守则》，并于1982年、1985年、1988年、1990年分别提交了草案。1990年草案主要包括六个部分：序言与目标；有关定义与适用范围；跨国公司的活动；跨国公司的待遇；政府间合作；行动准则的实施。1990年草案认为各国在一些领域无法达成一致。在草案讨论过程中，跨国公司管辖权问题，涉及跨国公司责任承担机制、管辖权冲突的解决、法律选择和争议的解决方法等诸多复杂的法律问题，发达国家和发展中国家分歧最严重，甚至对管辖权的解释仍存在分歧。一些国家认为管辖权仅涉及相关国家法院的管辖权。一些国家则认为管辖权属于国家的主权权力，任何实体或任何事件，只要发生在该国领土之上，便应受到该国法律的管辖，其本国法院应有权依法审理。草案贯穿了尊重东道国主权，合法经营，充分合作，有利于东道国社会经济发展的基本原则，但行文是笼统的和原则性的。但是，发达国家连这些毫无制裁手段的原则和规则也不愿意成文，唯恐给跨国公司套上“紧箍咒”。而发达国家积极地推动侧重保护跨国公司利益的国际公约，并利用其特殊地位纳入其控制的国际组织体系。在未能产生一部被国际社会认可的行为守则后，联合国跨国公司委员会在1993年被解散，这也标志着联合国在该领域努力的终结。②

① 董世忠主编：《国际经济法》，复旦大学出版社2004年版，第419页。

② ［尼泊尔］苏里亚·P. 苏贝迪：《国际投资法：政策与原则的协调》，张磊译，法律出版社2015年版，第23页。

作为第一次在普遍性多边机构中为跨国公司规定共同标准作出的努力，草案的协商过程反映了在跨国公司问题上发达国家与发展中国家之间存在着难以弥合的“鸿沟”，制定一个为各方所普遍接受的跨国公司共同标准的难度很大。

2.《多国企业的指导方针》

1976 年通过的经合组织《多国企业的指导方针》（简称《指导方针》），为跨国公司在全球环境下进行负责任的经营行为提供了非强制性的原则和标准，被视为联合国《跨国公司行动守则》的替代物。《指导方针》属于建议性质，不具有法律拘束力，但各成员国立法经常参照其相关规定，在一定程度上起到了协调成员国跨国公司政策的作用，也为制定统一的跨国公司国际规范的谈判奠定了基础。

《指导方针》相比 MAI 草案，更加注意平衡跨国公司和东道国的利益。它规定了有关政府的权利：政府有权根据国际法，规定跨国公司应当满足怎样的条件才能在领土内运营。跨国公司在不同国家的实体应当遵守相应国家的法律。也规定了有关跨国公司的义务，建议跨国公司采取行动促进可持续发展、环境保护、尊重人权，不能不适当地卷入当地政治活动的条文。2011 年第五次修订的变化包括以下方面：新的人权章节；新的和综合性的方法来落实适当的和勤勉与负责任的供应链经营；在特定领域的重要改进；更清晰和强化的程序指南；具有前瞻性的执行计划。

3. 联合国《全球契约》

《全球契约》是由联合国秘书处发起的公司自愿履行公民义务的活动。它旨在将大公司、民间社会组织和联合国各个机构联合起来，以支持由人权、劳工权利、环境和反腐败等领域关键性文件演绎而来的十大原则：（1）商业应当支持和尊重对国际社会认可的人权的保护。（2）应当确保它们没有参与到践踏人权的活动中去。（3）商业应当支持结社自由，并对集体议价权进行有效的承认。（4）消灭任何形式的强迫和强制劳动。（5）有效地废除童工制度。（6）消灭在雇佣和职位领域的歧视行为。（7）商业应当支持对环境方面的风险采取预防措施。（8）采取措施以促进更高的环境责任。（9）鼓励环境友好型技术的发展与推广。（10）商业应当反对任何形式的腐败，包括敲诈勒索和贿赂。

（二）主要规制和协调国家对跨国公司管理行为的规则

这类规则有《解决国家与他国国民间投资争端公约》（ICSID）、《多边投资担保机构公约》（MIGA）、世界银行《外国直接投资待遇指南》、ECT、《多边投资协定（草案）》（MAI）以及 WTO 中的与贸易有关的投资规则。

1. ICSID

ICSID 公约为投资者与东道国政府间的投资争端解决提供了新的国际调解和国际仲裁程序。这种投资者/国家投资争端仲裁机制本身源于对东道国司法体系及其公正性的质疑。对于是否同意将投资争端提交中心仲裁或调解，国家享有自主决定的权利。但是，一旦成为该公约的缔约国，就意味着给外国投资者一种额外的保障，当他们的财产权受到东道国损害时，可以依赖独立的中心仲裁机制救济。该机制给了投资者可以向东道国索赔的机会，甚至掌握了国际投资争端的主动权。

ICSID 第 25 条是有关中心管辖权的内容。中心的管辖适用缔约国（或缔约国指派到中心的该国任何组成部分或机构）和另一缔约国国民之间因投资而产生的任何法律争议，而该项争议经双方书面同意提交给中心，当双方表示同意后，任何一方不得单方面撤销其同意。依据该条，“中心”有权仲裁缔约国与具有其他缔约国国籍的自然人、法人以及受该国控制的争端当事方缔约国的法人之间的投资争端。ICSID 第 26 条没有明确要求用尽当地救济作为同意仲裁的条件。这种“同意需明示，默示即放弃”的方式，完全改变了用尽当地救济的适用，对东道国当地救济是一种偷梁换柱式的摒弃。[①] 实践中，国际投资仲裁庭管辖权的过度扩张极大地限制了东道国的国家管辖权。

2. MIGA

MIGA 通过为投资者在发展中国家生产性投资遇到的非商业风险提供共同保险和再保险的方式，由具有独立地位的多边投资担保机构作为中介，将投资者与东道国的投资争端分解为背对背的争端，缓和了两者之间的紧张气氛，形成了独特的国际投资争端解决机制。MIGA 也为资本输入国和输出国开拓了一个新的合作领域，为国际投资活动提供了一个新的磋商场所。

3. 世界银行《外国直接投资待遇指南》

1992 年世界银行《外国直接投资待遇指南》是世界银行内部的行政性立法，不具有法律约束力。作为一个指导性的文件，《外国直接投资待遇指南》“并非最终标准，而只是普遍接受的国际标准演进过程中的重要一步”，而且只是“对现存的众多双边条约及有约束力的国际法规范的一种补充”。它完全按照发达国家“惬意”的标准，从中抽出的“最好实践”制定而成，其实质是倡导投资自由化，进一步限制东道国的外资管辖权。《外国直接投资待遇指南》“涵盖了建议政府如何对待外国投资者的基本原则，没有包括针对外国投资者

① 王海浪：“ICSID 体制内用尽当地救济原则的三大挑战及对策”，载《国际经济法学刊》2006 年第 13 卷第 3 期。

的行为规范”，是一份失衡的文件。[①]

4. ECT

1991年《欧洲能源宪章》签署，1998年4月《能源宪章条约》（ECT）正式生效。ECT是第一个具有法律约束力的多边投资保护协定，而且也是第一个同时覆盖投资保护和贸易的多边协定。作为一个不仅包括发达国家也包括发展中国家参与的高标准的投资保护国际条约，虽然它仅限于能源领域，但正是在各国最敏感的领域所达成的多边投资规则，对于国际投资法的发展具有重要意义。ECT投资规则主要集中于ECT的第三部分“促进与保护投资”共8条以及第一部分第1条的定义条款、第五部分“争端解决”中的第26条规定了投资者与东道国之间投资争议的解决方式。

从总体上看，ECT的投资规则虽然在投资自由化方面采取相对比较保守的态度，但是，在投资保护方面则是当今全球范围内最高标准的投资规则。[②] ECT的投资规则过分偏向于对投资者的保护，忽视了东道国的主权和利益以及东道国当地的可持续发展，没有为东道国的投资政策和环境保护政策留出空间。具体体现为将东道国给予外国能源投资者提供保护的规定法律化，引入“国民待遇”的概念，而且适用于在能源领域投资者和政府所能达成的一切协议，而不管这些协议是在ECT签署前还是签署后达成的。它是“就投资保护和待遇问题对政府施加可由私人公司直接执行的广泛义务的第一个主要的多边条约”。[③] 和许多“指南”“宣言”不同的是，ECT有牙齿：“它允许私人公司针对政府违反条约下的重要投资义务的情况提请国际仲裁，不需事先存在仲裁协议。”它第一次在一个多边条约中确立缔约国“无条件”同意提交国际仲裁的这样一种强制性的、具有法律约束力的争议解决机制。[④]

5. MAI（草案）

MAI是OECD代表跨国公司要求各国政府在主权问题上妥协的第一份宣言书，成为一个要剥夺东道国政府管理权的草案。[⑤] MAI谈判期间政治气候变化、谈判的封闭性和谈判存在结构性缺陷等诸多原因导致了MAI谈判的流产。联合国贸易和发展会议曾一针见血地指出：MAT失败的一个最重要原因在于，其内

---

① ［尼泊尔］苏里亚·P. 苏贝迪：《国际投资法：政策与原则的协调》，张磊译，法律出版社2015年版，第30页。

② 马迅：《〈能源宪章条约〉投资规则研究》，武汉大学出版社2012年版，第20页。

③ 孔庆江：“区域性投资法律文件比较研究”，载《经济法论丛》第3卷，第434页。

④ 马迅：《〈能源宪章条约〉投资规则研究》，武汉大学出版社2012年版，第13页。

⑤ 杨伯溆：“跨国公司与主权国家—全球化进程中的此长彼消”，载《世界经济与政治》2001年第11期。

容没有准确反映不同国家投资政策的需求，没有适当考虑权利和义务的平衡问题，在追求更大的投资自由化和对投资者更全面和完善的保护的过程中一味忽视东道国利益的做法是不可取的。渐进的投资自由化规则较之那些超前的和无所不包的自由化承诺更易于被接受。①

6. WTO

WTO 协定将与贸易有关的投资措施纳入了整个体系中，是发达国家为在全球范围内提高投资保护、限制东道国主权创造了一种新方法——投资保护迂回在多边贸易体制中解决，将其在贸易上的谈判实力运用到投资问题上去，从而为国际投资的全球多边法制开辟新途径。②

WTO 多边协定中《与贸易有关的投资措施协议》（TRIMs）、《服务贸易总协定》（GATs）、《补贴与反补贴措施协议》（SCM）以及《与贸易有关的知识产权协议》（TRIPs）以及诸边协定中的《金融服务协议》，涉及对有关货物贸易和服务贸易中投资的管辖。此外，《关于争端解决规则与程序的谅解》确定了 WTO 争端解决机制适用于涉及与上述协议有关的成员方之间的国际投资争端。同时，WTO 的六大核心原则（最惠国待遇原则、国民待遇原则、互惠待遇原则、关税减让原则、取消数量限制原则和透明度原则）对投资领域也同样适用，但有关货物贸易和服务贸易的投资受约束的程度有所不同。上述协定中的许多措施放宽了跨国公司经营环境的限制，同时加重了对国家监管跨国公司行为的规制，但它未建立起一套综合性的跨国公司国际管辖体制，更多地反映了发达国家利益和对东道国外资管辖权的限制。在此过程中，发达国家凭借贸易实力，以关税减让和市场准入为诱饵，以交叉报复为威胁，迫使发展中国家让渡了更多的外资管辖权。

世界绝大多数国家目前都是世界贸易组织成员方的事实既是有益的又是有缺陷的。③ WTO 作为一个拥有伸缩不定的管辖权，并能对其判断强加于监管政策之实质内容的国际贸易组织，更有可能对主权加以侵蚀。④ WTO 的谈判议题越来越涉及各国传统的主权管辖领域——投资问题，涉及发达成员与发展中成员利益直接冲突的事项，不断逼近各成员经济与立法管理的核心等根本的制度

---

① 张洋、张涛、王玮："从 MAI 看未来多边国际投资立法之动向"，载《山东科技人学学报（社科版）》2004 年第 6 期。

② 刘笋：《国际投资保护的国际法制》，法律出版社 2002 年版，第 288 页。

③ ［美］爱德华·M. 格莱汉姆：《全球性公司与各国政府》，胡江云等译，北京出版社 2000 年版，第 118 页。

④ ［美］John o. Mcginnis，Mark L. Moveseian：《世界贸易宪法》，张保生、满云龙译，中国人民大学出版社 2004 年版，第 31 页。

性问题。今后 WTO 谈判每向前迈进一步，都将遭遇到前所未有的阻力，并付出更大的自由化成本。

从 1929 年巴黎和会《外国人待遇协定》签订伊始，国际社会从未停止构筑跨国公司多边监管制度的努力。除了签订 ICSID 和 MIGA 这两个程序性公约以外，更将投资问题纳入世界贸易组织的框架内。然而，无论是联合国还是世界银行集团、无论是 OECD 还是 WTO 都没有能建立起统一的、综合性的多边投资体制来监管跨国公司的国际生产。在这一体系中，联合国贸易和发展会议《跨国公司行动守则（草案）》更多地关切了东道国的利益，为跨国公司的行为设立了一定的准则，而世界银行集团、OECD 和 WTO 制定的规则更多地代表跨国公司的利益，倡导投资自由化。制定有关外国投资的全球性条约的想法始终没有实现。目前，没有任何国际组织将这个议题纳入现行议程中，这就让这个问题停留在了国际习惯法、双边投资协定或区域贸易协定之中。[①]

① ［尼泊尔］苏里亚·P. 苏贝迪：《国际投资法：政策与原则的协调》，张磊译，法律出版社 2015 年版，第 51 页。

第七章

外资准入管辖权

以外国投资企业或者经营机构设立为标准，外国投资者的投资活动可以划分为外资准入阶段和外资运营阶段。2001 年修订的《建立欧洲自由贸易组织公约》第 23 条规定："自修订的协定生效之日起，不允许任何成员国在投资设业或者企业的运营阶段采取新的或增加歧视性措施。"明确区分了外资准入阶段和外资运营阶段。每个阶段都存在由不同管辖主体行使的管辖权，分别是外资准入管辖权、外资运营管辖权（外资退出管辖权，通常包含在外资运营管辖权之中）。而且，每个阶段都可能出现投资争议，因此，外资争议管辖权也是跨国公司管辖权的重要组成部分。

外资准入管辖权是跨国公司管辖权的首要内容。按照行使主体的不同可分为国家管辖权、双边投资协定下的管辖权、区域投资协定下的管辖权和多边投资协定下的管辖权。国家管辖权包括东道国的外资准入管辖权和母国的投资准出管辖权。母国的投资准出管辖权是跨国公司进行国际投资的逻辑起点，但基于各国很少限制资本准出，本章不单独讨论母国的投资准出管辖权。

第一节　国际投资设业权与外资准入管辖权

一、外资准入

"外资准入"，也称"投资准入"，从东道国角度来看，就是指一国允许外国投资进入的自由程度，更确切的表述应该是外资准入管辖权。包括允许投资的种类、投资的领域、投资准入的条件以及对外国投资的审批等内容；从投资者角度来讲，就是指国际直接投资进入东道国管辖领域的权利和机会。[①] 外资准入的实质是东道国从本国利益出发，自行决定是否允许外国投资进入的领域和条件。

从特定国家和外国投资者的权力（利）角度立论，外资准入可以分为东道国的外资准入管辖权和外国投资者的国际投资设业权。外国投资者依据国际投资设业权从事的投资活动要受制于东道国的外资准入管辖权。国际投资设业权与外资准入管辖权之间存在张力，依据东道国国内法和国际条约义务赋予投资者的设业权越多，东道国的外资准入管辖权作用的空间越小。

广义的“外资准入”包括准入的范围，准入的程度以及准入的前提条件三方面的内容。(1) 准入的范围包括准入权和设业权，两者构成了外资准入问题的最主要内容。(2) 准入的程度主要由限制外国投资者的所有权和控制权来规范，主要指是否允许外商独资以及合资中外资的比例要求等。(3) 准入的前提条件即“履行要求”，是指东道国要求外国投资者必须允诺承担某些特殊义务，如当地成分要求、出口实绩要求、当地股权要求等，作为外资准入的前提条件。

二、外国投资者的国际投资设业权

外国投资者基于东道国的法律规定或者东道国所承担的国际条约义务享有的以一定条件和方式进入东道国，以“商业存在”的形式从事长久性经营活动的权利，即国际投资设业权。

国际投资设业权包含准入权和设业权两部分。“准入权”指外国投资者进入东道国投资市场的权利，而不是一般市场准入权内容中的国际贸易领域的临时性商业权利。“设业权”指外国投资者在投资准入阶段享有的以从事个人经营活动、建立或并购企业为目的的权利。[②] 后者允许外资以“商业存在”从事长久性经营活动，包括在东道国设立代表处、分支机构及子公司等的权利；包括从事律师、会计师、医生等个人经营形式；包括新建企业和并购企业。国际投资设立权要受制于东道国的外资准入管辖权。

三、东道国的外资准入管辖权

外资准入管辖权（外资准入管制权）是主权国家对外国投资者在本国的投

① 史晓丽、祁欢：《国际投资法》，中国政法大学出版社2009年版，第66页。

② 佟占军：《国际投资设业权研究》，法律出版社2012年版，第29页。

资设业活动加以管理和控制的权力。[1] 外资准入管制权是外资管辖权的核心。[2] 外资准入管辖权是一国外资法律制度的首要环节，是经济安全的第一道保障，起到“安全阀”的作用。[3]

主权国家准予或不准予外国人包括外国资本进入其领土是国际法上公认的权力。[4] 东道国具有自由裁量权来确定是否准许和在哪些情况下允许外资进入。外资准入管辖权的管辖对象是外国投资者及其在投资准入阶段的投资活动。

四、外资准入管辖权行使的制约因素

（一）国际投资设业权 vs. 外资准入管辖权

国际投资设业权虽然是东道国赋予的，但一旦形成也将制约外资准入管辖权的权力范围和边界。外资准入自由化越高，外国投资者享有的国际投资设业权的范围越大，东道国外资准入管辖权受到的限制就越多。在法定的范围内，东道国及其主管机关负有不妨碍外国投资者实施国际投资设业行为的义务。两者是此消彼长的关系。

（二）国家承担的国际义务 vs. 外资准入管辖权

当今国际法律实践所确立的原则是：除非已经对他国作出法律意义上的承诺，一个国家有权从投资者资格、投资领域、出资形式、投资方式等实体方面和程序方面来自行确定外国资本进入本国市场的条件。[5] 任何国家无权把自己的外资准入规定或标准强行施加给其他国家。

一国基于国家主权，享有对外国投资准入的管制权。虽然准许外国投资者进入本国投资的义务并无国际强行法规制，但一旦国家选择签订国际条约，就承担了相应的国际条约义务。不论何种情况，进行投资协议谈判的政府应当意识到，即便是经济形势发生变化，关于准入与设立有约束力的承诺创设的是长久的义务。此时，东道国外资准入管辖权的行使要受制于国际条约义务，否则将会被要求承担国家责任或遭到他国的报复。东道国承担的条约义务越高，外资准入管辖权的作用空间就越小。

---

① 佟占军：《国际投资设业权研究》，法律出版社2012年版，第91页。出于尊重原文的需要，此处表述的外资准入管制权即作者认为的外资准入管辖权。

② 徐泉：《国际贸易投资自由化法律规制研究》，中国检察出版社2004年版，第273－274页。

③ Jeswald W. Salacuse & Nicholas P. Sullivan, *Do BITs Really Work*? 46 Harv. Int'l L. J. 67,（2005）, p. 91.

④ 王贵国：《国际投资法》，法律出版社2008年版，第107页。

⑤ 车丕照：《国际经济法概要》，清华大学出版社2004年版，第306页。

第二节　东道国的外资准入管辖权

一、外资准入管辖权

外资准入管辖权是东道国在外资准入阶段管制外国投资的国家权力，来源于国家对其领土的排他管辖权。外资准入管辖权是东道国对跨国公司资本进入本国及其合理流向进行管理的最重要方面，也是国际上普遍采用的管制外国投资的行政和法律手段。

狭义的外资准入管辖权主要是行政管辖权，广义上还包括立法管辖权和司法管辖权。① 行政管辖权表现为东道国外资审查部门依据外资准入法规的要求对外资进行的审查。具体分实体审查和程序审查两种。立法管辖权表现为东道国制定有关外资准入的法律和法规，规定外资进入的条件。立法方法有原则限制、例外自由和原则自由、例外限制三类。司法管辖权是针对外国投资者与东道国之间因准入和开业权而发生的争议之司法管辖。包括行政复议和司法救济。

二、外资准入管辖权表现形式的国别差异

外资准入制度是东道国外资准入管辖权的表现形式。各国经济发展水平和在国际投资活动中所处的地位不同，使得东道国外资准入制度有所不同。发达国家倡导高标准的投资保护，推动投资准入自由化，而发展中国家极力维护传统国际法赋予的外资管辖权，实行较为严格的外资准入制度。美国审计局对十个国家的外资准入政策对比研究表明，发达国家的外资准入普遍比发展中国家宽松。②

发展中国家，一般都要求外国投资必须事先得到东道国政府的批准。但具体政策上还是有所差别。按照准入程度的不同，可分为三类：第一类国家对外资采取鼓励政策，投资限制较少。这类国家主要指亚洲、非洲和太平洋地区国家；第二类国家对外国投资倾向于采用合资形式而不允许独资，一般均规定当地企业应持有一定比例的股权，这类国家主要指非洲和中东的亚洲国家；第三类国家对外国投资领域予以严格限制，对投资项目进行严格审查，并规定当地

---

① 没有特别说明，外资准入管辖权系指狭义的行政管辖权。

② SEE：Laws and Policies Regulating Foreign Investment in 10 Countries，Accessed November 11，2019. http：//，www. gao. gov/cgi－bin/gerpt？GAO－08－320.

企业必须占有一定股份比例。这类国家主要指拉美国家。[①] 拉美国家对于投资比例的审查也经历了一个从严格限制到逐渐宽松的过程。

即使是发达国家，也没有任何一个国家完全放弃对外资准入的管制，只是管制措施与法律规定程度上有所差别。美国是世界上对外资最为开放的国家，英国、德国、法国等西欧国家对外资的限制也较少，而北欧和南欧国家以及加拿大，澳大利亚和新西兰等国家对外资的限制相对较多。[②]

当然一国的外资准入制度并不是一成不变的，要受制于一国的经济发展水平、政治因素和国家安全等因素的影响。此外国际经济环境也会影响一国的外资准入政策的选择。

三、外资准入管辖权的具体内容

东道国的外资准入管辖权包括实体和程序两个方面。程序方面包括外资审批程序、外资安全审查机制、争议解决机制等。实体方面包括投资者资格、投资领域、资本投入、企业组织形式、投资形式（新建或并购）、外汇管制、国际投资待遇等。这些实体方面的管辖权，具体体现为设定国际投资待遇标准的权力和实施外资准入阶段履行要求的权力。

（一）设定投资准入待遇标准的权力

国际投资待遇问题的实质是外资的法律地位问题。[③] 所谓国际投资待遇，是指东道国对外国投资者及其投资法律上的待遇标准，是国际法上外国人待遇问题在国际投资领域的具体体现。[④] 依据国家主权原则，东道国享有对外资进入领域和进入条件的普遍审查权，有权决定给予外国投资者以何种待遇。

但国际投资待遇的标准并非一成不变的，充满了矛盾和斗争。最初的国际投资大多是由欧洲宗主国流向殖民地，政治上的不平等必然导致法律适用上的不平等，投资者享受高于东道国国民的待遇。当殖民地获得独立后，它们开始挑战外国投资者不受当地法律约束的观念。外国投资者应该享有国民待遇而不是超国民待遇，不能获得多于本国国民根据当地法律所能得到的保护。与此同时，也有人提出在任何情况下外国人能够享有的文明国家所承认的国际习惯法与法律原则中的相关权利。当国家标准低于国际最低标准时，后者具有优先性。

---

① OECD：International Direct Investment in OECD Member Countries，1979，pp. 32 – 33.

② 史晓丽、祁欢：《国际投资法》，中国政法大学出版社 2009 年版，第 67 页。

③ 单文华："外资国民待遇及其实施条件"，载张志铭主编：《中国社会科学文丛 · 法学卷（下册）》，中国政法大学出版社 2005 年版，第 1790 页。

④ 邓婷婷：《国际投资协定中的公平公正待遇研究》，法律出版社 2017 年版，第 7 页。

国际最低标准是指任何国家给予外国人的待遇都不应低于最低标准。在一些国际条约和条约草案中，国际最低标准常以公平公正等标准为表现形式。[①] 国际最低待遇标准是建立在外国投资法与国际人权法的基础上的。国家根据国际法对外国投资的规制权力必须在国际人权法诸多原则之间实现平衡。以卡尔沃主义为代表，反对以国际最低待遇标准为借口接受投资者母国的法律，卡尔沃主义主张给予外国投资者国民待遇并且国家有权实施征收。赫尔标准主张，根据任何法律和公平原则，没有一个政府有权出于任何目的去剥夺私有财产而不支付及时、充分和有效的补偿。20 世纪 90 年代，赫尔标准成为多数国际投资条约的核心条款。

当代，国际投资待遇主要有国民待遇、最惠国待遇和公平公正待遇，其中前两者是“相对”待遇标准，公平公正待遇是“绝对”待遇标准或无条件的待遇标准。相对待遇标准最重要的特点是它们并不要求提供国际层面上一致的待遇，而是强调非歧视，即在最惠国待遇下，对来自不同国家的外国投资者之间给予同等待遇，而在国民待遇下，在外国投资者与本国投资者之间给予同等待遇。[②] 公平公正待遇作为一项绝对待遇标准，其确切含义不是参照其他待遇来确定，而是通过该待遇在具体情况中的适用来确定的。[③]

国际上不存在统一的标准，国际投资待遇分别由国际条约和各国的国内法规定。最惠国待遇和公平公正待遇原则是专属于条约法上的制度。而国民待遇及其适用对象和范围通常由双边和多边条约规定，东道国也可单方面宣布给予外国投资者国民待遇甚至超国民待遇。但鲜有国家在国内立法中直接确定国民待遇，一般通常以隐形的方式体现出来：美国法在实践中“基于国籍的歧视”的案例，可以视为对国民待遇的国内法支撑；欧盟内部，准入后即视为本国企业；发展中国家几乎没有在国内法中明确规定外资国民待遇的范例，实践中给予外资国民待遇都是基于履行条约义务。[④] 美国是最早在国际贸易和国际投资领域使用国民待遇的国家，并通过友好通商航海条约把国民待遇推广开来。[⑤] “二战”后，国民待遇被纳入国际投资领域，成为国际投资法的重要组成部分。

---

① 王贵国：《国际投资法》，法律出版社 2008 年版，第 109 页。

② UNCTAD, *International investment Agreements: key issues, Volume I*, United Nations, 2004, pp. 25 – 26.

③ UNCTAD, *Bilateral investment Treatises in the Mid* 1990*s*, *United Nations*, 1998, *p*. 53.

④ 何芳：《国际投资法律体系中的外资管辖权研究》，法律出版社 2018 年版，第 46 页。

⑤ 王贵国：《国际投资法》，北京大学出版社 2001 年版，第 151 页。

国民待遇原则的目标是规制基于投资所有权的国籍而产生的歧视。[①] 国民待遇是一个相对的标准，它的内容取决于向国内投资者和外国投资者提供相似待遇的基础状态，即东道国将在相似情况下给予本国国民的、最起码的优惠延伸至对外国投资者的待遇。[②] 但国民待遇本身不是权利，而是确定外国投资者权利的手段。只有通过引用东道国适用于其国民的现行法律制度来确定，如果所引用的法律制度发生变化，也将涉及享受国民待遇的外国投资者。[③]

根据国民待遇原则，东道国有义务保证其法律、行政规章和其他措施及其执行对本国人和外国人一视同仁，而不论相关的法律、法规属于何种性质或涉及何种经济领域。[④] 东道国有权决定国民待遇的适用范围是准入后还是包括了准入前，抑或是不提供国民待遇。传统的国民待遇只限于投资准入后的阶段，所以将国民待遇从“准入后”延伸至“准入前”对许多国家而言是一次“革命”。彼时，为了保持国家投资事务上的自主决定权，国民待遇的例外显得尤为重要。例外的规定有两种，给予国民待遇普遍权利的同时将不适用国民待遇的产业制成“负面清单”，或者在“正面清单”的基础上制定相关程序，即不给予国民待遇普遍优先权，并将国民待遇局限于正面清单。[⑤]

（二）准入阶段的履行要求

一般而言，为了对外资进行必要的、适当的引导，使其符合本国经济发展目标，东道国对外国投资者在外资准入和运营阶段，就其获准进入、经营以及取得特定优惠所规定的前提条件，是对投资者所采取的投资措施的总称，被称为“履行要求”或“业绩要求”。[⑥]

能够直接被各国，尤其是发展中国家广泛援引，据以颁布、实施各种履行要求的原则和规则主要体现在《各国经济权利与义务宪章》《关于自然资源之永久主权宣言》《建立国际经济新秩序宣言》《建立国际经济新秩序的行动纲领》等文件中。所有上述规则和原则，都为东道国实施各种具体的履行要求以管理、引导和限制外资的活动提供了无可辩驳的法律依据。

---

① ［尼泊尔］苏里亚·P. 苏贝迪：《国际投资法：政策与原则的协调》，张磊译，法律出版社2015年版，第69页。

② UNCTAD, National treatment, UNCTAD Series on issues in international investment Agreements (New York and Geneva, United Nations, 1999), p. 1.

③ 杨惠芳：《外资待遇法律制度研究》，中国人民大学出版社2012年版，第19页。

④ 王贵国：《国际投资法》，法律出版社2008年版，第111页。

⑤ UNCTAD, National Treatment, UNCTAD Series on issues in international investment Agreements (New York and Geneva, United Nations, 1999), p. 3.

⑥ 徐泉：“略论外资准入与投资自由化”，载《现代法学》2003年第4期。

"履行要求"是加诸投资者的一种义务。履行要求的范围较为广泛，包括但不限于当地股权要求、许可证要求、汇款限制、外汇限制、制造限制、技术转让要求、国内销售要求、制造方面要求、产品指令要求、贸易平衡要求、当地成分要求、出口要求、进口替代要求。[①] 投资准入前的履行要求一般包括当地股权要求和产品制造要求。当地股权要求限制了外国投资者在投资企业中的股权比例，而产品制造要求外国投资者设立的企业不得生产或者必须生产某种产品，限制了其投资的领域。

发展中国家和发达国家都将履行要求与其他的工具如贸易政策、激励和审查机制一起采用，以实现各种经济发展目标。根据联合国贸易和发展会议在20世纪80年代末期以及21世纪初期对各国实施的履行要求的实证研究，履行要求在发达国家和发展中国家都存在，但后者更为常见。[②] 履行要求问题上，发达国家和发展中国家展现出不同的态度。发展中国家认为履行要求属于一国经济主权范围内的事项，不应该受到别国和国际社会过多的干涉。一定程度上，实施履行要求是发展中国家调控外国投资者投资活动的有效手段，也是反击跨国公司限制性商业行为的有力武器。一国对跨国公司的准入、经营运作的各环节实施的干预和调控中最有力的表现形式就是各种履行要求。[③] 发达国家从资本输出国的立场出发，代表跨国公司的利益，主张经济领域自由竞争，要求削减或消除投资的人为障碍或对贸易产生扭曲的履行要求。总的趋势是履行要求的影响范围逐步下降，并且从对投资者的强制性要求转向与投资激励相联系的要求。[④]

1. 履行要求的种类

按照禁止或限制的范围和程度差异，履行要求可分为"红灯"型、"黄灯"型和"绿灯"型。东道国有权实施绿灯型投资措施，在符合所批准或加入的公约义务下，可实施黄灯型履行要求，但红灯型履行要求是被禁止采用的。

"红灯"型是明确为TRIMs所禁止的履行要求。根据TRIMs协议附录，与GATT1994第3条国民待遇义务不相符的TRIMs，包括国内法或行政命令项下的强制性或可予强制执行的措施，或为取得好处所必需的措施，以及具有下列要求的措施：（1）要求企业购买或使用原产于国内或来源于国内渠道的产品，不论这种具体要求是规定特定产品、产品的数量或价值，或规定购买与使用当地

---

① 赵维田：《世界组织（WTO）的法律制度》，吉林人民出版社2000年版，第417－418页。

② 黄振中、董瑞："论国际投资中的履行要求禁止规则"，载《中国青年政治学院学报》2010年第2期。

③ 都亳、刘笋："双边投资条约发展的一个新动向"，载《法制与社会发展》2002年第2期。

④ 葛顺奇、张秀娟："区域一体化协定与东道国业绩要求"，载《国际经济合作》2004年第4期。

产品的数量或价值的比例；（2）要求企业购买或使用的进口产品限制在其出口当地产品的数量或价值量的范围内。与一般取消数量限制义务不相符的TRIMs，包括国内法或行政命令项下的强制性或可予强制执行的措施，或为取得好处所必需的措施，以及具有下列限制要求的措施：（1）普遍限制企业对用于当地生产或与当地生产相关的产品的进口，或将进口限制在与其依据出口当地产品的数量或价值相关的水平；（2）通过将企业可使用的外汇限制在可归于该企业外汇流入相关水平，从而限制该企业对用于当地生产或与当地生产相关的产品的进口；（3）限制企业产品出口或出口产品的销售，不论这种限制是规定特定产品，产品数量或价值，或是规定其在当地生产的数量或价值的比例。

"黄灯"型指被部分区域间、区域或双边协定明确禁止、限制或不鼓励的，但不为多数投资协定所禁止的要求。主要包括对国内含量的要求、国内参股最低水平要求、在特定区域或全球市场设立总部的要求、雇用当地人员要求、出口业绩要求、对向特定区域或世界市场供应其生产产品或提供服务的要求、对转让技术、生产工艺或其他知识的要求、对独占型的产品生产者或服务提供者的要求以及研发要求等。很多投资协定允许这些履行要求可与激励结合为"有条件的激励"或者允许东道国将业绩要求作为政府发展目标的组成部分。

"绿灯"型是指不被任何国际投资协定约束的要求。例如，MAI草案中在业绩要求的部分中规定：为确保公司完成它们的社会义务，国家可以施加业绩要求，尤其是在那些有关工作机会、劳动标准、环境保障、可持续性发展和社会安全方面的业绩要求。①

按照要求的性质，履行要求可分为纯粹限制性履行要求和鼓励性履行要求。前者是指纯粹要求投资者为一定行为和履行一定义务的"直接的履行要求"，后者是指东道国在投资者履行一定的出口、进口替代、就业安排、外汇收入等义务后方对其实施一定鼓励的"与优惠有关的履行要求"，包括金融类激励措施（直接补贴或优惠利率贷款）、财政激励措施（免税或降低税率）和其他激励措施（补贴基础设施或者服务、市场优惠和管制特许）。②

2. 私人投资者资格的限制

国际投资实践中，外国私人投资者包括法人、非法人组织和自然人，其中法人是最常见的私人投资者。以法人形式进行的投资中，跨国公司又是最为重要的投资主体。一国虽然可以普遍接受任何投资者的投资，但在一些重要的产业领域，各国仍会对投资者的主体资格加以限制。国际上对于此类对外国投资

① 葛顺奇、张秀娟："区域一体化协定与东道国业绩要求"，载《国际经济合作》2004年第4期。

② UNCTAD：《2003年世界投资报告》，冼国明译，中国财政经济出版社2005年版，第115页。

者的歧视性安排并不存在一般的禁止性法律规定，除了在 GATs 下承担的特别义务以外，一国有权对外国投资者的资格施加这种限制。

3. 投资领域的限制

为了国家经济安全和社会公共利益，任何国家都会对外资进入的产业和区域施加一定的限制，通称为产业政策和区域政策。对外国投资的部门限制，一向被认为是属于国家主权范围的。①

产业政策一般体现为产业指导目录等形式。按所属行业受限制程度的不同，可将投资产业领域划分为禁止性领域、限制性领域、允许性领域和鼓励性领域四类。禁止性领域是指那些关系到国家安全、国计民生、社会共同利益的重要部门，通常禁止外资进入。如美国的广播、海岸装运、核能、石油管道及国内航空运输业中，国外不能完全拥有其利益或者不能实施控制权。限制性领域是指除了禁止性行业外的，在一国经济发展中具有特殊地位的行业。设置有较严格的准入门槛，开放程度十分有限。如美国 1977 年修订的《联邦航空运输法》规定如果外国投资者要在美国从事商业性的航空运输业，则其公司 75% 的股权必须归美国公民所有，同时公司董事会成员及高级职员必须是美国公民。鼓励性领域是指为了促进国内某些产业的发展，对相关行业的外商投资实施鼓励政策的领域，如新兴产业，进口替代产业、技术先进产业。除了上述领域外，就是允许类领域。

世界上没有哪个国家对国外拥有的或者控制的企业赋予完全的无障碍的企业权利。所有的国家都有产业限制，只是发展中国家较之发达国家的限制更为严格，禁止投资和限制投资的产业领域更广。

4. 资本投入的管理

跨国公司的投资始于实际出资，因而东道国确定了投资者资格和投资领域后就必须对其资本投入进行管理。某项资产只有既属东道国法律规定可以接受的资本，同时又不属于投资者母国禁止作为海外投资的资本时，才能在现实经济生活中真正发挥资本的作用。② 资本投入的管理包括对出资方式、出资时间、股权比例、债务股权比例、股权变更等多方面的管理。③ 外国投资者的出资方式一般包括货币、实物、工业产权或专有技术出资。出资期限一般有一次或者分次出资两种形式。股权比例要求外商投资企业中有本国资本参加，可以规定统一的比例，也可以按照不同领域分别规定。债务股权比例是指公司自有资金

① 丁伟主编：《经济全球化与中国外资立法完善》，法律出版社 2004 年版，第 195 页。

② 佟占军：《国际投资设业权研究》，法律出版社 2012 年版，第 61 页。

③ 车丕照：《国际经济法概要》，清华大学出版社 2004 年版，第 327 页。

(国际上通称为“法定资本”或“股权资本”)与借贷资金(经营资本与投资者的自有资金之差)的比例。为了保证企业债权人的利益，对于法定资本与借贷资金之间的比例即债务股权比例，各国都有一定的限制。股权变更反映了投资者在企业出资份额的变化，因其影响到企业的经营活动，必须予以限制。

(三) 程序方面的审批制度

审批制度是东道国管制外资进入的重要手段，是外国投资程序法方面的切实保障，也是一国投资环境的重要组成部分。通常是东道国授权投资审查机构按照法律规定的审查标准和条件具体实施审查。

按照审批的严格程度分为国民待遇制、一般审批制和严格审批制三种。[①]发达国家有美国、英国、德国等采用国民待遇制，对外资的审批完全与内资相同，适用公司法的规定，但也有基于国家安全的外资特别审查。大多数发达国家和部分发展中国家(如韩国、阿根廷)选择一般审批制。外资只要符合法定条件即可获得批准，无须逐个审批。少数发达国家(如加拿大、法国)和大部分发展中国家实行严格审批制。对外资进行逐个审批，包括实质审查和程序审查。随着投资自由化的不断加深，放宽审批是一般趋势。无论哪种审批程序，其设计必须注重透明度，防止机构的重叠，提高办事效率，同时根据客观情况变化加以改变。

除了一般审查之外，各国均有针对特定目的的审查，如国家安全审查和反垄断审查。鉴于跨国公司对于东道国国内的关键技术、基础设施、国防和敏感信息等战略领域的投资，不仅会损害东道国的技术优势，而且可能给东道国带来公共安全和公共秩序方面的风险，东道国一般会专门设立外资安全审查机制和反垄断审查机制，以防范此类风险。

四、东道国外资准入自由化的趋势

(一) 立法方法的自由化

晚近，外资准入的立法方法普遍从“原则限制、例外自由”转向“原则自由，例外限制”。很多国家新修订的外资法规定，外资原则上自由进入，禁止和限制进入属例外情况。这些例外用“消极清单”列出。在维持准入审查机制的外资法中，一般也将审查限定在适用于“消极清单”所列的投资活动中。大多数的消极清单是具体的，当然有的国家外资法中的“消极清单”较为抽象(如排斥危害国家安全、公共秩序和环境保护等的投资)。

① 孙南申:《国际投资法》，中国人民大学出版社2008年版，第42页。

(二) 放松实体权利的限制

晚近，各国普遍放松对投资者准入权和设业权的限制。依据国民待遇标准和最惠国待遇条款，结合正面清单和负面清单，使国民待遇原则简单地延伸到投资准入阶段。[①] 减少或废除准入方面的投资措施和履行要求，体现了东道国对外资准入实体问题管辖的放松趋势。减少准入阶段的履行要求具体表现为投资领域的拓宽，投资形式要求的放松，外资比例的弱化等。

(三) 简化审批程序，机制更加透明化

外资准入自由化不仅体现在投资者实体权利的扩大，更体现为外资准入程序的简化以及相关政策的透明度提高上。晚近国际投资法倾向于简化准入程序，包括精简审批机构，缩小审批范围，放宽审批标准，完善审批申诉程序等措施。此外，外资准入政策透明度的提高也是外资审批程序优化的具体体现。

第三节 双边投资协定的投资准入管辖权

双边投资协定的投资准入管辖权主要表现为各类双边投资协定中的投资准入条款。

一、投资准入条款的历史沿革

传统的 BITs 大多倾向于承认东道国的外资准入自主权，将其归为东道国国内管辖事项，允许缔约方为投资准入设定条件。尊重和重申了国际习惯法上确立的外资准入管辖权。大多数条约规定缔约方相互许可“符合东道国法律法规的”投资准入，又被称为准入条款。但随着经济全球化的进一步推进，美国式的 BITs 中有关投资准入的规定体现了倡导投资自由化，要求东道国减少甚至放弃准入管辖权的倾向。

(一) 欧式 BITs 和缓的投资准入条款

欧式 BITs 一般不授予准入权，只是规定了一定的标准和保证，东道国保留单方决定是否准入的权利。此类准入条款意味着东道国在批准 BITs 后，没有义

---

① [德] 鲁道夫·多尔查、[奥] 克里斯托弗编：《国际投资法原则》，祁欢、施进译，中国政法大学出版社 2014 年版，第 91 页。

务修改国内关于准入的法律并保留修改准入法律的自由。①

欧洲 BITs 大多直接或间接地规定了外资准入应受东道国的管制，措辞相对和缓，表述为“应当鼓励外资进入”而不是“必须允许外资进入”。有关的准入规则内容相对抽象，大多没有明确规定外资进入的范围和领域，但倡导东道国为外资“创造有利的投资条件”。这些条约通常没有“冻结”东道国行使此项管制权所依据的国内立法的表述。所谓“根据东道国的国内法”意味着鼓励外国投资的承诺要取决于任何现有的或将来在国内法中对于外资进入方面的限制。东道国可根据缔约时本国的法律调整外国投资的进入，也可以随时修改这些法律，或放宽或加大对外资准入的限制。

具体有以下三种类型：第一类明确规定外资准入应根据东道国法律。此类条款往往首先规定东道国应鼓励外资进入，并为外资准入创造良好的条件，但同时限定外国投资应按照东道国的法律才能准入，如《中国政府与新西兰政府关于促进与保护投资协定》第 3 条“促进和保护投资”规定：“缔约任何一方在符合其国家目标的条件下，应依照投资所在缔约一方的法律和法规鼓励缔约另一方的国民和公司在其境内进行投资，并为之创造良好的环境。”第二类规定东道国有权根据本国的法律或政策决定外资的准入。如 1986 年《中英双边投资协定》规定：“缔约一方应在其领土内鼓励缔约另一方的国民或公司投资，为此创造良好条件，并有权行使法律所赋予的权力接受此种投资。”再如 2008 年《中墨双边投资协定》规定：“任一缔约方应依照其可适用的法律和法规允许缔约另一方投资者所作投资之进入。”第三类没有明文规定外资准入的标准。投资条约对外资准入没有加以明文规定的，意味着这一领域应完全由东道国国内法律管辖。②

欧式 BITs 中缔约国一方面有权鼓励、允许和保护来自另一缔约国的国民或公司在其领土上根据东道国的国内立法设立的投资。但在投资尚未设立前并不给予投资者以任何保护。据此，东道国有权对外资进行审查，可以自由地决定外资准入的条件，甚至可以将某些行业保留给本国投资者或某一国的投资者而不违反国民待遇和最惠国待遇。除非条约规定，否则在投资准入方面东道国没有义务将授予国内投资者和第三国投资者的待遇给予条约另一方投资者。申言之，欧式 BITs 没有赋予外国投资者以“开业权”，而只是保护被允许投资的领

---

① ［德］鲁道夫·多尔查、［奥］克里斯托弗编：《国际投资法原则》，祁欢、施进译，中国政法大学出版社 2014 年版，第 90 - 91 页。

② 刘筝：“浅析投资准入阶段推行国民待遇的条约法的实践及影响”，载《天津市政法管理干部学院学报》2003 年第 1 期。

域内外国投资者及其财产。另一方面，缔约国也应当认识到鼓励和便利生产性外资进入的必要性。从而在促进投资主张和管理投资主张之间寻求某种平衡。

（二）美式 BITs 推行高度自由化的准入制度

（1）覆盖行业广泛。美式 BITs 采取的是“反向列举法”，即只要没有例外列出的行业，都是东道国需要采取完全自由化政策的行业。

（2）率先将国民待遇和最惠国待遇扩大适用于开业前阶段的投资。美国 2004 年 BITs 范本第 3 条规定：“每一缔约国在投资的设立、并购、扩展等方面给予另一缔约国投资者及其投资的待遇，不得低于给予本国投资者及其投资的待遇。”第 4 条规定：“每一缔约国在投资的设立、并购、扩展等方面给予另一缔约国投资者及其投资的待遇，不得低于给予第三国投资者及其投资的待遇。”这种投资前国民待遇与最惠国待遇的规定，实际上剥夺了习惯国际法赋予东道国外资准入的普遍审查权，使得东道国只能在条约附件中，基于国家安全理由或经双方同意的少数领域拒绝外资进入，反映了国际投资领域的自由化趋势。

（3）投资准入自由与履约要求问题挂钩，全面禁止履行要求。美国 1994 年 BITs 范本第 6 条和 2004 年 BITs 范本第 8 条都是废除东道国在投资准入方面设置履行要求的规则，对东道国的投资措施加以限制。美式 BITs 全方位废除准入阶段的履行要求，从而使禁止履行要求成为东道国的绝对义务，封杀了外资审批过程中东道国实施投资措施的权力。全方位性体现在禁止的范围既不局限于对贸易会产生扭曲影响的履行要求，也不局限于投资准入后的履行要求。申言之，其外延既不限于是否会产生贸易上的扭曲效果的投资措施，而是包括了所有扭曲投资的措施，既不限于经营阶段而是扩展至准入阶段，从而极大地限制了东道国的外资管辖权。①

（4）高度自由化的投资准入制度还体现在最低待遇标准的设定上。如美国 1994 年 BITs 范本对于最低待遇标准的规定为：“任一缔约国对另一缔约国投资者的投资，应依国际法给予公平和公正的待遇，并予以充分的安全和保护。”绝对的待遇标准可用于防止东道国通过模糊抽象的准入条款对外资进行歧视和损害。但这种高标准的投资保护在实践中引发了一系列的投资者起诉国家的仲裁案件，使得缔约国面临经济损失的风险大增。为了减少可能的国家责任，美国 2004 年 BITs 范本将该条款修正为：“任一缔约国对另一缔约国投资者的投资，应依国际习惯法给予公平及公正的待遇，并予以充分之安全和保护。公平和公正待遇及充分安全和保护的概念不得增加或超出国际习惯法规定的外国人

① 刘笋：“投资条约中的履行要求禁止规则”，载《武汉大学学报（社科版）》2001 年第 6 期。

最低待遇标准。”2004 年范本附件 A 中还进一步解释了国际习惯法中的外国人最低待遇标准的内容，即包括国际习惯法中所有保护外国人经济权利的原则。

（5）美式 BITs 中确立的“投资者对国家”的争端解决程序，使得投资者能够直接通过国际途径解决与东道国在投资准入问题上的争议。但这一程序也引发了投资者起诉国家的仲裁案件数量的激增。

二、投资准入条款中的南北方分歧及其发展趋势

长期以来，投资准入问题一直是南北矛盾之所在。发达国家倡导高标准的投资保护，推动投资准入自由化，而发展中国家极力维护传统国际法赋予的外资管辖权。20 世纪 90 年代签订的 BITs 中投资准入条款大多体现为准入条款的自由化和东道国外资准入管辖权的弱化。由发达国家倡导的对外资准入权施加国际义务的方法已经在国际投资领域普遍推行，被视为建立 BITs 条款的六大基础原则之一。[①] 晚近，“投资必须符合东道国法律”开始重返 BITs 文本中，东道国外资准入管辖权重新得以加强。如 2003 年加拿大投资协定范本中有非常宽泛的市场准入例外条款，规定投资者不能因为市场准入问题启动投资仲裁程序等。2012 年美国 BITs 范本也规定了安全例外条款，为市场准入管辖权预留了空间。

第四节 区域投资协定的投资准入管辖权

一、欧洲

《罗马条约》的投资准入模式属于相互给予国民待遇模式，准入权仅授予具有某一成员国的国籍或以从事商业活动为目的而在某一成员国居住的投资者，而非成员国的投资者，一般是无法获得国民待遇的。《罗马条约》有别于其他区域性投资法律文件在于：区域组织内部国家之间的投资进入是“自由”的。成员国在欧共体内部承担的准入权和资本自由移动义务的范围是最广的，即使是自由化程度更高的《北美自由贸易协定》中成员国之间的投资进入也要受制于若干例外规定。

1991 年通过的《马斯特里赫特条约》（简称《马约》）延续了《罗马条约》

① Kenneth J. Vandevelde, *Model Bilateral Investment Treaties: The way forward*, 18 Sw. J. Int’L 307 (2011), p. 307.

倡导资本自由的宗旨，规定成员国间或成员国与第三国间的资本流动不受任何限制（第73条B款）。实际上，1988年6月24日的共同体指令已经正式确认了自由投资权，它提出要消灭所有阻碍欧盟内部乃至欧盟国与非欧盟国家间资本自由流通的壁垒。但同时也规定了这一原则的合理例外，诸如公共安全税收差别待遇例外等①。《马约》资本自由化的规定不影响前述欧共体“竞争法”对欧盟成员国间跨国并购的适用。而且，由于《马约》允许成员国保留1993年12月31日以前国内法和欧共体法规中对来自和流向非成员国的跨国资本流动的某些限制（第73条C款），因此，区域外国家不能充分分享欧盟成员国之间跨国投资的同等待遇。但欧盟理事会一般也不会对这种资本流动采取新的限制措施（第73条D款）。《马约》的积极意义不仅是原则上禁止了资本跨国流动的限制，更主要的是有利于欧盟成员国在贸易、劳务、金融等方面的全面融合，使欧盟成为迄今全球最成功的区域一体化组织。

二、美洲

（一）NAFTA

NAFTA实行国民待遇和最惠国待遇结合模式下的投资准入政策。投资自由化义务延续到准入前，是NAFTA第11章迥异于其他国际立法的最显著特征。

与美式BITs一样，NAFTA第11章的投资条款，要求每一成员国为另一成员国投资者的投资提供国民待遇和最惠国待遇，并以其中更优惠的待遇为准，而且应符合国际法规定的外国直接投资的最低标准，包括公正和公平待遇、充分的保护和保障，即便出现军事冲突或内乱，在对其境内投资损失所采取或维持的措施方面每一成员国将对其他成员国的投资者及其投资提供非歧视的待遇。协定所允许的国民待遇标准的例外情形只限于作为协定附件的国别例外。除“附件”中所列明的例外，其他有关投资准入的争议均可提交约定的仲裁机制，以解决争端。这进一步限制了东道国对外资进入的审批权。② 而且联邦、州或省，以及各个层次的地方政府所采取的措施都不得违反此项义务。

（二）安第斯共同体

安第斯共同体是第一个在成员国之间广泛地建立起甄别程序的地区间国际

① 杨丽艳主编：《涉外投资法律实务》，厦门大学出版社2017年版，第385页。

② 范剑虹：《国际投资法导读》，浙江大学出版社2000年版，第215页。

组织。[①] 1991 年第 291 号决议又把投资准入问题下放给各成员国国内法管辖，共同体不再保有此种管辖权。

安第斯共同体的投资准入规则也从最初的限制性投资准入模式过渡到区域性工业化项目模式。在这种模式下，区域性组织的成员国之间相互赋予投资者范围较广的投资设业权。区域一体化是最惠国待遇的例外之一，即使非成员国享有最惠国待遇，成员国之间赋予投资者的设业权，并不当然及于非成员国的投资者。安第斯共同体的投资准入规则没有明确规定投资准入问题，但在区域内部进行的跨国投资项目上，实行某些内部激励制度。这种激励制度暗含着投资准入权的获取，取决于投资者是否采取工业化计划或合资企业等特定形式，并不是区域内所有的投资者都能够实际行使这种设业权。

三、亚洲

（一）东盟

东盟的投资准入模式有着渐进性特征。东南亚国家联盟简称东盟，成立于 1967 年。1992 年签署了《加强东盟经济合作框架协定》决定建立东盟自由贸易区。2008 年 12 月《东盟宪章》正式生效，成立了东盟共同体。东盟共同体由东盟经济共同体、东盟安全共同体和东盟社会文化共同体组成。《中华人民共和国与东南亚国家联盟关于修订〈中国 - 东盟全面经济合作框架协议〉及项下部分协议的议定书》，于 2019 年 10 月 22 日对所有协定成员全面生效。2019 年 11 月 4 日，由东盟十国 2012 年倡导的，邀请中国、日本、韩国、澳大利亚、新西兰和印度一起参加的旨在建立统一市场的自由贸易协定——《区域全面经济伙伴关系协定》已经结束全部文本谈判及所有市场准入谈判。[②]

1987 年标志着东盟跨国直接投资地区性机制确立的《东南亚国家联盟促进和保护投资协定》仅规定了有关外国投资者待遇问题、投资原本及利润的汇出和转移问题、国有化及征收问题和争端解决问题。第 11 条保留了东道国对外资准入的充分的甄别权，投资应该经过东道国批准注册。没有投资准入和履行要求的规定。这一时期，东盟实行的是限制性投资准入模式。《东南亚国家联盟促进和保护投资协定》第 2 条规定："本协定只适用于以地方的国民或公司在另一地方领土上的投资、由该投资派生出来的或与其直接相关的投资。这些投资必须经东道国书面批准并登记，并且符合本协议的目的。" 1996 年该协定修

① Decision 24 of the Agreement On Andean Subregional Integration（ANCOM），Lawyer of the America Vol. 4，No. 1（Feb.，1972），p. 27.

② https：//news. sina. com. cn/o/2019 - 11 - 05/doc - iicezzrr7344420. shtml.

订时并却提出要简化投资程序、审批程序和提高投资法律法规的透明度。

1998 年成员国签署了《东盟投资区框架协议》，以促进东盟成员国之间和非东盟国家向东盟的直接投资。《东盟投资区框架协议》完全剔除对外资准入的限制，在投资准入阶段实现国民待遇，表明东盟国家在投资自由化方面取得了显著进展。协定要求缔约方在所有行业和影响投资的措施方面，包括但不限于许可、设立、投资不低于其给予其本国类似投资者和投资的待遇。[①] 只不过该协定允许缔约方将其暂不开放的行业列入“暂时排除清单”，暂时不给予国民待遇，过渡期截至 2010 年（越南、老挝、缅甸的过渡期更长）。除了“暂时排除清单”之外，缔约方还可以将一些敏感行业列入“敏感清单”，不给予国民待遇，这一清单将由东盟投资区委员会审查。对于准入阶段的最惠国待遇，《东盟投资区框架协议》要求在缔约方之间立即无条件地给予投资准入阶段和投资设立后阶段的最惠国待遇。[②] 对于缔约方在未来签订的其他条约或者协定，如果其待遇更加优惠，也应给予其他缔约方，同时也不存在“暂时排除清单”。《东盟投资区框架协议》表征了东盟对外资准入管制权的放弃，除非负面清单明确列明。

2001 年东盟各国签署了《关于修改〈东盟投资区框架协议〉的协议》，规定在准入前和准入后阶段给予国民待遇，以实现投资自由化。这一时期东盟实行的是国民待遇和最惠国待遇组合模式，承诺逐步消除投资壁垒，最终实现投资自由化。这种模式将国民待遇和最惠国待遇适用于外国投资者的设业阶段和外资进入东道国后的运营阶段，外国投资者享有的设业权以国民待遇和最惠国待遇两者中更为优惠的待遇为标准，体现了东盟对于东道国外资准入管辖权的放松。

2009 年《东盟全面投资协议》取代了 1987 年《东盟促进和保护投资协定》和 1998 年《框架协议》投资保护与投资自由化水平更高，同时包含最惠国待遇和国民待遇，且国民待遇是适用于准入前阶段，并采取负面清单形式。

（二）西亚

西亚国家间制定的区域协定承认国家的准入管辖权。1970 年《阿拉伯国家间投资协定》第 3 条规定，每个签约国的主权及于它的资源和对外国投资的程序条款和限制进行管理的权利。1980 年《阿拉伯统一投资协定》第 2－5 条规定，国家有权对外资的进入和设业进行控制。1981 年《伊斯兰联盟促进和保护成员间投资协议》也有类似条款。《共同市场的框架协定》规定，成员方同意

① 参见 1998 年《东盟投资区框架协议》第 7 条。

② 参见 1998 年《东盟投资区框架协议》第 8 条。

促进非成员方投资者的符合法律法规的投资。

第五节　多边投资协定的投资准入管辖权

一、《外国直接投资待遇指南》

《外国直接投资待遇指南》保留了对国家准入管辖权的承认。

(1)《外国直接投资待遇指南》力图排除关于外资进入的烦琐规章或复杂的程序或附加不必要的条件。建议各国采用开放性的批准程序，以减少外国投资准入的障碍。这种做法已为许多国家所普遍接受。

(2)《外国直接投资待遇指南》将开放外资准入作为外资立法的目标。《外国直接投资待遇指南》肯定各国有权制定关于外资进入的规章，但同时认为用来作为外资准入条件的某些履行要求经常是起反作用的，而开放外资准入是更有效的方法。《外国直接投资待遇指南》进一步解释说，对外资准入附加某些履行要求会阻碍投资或鼓励滥用，而对外资准入采取限制性列举（即列举禁止、限制、允许外国投资的部门）的方法更为可取。①

(3)《外国直接投资待遇指南》规定了关于外资自由准入的例外。每个国家保有对外资准入进行管制的权利，国家可以基于国家安全，国家经济发展目标或国家利益的紧急状态等原因，拒绝外资进入本国市场。《外国直接投资待遇指南》第一个例外是对国家安全的威胁，但必须“明确地限定”国家安全，以防解释过宽。第二个例外是由于国家的经济发展目标或国家利益的需要而保留给东道国国民的部门。此外，由于公共政策、公共健康和环境保护等原因而适用于国内投资的某些限制也同等地适用于外国直接投资。

二、《资本移动自由化法典》

《资本移动自由化法典》采用的是相互间国民待遇模式的投资准入政策。投资准入权授予所有位于成员国内的拥有成员国国籍并且（或者）为了商业目的在成员国境内设有住所的投资者。

1984 年修订时，《资本移动自由化法典》加入了有关设业权的规定，要求成员国政府不应保留或引入：适用于授予许可、特许或类似的批准的法规和做

① 余劲松主编：《国际投资法》，法律出版社 2007 年版，第 282 页。

法，包括批准所附的条件，影响企业运营的，对非居民的投资者所施加的特别障碍或限制的，以及有意地产生防止或构成对非居民的对内直接投资障碍的效果的法规和做法。设业权的范围非常广泛，包括了大多数限制非居民投资者准入的政策。1984 年 4 月，还将法典中要求成员国在处理其他成员国国民在其领域内开业所需的许可申请或其他审批手续时实行最惠国待遇标准的条款完全生效。

三、MAI 草案

MAI 草案有关投资准入的规定，属于将国民待遇适用范围扩大到投资准入阶段的“高度自由化立法”模式。该草案第 3 条将国民待遇原则、最惠国待遇原则和非歧视待遇原则不仅适用于外国投资进入东道国后经营的各个方面，也适用于开业前的投资进入，即适用于开业权与准入权，而且应给予国民待遇和最惠国待遇中更优惠的待遇。这一条款使得国家控制外资进入的领域和审查外资的主权几乎丧失殆尽。除了少数例外，MAI 要求只要某一部门或领域对本国投资者开放，就必须对外国投资者开放。

各国存在分歧之处在于“外国投资准入权的例外方面”，即不对外国开放部门的负面清单范围。例外是权利义务的核心所在，因此是谈判的焦点。例外的理由涉及国家安全、公共秩序、区域经济组织、文化、补贴、健康、社会服务、原住民和少数民族等方面。MAI 采取了所谓“自上而下”的否定清单谈判方式，原则是一律自由化而例外和保留特别是国别例外必须明文列出。但一些国家列出的例外和保留（其中，美国对自由化的承诺提出许多例外；欧盟坚持例外包括但不限于区域经济一体化组织例外条款；加拿大等国坚持文化例外条款）很多，实际上降低了 MAI 原定的标准。例外的列出是经过谈判决定的，这种谈判类似于关贸总协定的减让谈判。

四、ECT

根据 ECT 第 10 条（2）和（3）款的规定，ECT 的缔约国对在其领域内投资的投资者，应努力给予其给予本国或其他缔约国或任何第三国国民的待遇，以其中最不低于优惠者为准。与外资经营阶段，ECT 缔约国承担必须实行国民待遇原则的“硬性”义务不同，ECT 在外资准入问题上采用的是限制性投资准入模式。在准入阶段，ECT 缔约国的国民待遇义务仅为“最大努力义务”。[①] 相对其他国际投资条约而言，比较保守。

① 马迅：《〈能源宪章公约〉投资规则研究》，武汉大学出版社 2019 年版，第 81 页。

五、WTO 投资协定中的投资准入

（一）TRIMs 有限度的投资准入自由化

首先，协议第 1 条的适用范围有限，仅适用于与货物贸易有关的投资措施不包括服务贸易和技术贸易。其次，与贸易有关的投资措施只有在违反 GATT 规定的国民待遇原则和取消数量限制原则时才是违法的。最后，解释清单中明确列举了禁止的 TRIMs 包括：当地成分要求、贸易平衡要求、通过贸易平衡手段限制进口、外汇管制来限制进口以及出口限制等。

（二）GATs 有选择的开放模式

由于 GATs 第 1 条把通过外国直接投资设立“商业存在”提供服务纳入“服务贸易”的外延中，所以 GATs 的所有条款无疑都适用于以“商业存在”提供服务的情形，这些条款也就相应具备了国际直接投资法律规范的特性，GATs 也就具备了规范各成员方服务业利用外国直接投资问题的多边投资协议的属性。①

首先，GATs 确立了有关投资的多边纪律，即各国应尽可能地开放国内服务业市场，承担相互给予跨国服务和服务提供者以最惠国待遇和政策法律透明度的一般义务（GATs 第 3 条）。其次，GATs 法律框架下的“市场准入”，是成员方以其承诺清单中所列举的服务部门及其准入条件和限制为准，对其他成员方开放其本国的服务市场，是一种经过谈判而承担的义务，对象既包括服务也包括服务的提供者（GATs 第 16 条）。“每一缔约方应在其承担义务计划安排表所列服务部门或分部门中，根据该表内所述任何条件和资格，给予其他缔约方的服务和服务提供者，就所有影响服务提供的措施而言，其待遇不低于给予其本国相同的服务和服务提供者。”据此，缔约国向外国服务和服务提供者履行国民待遇的义务是有限制的，表现为服务部门有选择的开放。凡属于市场准入的领域，成员国应给予外国服务和服务提供者以国民待遇（GATs 第 17 条）。再次，各成员国不得要求外国服务提供者必须通过特定的法人实体或合营企业才可以提供服务，也不得对参加投资的外国资本限定最高股权比例和对个人的或累计的外国资本投资额予以限制。最后，GATs 建立了一种多边谈判机制，各成员方通过多回合谈判，不断扩大市场准入的范围，从而使禁止或限制外国直接投资进入的服务业领域不断缩小。②

① 房东：“GATs 多边投资协定属性及我国服务业外资立法的完善”，载《国际经济法论丛（第 5 卷）》，第 145 页。

② 曾华群主编：《国际投资法学》，北京大学出版社 1999 年版，第 711 页。

第八章

外资运营管辖权

外资运营阶段，与外国投资者享有的外资运营权相对，东道国和国际组织对其享有外资运营管辖权。东道国外资运营管辖权的行使要受制于其承担的国际义务。国际组织对外资运营管辖权控制越大，东道国外资运营管辖权作用的空间就越小，尤其是在国有化问题上。

第一节 外资运营权与外资运营管辖权

一、外资运营权

外国投资者在外资准入阶段享有设业权，在外资运营阶段享有运营权。“运营”是指从事经济活动。① 外资运营权是外国投资者获准进入东道国后享有的以营利为目的开展经营活动从而获取利润的权利。

二、外资运营管辖权

外国投资者依据国民待遇和最惠国待遇可以享有全面的外资运营权。虽然国家对外国投资者进入东道国后经营活动的限制相对较少，但东道国仍然享有对外资运营的管辖权。外资运营管辖权是基于属地管辖权，主权国家对外国投资者在本国的投资运营活动加以调控和管理的权力。调控是指国家以其政府机

① See UNCTAD, *Internation of Investment Instruents*: *A Compendium*, *VolumeVll*, http//www. Unctad. Org/en/docs/dite3vol7_ en. Pdf, 2019 - 04 - 08.

关为代表，通过财政、税收、外汇等全局政策对国家投资交往进行的宏观把握。管理则是国家通过对国际投资活动的当事人及其市场行为进行的直接监管。[①]任何国家的政府都需要加强对市场的监督，否则政府所做的诸如进入限制的公共限制就会为私人限制（限制性商业行为）所取代。[②]

外资运营管辖权的具体实施是由主权国家的立法机关通过立法的方式，将对国际投资活动实施管理的权力赋予行政机关，同时确定行政机关的职权范围。东道国主管外国投资的行政机关以相应的法律法规为依据，制定投资措施对外国投资者的运营行为进行管理和监督。外资运营管辖权的行使不仅要在本国立法机关的授权范围内，而且要受到相应的国际条约义务的约束。因为外资运营管辖权不仅涉及外国投资者的利益，也涉及投资母国的利益。

外资运营管辖权是东道国外资管辖权中最为复杂的部分，内容丰富，主要表现为东道国实施的各项投资措施。外资运营阶段的投资措施主要涉及与外贸有关的管制（如进口许可证）、外汇管理、劳动雇佣管理、合同管理、竞争规则、税收管理以及相关规则的执行等履行要求。此外，设定国际投资待遇的权力也是外资运营管辖权的重要内容。

三、外资运营管辖行使的制约因素

（一）外资运营权制约外资运营管辖权

外资运营权虽然是东道国赋予的，但一旦形成也将制约外资运营管辖权的权力范围和边界。国际投资自由化程度越高，外国投资者享有的外资运营权的范围越大，东道国外资运营管辖权受到的限制就越多。在法定的范围内，东道国及其主管机关负有不妨碍外国投资者正当运营的义务。两者是此消彼长的关系，其中，外资运营管辖权是自变量。

（二）国家承担的国际义务制约外资运营管辖权

一国基于国家主权，享有对外国投资运营的管制权。但东道国外资运营管辖权的行使要受制于国际条约义务，否则将会被要求承担国家责任或遭到他国的报复。国际投资自由化的程度越高，外资运营管辖权的作用空间就越小。具体表现为东道国决定外资待遇的权利受到国际条约中外资待遇条款的限制，越来越多的条约要求东道国给予外国投资者三种待遇中最优惠的一种。东道国的投资措施也受到条约的约束，例如TRIMs将四种与贸易有关的投资措施纳入禁止范围等。

---

① 吕岩峰、何志鹏、孙璐：《国际投资法》，高等教育出版社2005年版，第58页。

② 孙南申：《国际投资法》，中国人民大学出版社2008年版，第35页。

第二节　东道国的外资运营管辖权

与外资准入管辖权不同，外资运营管辖权的行使关乎东道国国际投资环境的优劣，因此一旦跨国公司被允许进入东道国经营，东道国有义务为其营造宽松的运营环境。一般而言，东道国的外资运营管辖权主要表现为以下几个方面。

一、设定国际投资待遇标准的权力

国家没有法律义务允许外国人进入其领土，但一旦国家允许进入，便应给予外国人适当的待遇。国家对外国投资者及其在本国境内的投资活动和资产给予何种待遇，是主权范围内的事项。除非承担相关的条约义务，否则国家对此不承担任何义务。

传统的国民待遇只限于投资准入后的运营阶段，东道国有义务保证其法律、法规及其执行对本国人和外国人一视同仁，而且对其实施可以赋予合理的例外。这些例外有如下两种规定方式：给予国民待遇普遍权利的同时将不适用国民待遇的产业制成“负面清单”，或者在“正面清单”的基础上制定相关程序，即不给予国民待遇普遍优先权，并将国民待遇局限于正面清单。① 当代国际投资领域国民待遇一般是互惠的，东道国授予外国投资者国民待遇要以该外国投资者所属国也给予该东道国的投资者以国民待遇为条件。国民待遇确立的是内外国人同等的权利，而不是同样的权利。东道国有权出于公共利益的考量，将国民待遇限定于特定范围之内。东道国有权决定国民待遇的适用对象是投资还是投资者，抑或是两者都将享受国民待遇，国家实践在这方面也存在巨大的差异。②

国际投资中的最惠国待遇是指“东道国给予一个外国投资者不亚于任何其他外国投资者的待遇”。③ 最惠国待遇是国际投资法中最古老和最为重要的原则

① UNCTAD, National Treatment, UNCTAD Series on issues in international investment Agreements (New York and Geneva, United Nations, 1999), p. 3.

② ［尼泊尔］苏里亚·P. 苏贝迪：《国际投资法：政策与原则的协调》，张磊译，法律出版社 2015 年版，第 67 页。

③ UNCTAD, Most - Favoured - Nation Treatment, UNCTAD Series on issues in international investment Agreements (New York and Geneva, United Nations, 1999), p. 1.

之一。作为一种特别优惠待遇，它着眼于在东道国境内的所有外国人之间的平等。最惠国待遇是专属于条约法上的制度。[①] 东道国依据条约承担这方面的义务，未参加条约的国家的国民是无法享受此项待遇的。最惠国待遇具有将双边的国民待遇“多边化”的效用。[②] 大部分的双边投资协定中，同时包含最惠国待遇和国民待遇条款，以便使得外国投资者获得与其他内外国投资者平等竞争的机会，无论哪种待遇更优惠，外国投资者都可以享有。最惠国待遇作为国际投资协定中的主要条款，是实现投资自由化最主要的工具，长期以来被接受为实体性权利，在 2000 年之前相对很少有争议。而从 2000 年的 Maffezini vs. Kingdom of Spain 案开始，最惠国待遇被扩张性适用于程序性问题，而就其是否能够适用于程序阶段也产生了异议，引起了广泛关注。[③]

为了保护外国投资者，除了国民待遇和最惠国待遇之外，国际法还发展出一个主要原则即国际最低待遇标准。该原则的核心是公正和平等的待遇原则。[④] 公平公正待遇即使不是最重要的，也是最主要的原则，并且深深植根于国际习惯法中。[⑤] 但它具有模糊宽泛的性质，何为公正和平等可以有不同的解释。有关东道国违反公正与平等待遇原则是外国投资者向国际投资法庭提出申诉最常见的理由。东道国给予外国投资者的待遇如果没有达到这样的程度将导致国家责任。

二、设定履行要求的权力

习惯国际法赋予主权国家的属地管辖权包括东道国在外资准入和经营阶段施加履行要求的权力。履行要求是基于东道国的经济发展目标对外国投资者施加的义务，以促使其作出有关购买、销售或制造方面的决定。设业前的履行要求限制了国际投资设业权的权利内容，而设业后的履行要求是东道国在外资运营阶段对外国投资者及其投资活动的要求和限制。经营阶段的履行要求相较于准入阶段的履行要求更具有一般性特征，不带有行业导向性。[⑥] 东道国有权采取的运营阶段履行要求包括产品销售要求、技术转让要求、外汇及资金转移管

---

① 史晓丽、祁欢：《国际投资法》，中国政法大学出版社 2009 年版，第 113 页。

② 曾华群主编：《国际投资法学》，北京大学出版社 1999 年版，第 429 页。

③ 何芳：《国际投资法律体系中的外资管辖权研究》，法律出版社 2018 年版，第 119 页。

④ S Vasciannie, *The Fair and Equitable Treatment Standard in International Investment Law and Practice*, BYIL 1990, p. 99.

⑤ ［尼泊尔］苏里亚·P. 苏贝迪：《国际投资法：政策与原则的协调》，张磊译，法律出版社 2015 年版，第 60 页。

⑥ 何芳：《国际投资法律体系中的外资管辖权研究》，法律出版社 2018 年版，第 52 页。

制等等。设业后的履行要求能够实质上影响外国投资者行使国际投资设业权的态度和方式，具有限制外国投资企业的经营领域，约束外国投资企业经营行为的作用。①

三、资本管理的权力

"资本"一词在格林沃尔德所著的《现代经济学词典》中，解释为"作为生产的三要素之一，资本是一家公司的总资产和总财富，因而不仅包括资本货物，同时包括商标、商誉和专利等"。资本管理可以从两个不同的角度分析：从投资来源角度来看，涉及投资比例、股权管理、出资安排。从资本来源角度来看，涉及外资的财务管理，包括会计标准的选择、资金筹措、融资渠道的选择等问题。

对于东道国而言，投资运营阶段最为重要的问题就是对资本的管理。如果一个跨国公司的资本不足，在符合一定条件下会适用"刺破公司面纱"，使得跨国公司母公司对子公司的债务承担责任。

（一）投资来源角度的资本管理

投资来源角度的资本管理包括出资方式、出资比例、股权管理、出资期限、权利保证等方面的管理。

1. 出资方式的管理

出资方式主要包括现金、实物（机器设备、物料、房屋）等有形资产及工业产权、专有技术、土地使用权等无形资产。除此之外，其他的出资方式还有：动产和不动产的所有权以及其他物权，如抵押权、留置权、质权、用益权等；用于创造经济价值的金钱请求权或是有经济价值的行为请求权；版权、工艺流程、商标和商誉；特许权，包括勘探、开采和提炼的特许权；债券、证券；劳务；其他公司的股权也可以作为出资形式。

现金出资涉及不同币种之间的汇率折价问题。国际通行做法是由投资各方在合同中规定两种不同货币在特定日期的汇率，按此汇率进行折算计价。此外，还涉及现金出资占注册资本的比重问题。国际通行做法是实需货币投资量应按筹建企业的开支与初期生产经营费用来确定，其金额取决于在各方投入的实物、技术及贷款之外还需要多少资金来满足建厂的开支与营运的费用。② 其他出资方式存在作价评估问题。国际上的通行做法是投资各方在合同中规定出作价原则和标准。作价原则有原始成本原则、国际市场价格原则和重置价格原则。

---

① 佟占军：《国际投资设业权研究》，法律出版社 2012 年版，第 161 页。

② 孙南申：《国际投资法》，中国人民大学出版社 2008 年版，第 72 页。

2. 出资期限

无论哪种类型的出资，都必须按期缴付出资，否则会使其他投资者蒙受损失。除了在投资合同中约定之外，各国法律对于出资期限都有规定。

3. 出资比例

出资比例是指外国投资者的出资占整个股权资本的比例。出资比例的管理体现了东道国对境内的外资投资方向的控制。一般说来，对东道国越重要的行业外资比例越低，反之越高。具体可分为：（1）适用于所有行业的标准。有的国家只规定上限。如匈牙利规定合营企业中，外资持股不得超过 49%；有的国家只规定下限。有的国家既有上限又有下限，如土耳其规定外国投资的比例可以在 10% 至 49% 选择。（2）区分行业适用不同比例。一般对东道国经济安全等重要的行业外资比例较低，甚至不允许外资进入，而对鼓励类项目外资可占较高比例。例如菲律宾规定大部分行业不允许外资超过 30%，而对有利于国民经济发展，或是本国还未加以充分开发，或是符合本国投资优先项目计划的行业，外资也允许超过 30%。

4. 股权管理

出资比例的问题还涉及股权管理的问题。股权是指投资双方按比例投资后所享有的财产与利润以及经营管理的权利。外国投资者的出资在整个企业运营过程中不是一成不变的。而股权的变动涉及投资者的重大利益，甚至影响东道国的经济安全。因此东道国对此都制定相应的管理措施，股权变动需经相应的审批。近年来，跨国公司海外投资过程中，控股行为相当普遍，具体形式有跨国收购、外资入股和外资增资扩股等。尤其是外资并购，因其可能会形成垄断、限制竞争，必须加以法律上的控制，各国一般通过竞争法规加以规范。

20 世纪 70 年代，发展中国家的外资股权政策比较严格，要求外资逐渐当地化，即外国投资者必须按投资时与东道国达成的协定，在一定的期限和条件下，逐步将其股份售给东道国（国营企业或私营企业），直到外国投资者的资本比例减少而转变为本国企业或混合企业。当地化政策源于拉美国家，后来在非洲、东南亚得到推广。20 世纪 80 年代以后，发展中国家的当地化政策逐渐放松，甚至取消，反而是外商独资化趋势有所加强。这一方面是全球投资自由化趋势的表现，另一方面也反映出发展中国家外资管理能力的加强，不再局限于股权管理，而重视经营环节的全面管理。

5. 权利保证

权利保证是指投资者必须对自己出资的真实性与合法性作出保证。权利保证义务与法定的验资手续相关联，验资报告的作用在于证明投资方出资的真实性与合法性。国际通行的做法，投资者的出资必须是投资者所有的现金以及投资者所有并且未设立任何担保物权的实物、工业产权、专有技术等。凡是以实物、工业产权、专有技术作价出资的，出资者应当出具拥有所有权和处置权的有效证明。

（二）资本来源角度的资本管理

资本市场是企业资本运营最直接的载体。企业传统的经营方式是生产经营，而现代企业的发展必须走资本运营之路。资本运营的第一阶段是商业运营，通过产品、技术、服务等获得货币，我们称之为商业市场。第二阶段为资本运作，通过对第一阶段商业运营获得的货币资产为主要对象的购买、出售、转让、兼并、托管等活动，实现资源优化配置，从而达到利益最大化。这一阶段主要是在货币市场的融资。资本来源角度的资本管理主要涉及资金筹措和财务管理。

1. 资金筹措

跨国公司某一投资项目的投资总额，是指一个企业（投资项目）进行正常的生产经营所需要的全部资本与资金。投资总额是外商投资企业法中特有的概念，包括跨国公司的自有资金和所投资企业的借贷资金。自有资金也称为法定资本/股份资本/注册资本/公司资本。投资总额和公司资本之差就是借贷资金。

在国际投资实践中，外国投资者很少完全使用自有资金进行海外投资，不足部分大多是通过借贷或其他国际融资渠道解决的。借贷资金的资金来源包括：（1）公司集团内部的资金；（2）母公司以外的母国资金，母公司利用母国资本市场获得的资金；（3）东道国当地的资金，主要指跨国公司利用东道国当地资本市场获取的资金或从东道国的合作伙伴处获取的股东资金；（4）国际资金，主要指利用国际资本市场获得的资金。按国际投资惯例，借贷资金获得量的大小，通常取决于东道国公司法所要求实际投入的注册资本比例。可见，跨国公司的直接投资行为是由其母国乃至第三国的无数投资者的间接投资行为支撑的。

跨国公司的融资渠道较之一般国内企业更多。跨国公司的国际资本可得性使其比大多数国内公司有更低的股权和债务成本。融资形式主要有跨国公司的股权投资、公司内贷款和利润再投资。股权投资是最主要的外国直接投资融资形式。从全世界来看，1992－2004 年，股权投资占总流入量的比重在 58%—71% 波动。同一时期，平均起来，在世界外国直接投资流量中，公司内贷款占到了 23%，利润再投资占到了 12%。[①] 公司内贷款包括母公司对子公司的贷款和子公司所在东道国国内贷款两种。利润再投资即外国子公司利润并未作为母

① 资料来源：UNCTAD，World Investment Report 2005。

公司的红利。跨境公司内贷款通常取决于跨国公司的财务安排，反过来也受税率和利率差异以及本国和东道国资本市场特征的影响。例如，如果本国税率低，收到贷款利息，而东道国税率高，支付利息，那么跨国公司就可以利用公司内贷款来减轻其全球税负。不同融资渠道的选择在于融资成本的高低，也涉及法律管制的松紧。跨国公司的融资行为发生于国际资金融通市场，与多国主体发生资金融通关系，因此行为不仅要受到东道国法的规制，还要涉及母国法律以及跨国融资的国际条约和惯例的约束。有关跨国融资的国际条约主要是指国际金融法里有关调整国际融资关系的法律规范如《国际货币基金协议》《国际复兴开发银行协议》等和双边的融资协议。东道国法律不仅包括直接调整跨国融资行为的私法规则，也包括政府的金融、外汇管制等公法规则。而且各国针对不同的融资方式，会制定相应的法律规范。这些共同构成了跨国融资法律规制的基本制度。

2. 财务管理

建立完备的财务会计制度是外国企业经营管理的重要环节。财务管理主要指外商投资企业在生产经营过程中的会计管理制度，其内容涉及对企业各类资金和资产的核算、使用和分配等方面的管理，外商投资企业财务管理中的主要问题，包括会计标准的选择、资产管理、外币折算、债务处理、成本核算、利润分配、税务计算、合并报表、财务报告等方面。有关外商投资财务管理的制度，各国大多在公司法和证券法中加以规定。

四、国有化权

基于社会公共利益将境内跨国公司实体的财产收归国有，从而剥夺跨国公司母公司对位于东道国的子公司及其财产的控制权是东道国行使外资运营管辖权的一种方式。现在，一国对其领域内的私人财产和外国财产实行国有化的权利，在国际社会得到了普遍的承认。[①] 联合国 1974 年《各国经济权利与义务宪章》规定，每个国家对其全部财富、自然资源和经济活动享有充分的永久主权，包括拥有权、使用权和处置权在内，并得自由行使此项主权。国有化是国家行使国家权利所必需的手段和措施，任何国家都不应因遭受经济、政治或其他威胁而不能自由地、充分地行使这一不容剥夺的权利。[②]

但是，对于该权利是否附加条件、补偿的标准等事项，理论和学说上分歧很大，主要有卡尔沃主义和赫尔标准的对立，而且国家实践也不一致，国际上

① 余劲松：《跨国公司法律问题专论》，法律出版社 2008 年版，第 371 页。

② 姚梅镇：《国际投资法入门》，法律出版社 1998 年版，第 17 页。

至今尚无共识。甚至对国有化的确切含义，尚无一致的看法。无论如何，主权国家在实施国有化措施时，应当基于公共利益的目的，无歧视地按照法定程序进行。对于公共利益的界定，国家有权自行判断。欧洲法院法官认为："为体现对该权利的尊重，立法者对社会和经济政策权衡和裁量的空间应当相当广泛，除非这种判断明显缺乏合理的依据。"① 无歧视地，主要体现对国民和外国投资者在同等条件下一视同仁。采取国有化措施的国家有权自行判断。②

第三节　双边投资协定的外资运营管辖权

一、双边投资协定的国际投资待遇条款

国际投资待遇标准是国际投资参与各方关注的焦点问题。对投资者而言，它表明在东道国的法律地位和享有的权利；对东道国而言，它意味着提供给外国投资者的待遇标准；对投资母国而言，它意味着本国海外投资者在东道国合法权益的范围。因此国际投资待遇条款成为双边投资协定的核心条款，可以说它界定了一项双边投资协定的基调。

当代，大部分双边投资协定具有非常相似的结构。③ 这些双边投资协定绝大多数都规定东道国给予外资以国民待遇或最惠国待遇和国民待遇中的较高者。④ 在给投资者的待遇和保护中，处于待遇水平中心的是国民待遇和公平公正待遇，而最惠国待遇只是为了平整场地。⑤

传统的欧式促进和保护投资协定一般规定准入后的国民待遇，而美式高度自由化的双边投资协定将国民待遇延伸至准入前，严重地束缚了东道国的准入管辖权。在国际投资法领域，大部分双边投资协定最惠国待遇条款和国民待遇条款是在一起规定的。只有少部分坚持卡尔沃主义的拉美国家只同意给予外国投资者国民待遇，理由是最惠国待遇有可能使外国投资者获得特权。⑥ 事实上，最惠国待遇条款的自动传导性，使得东道国无法自主地根据

---

① James v. United Kingdom，(1986) 8 *EHRR* 123.

② 何芳：《国际投资法律体系中的外资管辖权研究》，法律出版社 2018 年版，第 60 页。

③ UNCTAD，What Are BITS? United Nations Conference On Trade And Development，Accessed March 15，2019. http：//unctadxi. org/templates/page1006. aspx.

④ 王贵国：《国际投资法》，法律出版社 2008 年版，第 125 页。

⑤ 何芳：《国际投资法律体系中的外资管辖权研究》，法律出版社 2018 年版，第 129 页。

⑥ 史晓丽、祁欢：《国际投资法》，中国政法大学出版社 2009 年版，第 111 页。

母国、投资类型和投资领域等对外资进行甄别并实行不同待遇标准。不仅如此，最惠国待遇标准的自动传导功能还将东道国给予某些特殊外国投资者的优惠待遇在没有特别说明的情况下自动授予给其他投资者。① 更有甚者，传统上只及于外国投资者实体权利的最惠国待遇条款被晚近很多仲裁庭扩张解释及于投资者的程序权利。最惠国待遇条款扩张到程序的实际后果是扩大了仲裁庭的管辖权，严重削弱了东道国的外资争议管辖权，使得东道国自行决定外资待遇标准的权利丧失殆尽。

公平公正待遇条款是双边投资协定中最令人瞩目的内容，也是争议最大的投资待遇条款。甚至被奉为帝王条款。② 但公平与公正待遇条款在不同的协定中有不同的表述，并未有明确的界定，具有模糊宽泛的性质。这极大地拓展了国际投资仲裁庭的解释空间。在晚近的国际投资仲裁实践中，不同的仲裁庭适用了不同的解释方法。③ 自从 ICSID 仲裁庭 1997 年对第一个涉及公平与公正待遇的案件作出裁决以来，投资者援引该条款的案件逐渐增加，超过半数的仲裁庭支持了投资者的请求，导致东道国设定投资者待遇的主权权力受到严峻挑战。④

二、双边投资协定的禁止履行要求条款

禁止履行要求的条款，实际上剥夺了东道国引导外资的权力。传统的友好通商航海条约以及欧洲式的促进和保护投资协定，认为是否实施履行要求以及实施多少履行要求是东道国外资管辖权范围内的事项，一般无履行要求条款。

双边协定中订立履行要求禁止条款，从而确立东道国在履行要求方面的国际法义务，可以说是美式 BITs 的创新。⑤ 美国 1994 年 BITs 范本第 6 条规定："缔约任何一方均不得施加任何履行要求，作为投资项目建立、扩充或维持的条件，即要求或承诺，同意把生产出来的货物出口外销；或明文规定某些产品或劳务必须就地购买；或者把任何其他同类要求或措施强加于人。"

现代 BITs 中履行要求禁止条款的从无到有，反映了国际投资自由化的趋势和东道国外资准入和运营管辖权的弱化。

---

① 何芳：《国际投资法律体系中的外资管辖权研究》，法律出版社 2018 年版，第 128 页。
② 王彦志："公平与公正待遇条款改革的困境与出路"，载《国际经济法学刊》第 21 卷第 1 期。
③ 邓婷婷：《国际投资协定中的公平公正待遇研究》，法律出版社 2017 年版，第 16－17 页。
④ 邓婷婷：《国际投资协定中的公平公正待遇研究》，法律出版社 2017 年版，第 18 页。
⑤ 徐崇利：《双边投资条约研究》，厦门大学 1996 年博士论文，第 89 页。

第四节　区域投资协定的外资运营管辖权

一、区域投资协定的投资待遇条款

20世纪90年代以来，区域投资协定的投资待遇条款普遍强化了国民待遇和公平公正待遇的适用。规定外国投资和外国投资者应享有公平公正待遇已经成为双边投资协定和区域性安排的趋势，但除了2001年北美自由贸易区自由贸易委员会对《北美自由贸易区协定》第1105条第1款作出的解释外，没有任何条约详细列出公平公正待遇的具体内容和标准。

NAFTA实行国民待遇和最惠国待遇组合模式的投资准入政策。投资自由化义务延续到准入前，是NAFTA第11章迥异于其他国际立法的最显著特征。与美式BITs一样，NAFTA第11章的投资条款，要求每一成员国为另一成员国投资者的投资设业提供国民待遇和最惠国待遇，并以其中更优惠的待遇为准，而且应符合国际法规定的外国直接投资的最低标准，包括公正和公平待遇、充分的保护和保障，即便出现军事冲突或内乱，在对其境内投资损失所采取或维持的措施方面，每一成员国将对其他成员国的投资者及其投资提供非歧视的待遇。

同时第11章的国民待遇和最惠国待遇的例外和保留也非常多，全部列在附件Ⅰ到Ⅳ中，多达197页。附件Ⅰ和Ⅱ中，墨西哥的保留占71%，加拿大的保留占60%，美国的保留占76%。附件Ⅲ是专门为墨西哥而设的不适用的豁免清单。附件Ⅳ是专门针对最惠国待遇的例外。NAFTA生效前缔约方签署或生效的所有国际条约给予的待遇，都可以作为最惠国待遇的例外不给予其他缔约方。①

NAFTA规定除“附件”中所列明的例外，其他有关投资批准的争议均可提交约定的仲裁机制，以解决争端，这进一步限制了东道国对外资进入的审批权。② 而且联邦、州或省，以及各个层次的地方政府所采取的措施都不得违反此项义务。

二、区域投资协定下的禁止履行要求条款

目前，涉及履行要求的区域投资安排还很有限，比较典型的是NAFTA的规定。NAFTA第1106条的“履行要求禁止条款”，是第一个在多边投资条约中出现

---

① 马迅：《〈能源宪章条约〉投资规则研究》，武汉大学出版社2012年版，第87页。
② 范剑虹：《国际投资法导读》，浙江大学出版社2000年版，第215页。

的直接禁止履行要求的条款。① 首先，第1106条第1款规定在整个外国资本的设业阶段，完全禁止成员国对来自其他成员国的投资者实施某些履行要求，如“国内投入要求”“国内含量要求”“出口实绩要求”“贸易平衡要求”及“技术转让要求”等。协定关于禁止履行要求的范围之广在国际贸易和投资文件里是没有先例的。其次，第1106条第3款规定，禁止成员国在准入方面，将履行要求与某些优惠相联系。如（1）优先采购当地原材料；（2）达到一定水平的当地成分要求；（3）将产品的当地销售限制在产品出口的一定比例范围内或要求获取外汇收入以达到某种程度的贸易平衡。这一规定与美国学者认为的投资措施往往被许多国家用作实施准入限制的有力工具有关，贯彻了美式BITs中推动准入自由与消除投资措施紧密结合的主张。最后，它不限于“与贸易有关”的履行要求。

第五节　多边投资协定的外资经营管辖权

一、多边投资协定的国际投资待遇条款

（一）ECT的国际投资待遇条款

与投资准入阶段不同，在投资运营阶段ECT规定了严格的国民待遇和最惠国待遇标准义务。ECT第10条（7）规定：“每个缔约方给予在境内的其他缔约方投资者的投资及相关活动，包括管理、维持、使用、收益或处置的待遇，不得低于其给予本国或其他缔约方或任何第三国投资者的投资及相关活动的待遇，以其中最优惠为准。”（1）ECT完全回避了“类型情况”或“相同情况”的措辞，强化了缔约方在投资运营阶段的国民待遇和最惠国待遇义务。（2）例外范围最小化。ECT在投资运营阶段的国民待遇和最惠国待遇例外极少，而且没有任何排除适用的肯定清单或否定清单。除了一般例外、安全例外，以及针对最惠国待遇的经济一体化例外之外，只有知识产权例外。②

（二）MAI草案的国际投资待遇条款

草案中国民待遇和最惠国待遇是指东道国对外国投资者的待遇不低于本国投资者和第三国投资者所获得的待遇；实施对象为外国投资者及其投资；适用于所有与投资有关的活动，即不仅适用于投资运营阶段还是适用于投资准入阶

① 都亳、刘笋：“双边投资条约发展的一个新动向”，载《法制与社会发展》2002年第2期。

② 马迅：《〈能源宪章条约〉投资规则研究》，武汉大学出版社2012年版，第88页。

段；不但适用于东道国中央政府采取的措施，而且包括其他地方政府的行为；既包括法律上的待遇，也包括事实上的待遇。①

二、多边投资协定下的禁止履行要求条款

（一）TRIMs 禁止履行要求条款

当前，世界上具有最广泛约束力和最权威的关于履行要求的多边国际法律文件无疑是 TRIMs。②

TRIMs 有关履行要求禁止的条款主要体现在第 2 条规定，任何成员方都不得实施与 GATT1994 第 3 条（国民待遇）和第 11 条（普遍取消数量限制）不相符合的“与贸易有关的”投资措施。具体包括五类：与国民待遇原则不相符的有当地成分要求和贸易平衡要求；与普遍取消数量限制原则不相符的有通过贸易平衡限制进口、通过限制获得外汇来限制进口和出口限制。

TRIMs 是南北国家妥协的产物，但主要体现了发达国家的意愿，实际上成为限制发展中国家履行要求等投资措施的单方面守则，加剧了国际投资领域的不平衡性。具体体现在：（1）协定仅规范了东道国采取的对贸易产生限制或扭曲作用的投资措施，没有规范投资者母国采取的对贸易有限制或扭曲作用的投资措施；（2）协定仅规范了东道国采取的投资措施，没有规范外国投资者尤其是跨国公司采取的各种限制性商业惯例；（3）协定仅适用于货物贸易，对服务贸易不适用。这使得在发达国家占据主导地位的服务贸易领域存在的，大量与贸易有关的投资措施受不到约束和限制。

通过使投资问题迂回地在多边贸易体制中得以解决，实现了发达国家无法在多边投资谈判中取得的投资自由化目标，进一步束缚了发展中国家制定符合本国国情的投资措施的权利和外资管辖权的范围。发达国家以贸易实力为筹码，以关税减让和市场准入为诱饵，以跨部门交叉报复为威胁手段，迫使发展中国家让渡了更多的外资管辖权。在发达国家不断施压下，TRIMs 可能将更多的投资措施列入禁止的范畴，发展中国家可能处于更加不利的地位。

（二）ECT 禁止履行要求条款

ECT 的履行要求规则与 MAI 草案相比，禁止的履行要求数量较少，东道国保留的权利更多些。

ECT 的履行要求条款规定在第 5 条，该条第（1）款和第（2）款完全与

---

① 陈安主编：《国际经济法专论》，高等教育出版社 2002 年版，第 661 - 662 页。

② 马迅：《〈能源宪章条约〉投资规则研究》，武汉大学出版社 2012 年版，第 167 页。

TRIMs一致，第（3）款规定了例外情况，第（4）款规定了过渡措施。对于上述履行要求措施，第10条第（11）款规定，如果缔约国违反该规定，将被视为违反第三部分“投资促进与保护”的义务，投资者可依据第26条的规定通过投资者-东道国仲裁解决。这一规定赋予了投资者直接挑战东道国履行要求措施的权利，对缔约方提出了更高标准的投资自由化义务。

（三）MAI全面禁止履行要求

MAI全面禁止履行要求的规定，反映了多边基础上全面废除具有“扭曲投资”效果的履行要求的趋势，同时严重削弱了东道国引导和管理外资使之符合国家经济发展目标的主权权力。

首先，MAI禁止的履行要求种类远远超过了TRIMs的规定。MAI以清单的方式列举了12项应禁止的、在投资各个阶段适用的履行要求。这是迄今为止项目最多、范围最广的禁止履行要求清单，已将触角伸至服务贸易领域和与贸易无关的领域。禁止采用的履行要求范围包括以下方面：（1）与贸易有关的投资措施，即当地销售与出口比例，国内含量，当地购买；（2）技术转让；（3）研究与开发；（4）当地雇佣（国民就业）；（5）股权参与的最低限度或最高限度。上述第1项列出的各项内容，已为TRIMs所禁止，即使与鼓励措施相联系，也是禁止的。其余各项履行要求，只有在投资者自愿采取或者与鼓励措施相联系时，才是允许的。其次，适用范围扩大到投资准入前。准入前的履行要求在一定程度上限制了外国投资者的设业权，与发达国家一直倡导的投资自由化相违背，MAI将禁止履行要求扩大到准入前，限制了东道国管理外资的权力。再次，立法方法上采取的是“自上而下”的方法，即消除和减少履行要求是一般原则，各国只能通过谈判或依据MAI在少数部门或领域实施履行要求。这种“自上而下”的立法方法，实质上剥夺了东道国是否取消投资限制的主动权。最后，“冻结”和“回撤”机制。各国除可以保留少数符合MAI规则的例外，不得实施新的履行要求，而且各国在加入MAI时保留的履行要求今后也必须逐步取消。各国分歧在于是否应当将履行要求的取消作为绝对义务而不允许有例外。一些国家代表基于对国民待遇与最惠国待遇是相对义务的认识而对上述履行要求的绝对禁止持保留态度。

第九章

外资争议管辖权

跨国公司在东道国从事生产经营活动，不可能一帆风顺，投资争议屡有发生。既有内外国投资者之间的争议也有外国投资者与东道国之间的争议，甚至升级为资本输入国和资本输出国之间的国际投资争端。而国际投资争端解决机制一直不健全的，包括国家管辖权和国际组织管辖权。不同类型的国际投资争端，管辖主体不相同。对于外国投资者与东道国之间的国际投资争议，东道国与国际组织都有管辖权。资本输入国与资本输出国之间的国际投资争端必须采用国际机制解决。对于涉外商事争议，母国与东道国都有管辖权，实践中可能产生跨国公司裁判管辖权冲突。

第一节　国际投资争议

一、国际投资争端和国际投资争议

国际投资争端的范围，有广义和狭义之分。实践中外国投资者同东道国之间主要因国际直接投资而发生争议，因为争议主体的不平等，会遇到许多独特的问题，如采用何种争议解决方法，适用何种法律（国内法还是国际法），外国投资者在国际法庭中有无出诉权等，而备受国际社会关注，被认为是最典型的国际投资争端，一般称之为国际投资争议。[①]

---

① 周成新：《国际投资争议解决方法》，中国政法大学出版社 1989 年版，第 3 页。如无特别说明，下文中的国际投资争端即指此类。

狭义的国际投资争端除了外国投资者与东道国之间的争议之外还包括外国投资者与东道国私人投资者因投资合同产生的商事争议。① 国际商事争议，只能在东道国法律的允许下通过司法或当事人选择的其他方式解决。但经济全球化背景下这种争议有了新的内涵，体现在跨国公司在与东道国的自然人和法人竞争时，由于垄断产生的争议。中义的国际投资争端除了上述国际投资争端外，还包括了资本输入国与资本输出国之间的国际投资争端以及国际组织与成员之间的国际投资争端。② 两国可能基于对于保护私人投资的双边或多边条约的不同理解，或因投资母国行使外交保护而引起，或因投资母国行使代位权而发生争端。广义的国际投资争端包括任何涉及两个或两个以上国籍的自然人、法人、外国政府（单独关税区）、国际组织之间因国际直接或者间接投资而引起的投资争端。

二、契约性争议和非契约性争议

按照起因的不同，国际投资争议大致可分为两大类：契约性争议和非契约性争议。

（一）契约性争议

契约性争议是指外国投资者同东道国（政府或机构）之间因国家契约或特许协议产生的争议。在自然资源开发领域，外国投资者通过与东道国（政府或其机构）订立契约的方式在东道国进行投资。在履行国家契约的过程中，双方会因对契约的解释、执行发生争议，或因东道国单方面修改、废除契约而发生争议。特别是有关特许协议的争议，因为主体法律地位的差异、特许协议的法律性质、可适用的法律存在争议而备受关注。

（二）非契约性争议

非契约性争议是指东道国（政府或机构）在同外国私人投资者之间无投资契约关系或者在投资契约关系之外发生的争议。它涉及的不是契约权利义务问题，而是东道国法律和有关国际条约中的权利义务（国家责任）问题。③ 具体包括：（1）国有化或征收引起的争议。东道国对外国私人投资者实行国有化或征收时，双方之间可能就国有化的合法性或补偿的数额问题引起争议。这种争议可以引起追索诉讼。（2）东道国行为引起的争议。东道国行为既包括立法行

---

① 余劲松主编：《国际投资法》，法律出版社 2016 年版，第 343 页。

② 邹立刚：《国际投资法学》，中国法制出版社 2000 年版，第 266 页。杜新丽：《国际投资法》中国政法大学出版社 1995 年版，第 282 页。

③ 余劲松主编：《国际投资法》，法律出版社 2016 年版，第 344 页。

为也包括日常的行政管理行为。如外汇管制、增加税收、拒绝签发许可证，干预外国投资者的经营活动等引起的争议。(3) 东道国发生革命、战争、内乱等事故导致投资者损失时，可能会就东道国如何补偿投资者损失问题发生争议。(4) 外国投资者违反东道国法律引起的争议。①

从国际投资仲裁实践来看，国际投资争议主要有以下几类：违反传统的国际法；征收后不予补偿；取消公司经营许可；改变对税法的解释导致退税额降低或颁布新税收规定；颁布环境保护条例提高环保要求致使外国投资者财务状况恶化；政府当事人一方违反商业合同；等等。② 近十几年来，仲裁争议事项已从传统的征收不予补偿和东道国违反某个特许合同的行为转变为更加棘手的东道国维护国家经济安全、环境、公共健康等方面公共利益的各类管制性行为。③

三、国际投资争议的特殊性

(1) 性质上的跨国性而非国际性。"国际"通常指代"国家间或政府间"的含义。"跨国"只是一个地理概念，是指"跨越国界"，而不论跨越国界的主体是国家、经济实体、国际经济组织或个人。跨国性更符合国际投资争议的实践。

(2) 主体地位的差别性。国际投资争议是发生在东道国与作为外国投资者的经济实体或个人之间的。东道国是国际法的主体，而经济实体或私人是国际法的客体，国内法的主体。外国投资者中的跨国公司，尽管有巨大的经济影响，但它的每个单元是依据所在国国内法成立的国内法主体，跨国公司集团整体上既不是一国的国内法主体，也不是国际法的主体。因而在与东道国发生争议时，主体地位仍然是有差别的。

(3) 客体的广泛性。国际投资活动的内涵极为丰富。一般而言，"投资"一词系指缔约一方投资者依照接受投资缔约另一方的法律和法规在其领土内所投入的各种财产。

(4) 内容的特殊性。国际投资争议，既涉及外国投资者位于东道国境内的财产权或契约权、对企业的控制权、汇出外汇权等既得权利，也涉及东道国对本国境内外资的管理权利——征收权、对自然资源的控制权、国民经济利益，

---

① 姚梅镇：《国际经济法概论》，武汉大学出版社1999年版，第709页。中法BITs也有如是规定。

② 郭玉军："论国际投资条约仲裁的正当性缺失及其矫正"，载《法学家》2011年第3期。

③ 张光：《国际投资法制中的公共利益保护问题研究》，法律出版社2016年版，第51页。

公共利益以及东道国保护外国投资者的国际义务。国际投资争议，涉及的问题既有契约性问题，也有非契约性问题；既有国内法问题，又有国际法问题，通常关系到双方的重大甚至根本利益。尤其是国际投资争议中涉及的东道国及当地民众的公共政策、公共利益的问题，更多地属于东道国公共立法、执法和司法引起的公法争端。

第二节　国际投资争议的国家管辖权

对于一项国际投资争议，基于国家主权原则，东道国享有当然的属地管辖权，而投资母国享有属人管辖权，两者同时行使必然会发生管辖权冲突。司法管辖权是东道国和投资者之间冲突的焦点之一，集中表现为对“用尽当地救济”的取舍。①

一、东道国对国际投资争议的管辖权

东道国对一项国际投资争议的直接裁判管辖权通常体现为东道国当地救济。此外，东道国法院还可以通过对投资仲裁庭裁决的审查来行使间接裁判管辖权。例如，美国《2002 年贸易法案》的执行表明了发达国家重新强调国内法院管制 FDI 的倾向。该法案催生了美国政府在后期签订的 BITs 中扩大国内法院审查投资仲裁的权利要求，该法案也要求美国在实施更为严格的 FDI 监管时按照正当程序进行。②

（一）东道国当地救济的含义和适用范围

《奥本海国际法》认为，当一个国家对其领土内外国人所赋予的待遇不符合它的国际义务，但是仍然可以通过以后的行动为该外国人提供所要求的待遇，国际法庭将不会受理代表该外国人提出的求偿，除非该外国人已经用尽加害国内可以利用的各种法律救济，否则就不能在国际层面提出求偿。③

---

① 王海浪：“ICSID 体制内用尽当地救济原则的三大挑战及对策”，载《国际经济法学刊》2006 年第 13 卷第 3 期。

② The Trade Act was passed on August 6, 2002. See Trade Act of 2002, Pub. L. No. 107 – 210, 116 Stat. 933 (2002) [current version at 19 U. S. C. 3803 – 05 (2008)]. 转引自何芳：《国际投资法律体系中的外资管辖权研究》，法律出版社 2018 年版，第 299 页。

③ [英] 詹宁斯、瓦茨修订：《奥本海国际法（第 1 卷第 1 分册）》，王铁崖等译，中国大百科全书出版社 1995 版，第 414 页。

东道国当地救济是指东道国的司法机构和行政机构依据东道国法律和应适用的其他法律来解决投资争议的方法。① 王铁崖先生指出："当地救济方法包括自然人或法人依据有关国家的国内法所能利用的足以补救其申诉的情况的一切有效方法，不论司法或行政，普遍或特殊，也包括程序方法和其他正式救济方法，但是救济方法必须是有效的，就是说当地必须有救济方法，而且救济方法必须是有效的和足以达到救济要求的。"② 在国际投资保护领域，用尽当地救济原则是对私人投资者国际求偿权的制约，除非已经为东道国所放弃。

东道国当地救济主要有司法救济和行政救济两个途径，其中司法救济是最常用的。司法救济有两种情况：一种是东道国法院受理的外国投资者为原告、东道国政府为被告的行政诉讼案件；另一种是外国投资者与东道国之间的民事诉讼案件。行政救济主要指行政复议，可适用于外国投资者对东道国政府的行政管理决定不服引起的争议。"用尽"有两方面含义：(1) 要求当事人用完东道国所有的行政与司法救济办法，并且将这些行政与司法救济办法的审级用到最高。(2) 要求当事人要对各种救济办法中提供的每项程序手段予以充分与正确地采用。③

（二）用尽当地救济的适用依据

(1) 国家属地管辖权优先。东道国基于属地管辖原则对其领土内的投资争议享有当然的管辖权。当地救济方法的适用特点就在于，它的适用是东道国国家属地管辖权的当然结果，而不依赖于争议双方当事人的约定。换言之，除非东道国法律另有规定，投资争议必须通过当地救济加以解决。④

(2) 用尽当地救济原则这一习惯国际法原则的具体运用。除非东道国法律另有规定或其政府明确表示同意，受到东道国侵害的外国私人投资者在未用尽东道国法律对其适用的所有救济手段之前，不可以将其与东道国政府之间的争议直接提交国际解决，其本国政府也不得行使外交保护权追究东道国的国际责任。1959 年国际法院在国际工商业投资案中明确宣示："在可以提起国际程序之前必须首先用尽当地救济的规则，是一项公认的习惯国际法原则。"⑤ 其中，"用尽"是指必须使用完当地所有可适用的司法的和行政的救济程序，包括上

① 国内教材中一般认为当地救济是指在东道国的司法机构或行政机构中依据东道国的程序法和实体法解决投资争议。笔者认为由于投资争议属于涉外民商事关系，其解决所依据的法律不一定是东道国的实体法，而是按照东道国冲突规范指引找到的准据法或国际统一实体法。故作如上定义。

② 王铁崖：《中华法学大辞典（国际法）》，中国检察出版社 1996 年版，第 640 页。

③ 辛柏春："国际投资争端解决中用尽当地救济原则"，载《知与行》2019 年第 5 期。

④ 姚梅镇：《比较外资法》，武汉大学出版社 1996 年版，第 960 页。

⑤ 姚梅镇：《比较外资法》，武汉大学出版社 1996 年版，第 961 页。

诉到具有终审效力的最高上诉法院。[①] 用尽当地救济既是外国投资者的权利也是其义务。

(3) 卡尔沃主义的合理要求。1868 年南美国际法学家卡尔沃在其所著《国际法理论与实践》一文中指出：主权国家基于平等原则可自由独立地享有不受任何他国干涉的权利。外国人一经进入所在国，则被当作该国国民对待，只能享有平等待遇而不能享有特权；若受损失，只能依靠当地救济。[②] 卡尔沃主义成为拉美国家及其他发展中国家制定卡尔沃条款，坚持对国际投资争议属地管辖权的重要法律依据。[③]

(4) 自然资源永久主权原则的应有之义。《各国经济权利与义务宪章》确立的自然资源永久主权原则包括国家有管理外国投资和监管跨国公司的权利，有对外国人财产实行国有化的权利，有依照本国法律在本国法院处理投资争议的权利。《经济各国权利与义务宪章》承认东道国法庭对国际投资争议享有的管辖权，是国家对自然资源享有永久主权的一个重要内容，对维护永久主权的行使具有重要作用。

(三) 用尽当地救济的发展趋势

虽然东道国当地救济有充分的法理依据，发展中国家也倾向于优先适用该方法，但实践中外国投资者往往不信任东道国当地的法律制度及其司法公正性，因此往往不愿意采用当地救济的方法解决投资争议。原因是基于对东道国法院和东道国法律公正性的质疑。法院毕竟是国家机器，很难做到司法独立，审判会受到行政干涉或法官对国家忠诚感的左右。东道国法律可能与保护投资者权利的国际法规则相违背。在有些国家，投资条约甚至不属于国内法渊源。国内法院有时可能成为侵犯投资者权利的“帮凶”。[④]

用尽当地救济原则在现代双边投资协定中被逐渐淡化，ICSID 条约不再坚持将用尽当地救济作为同意 ICSID 管辖的条件，拉美国家也放弃了对卡尔沃主义的坚持。种种迹象表明，用尽当地救济一度陷入“名存实亡”的边缘。21 世纪以来，出于对国际投资仲裁体制的不信任和批评，一些国家又开始考虑用尽当地救济规则的适用，例如印度 2015 年 BITs 范本甚至将用尽当地救济作为投资者提起投资仲裁的强制前置程序。用尽当地救济规则似乎出

---

① Electricity company of Sofia and Bulgaria Case，A/B，No77，p. 64.

② 姚梅镇：《国际投资法》，武汉大学出版社 1985 年版，第 312 页。

③ 余劲松主编：《国际投资法》，法律出版社 2003 年版，第 312 页。

④ Saipem v Bangladesh，Award，30 June 2009. 转引自［德］鲁道夫·多尔查、［奥］克里斯托弗编：《国际投资法原则》，祁欢、施进译，中国政法大学出版社 2014 年版，第 247 页。

现了“复活”的趋势。

二、投资母国对国际投资争议的管辖权

（一）法律方法——外国法院诉讼

外国法院诉讼是指在东道国以外的国家，包括外国私人投资者本国或任何第三国法院，通过诉讼解决争议的方法。① 通常是投资母国通过长臂管辖实现的。

实践中，主要有追索诉讼和反托拉斯诉讼两种。追索诉讼（所有权无效诉讼）是指投资者以东道国的国有化行为违反国际法或违反法院所在地公共秩序因而无效为由，对东道国实施国有化的财产或其他财产主张自己的权利而进行的一种对物诉讼或针对被实施国有化财产的实际持有人发起的对人诉讼。反托拉斯诉讼是指原告控告与其有竞争关系的公司为摧毁其经营，与东道国共谋并唆使东道国对其财产进行国有化或对其采取其他不利的措施，从而构成违反本国反托拉斯法的行为，并在其本国法院提起的诉讼。

外国法院诉讼虽然是外国投资者愿意采纳的一种投资争议解决方法，但多数情况下（处于大型金融机构规则体系下的贷款合同例外），投资者母国或第三国法院对发生在东道国的投资争端没有属地管辖权。而且无论是追索诉讼还是反托拉斯诉讼，在实践中都可能遇到诸如国家主权豁免、国家行为学说、外国主权强制等种种强有力的抗辩。② 如果东道国奉行绝对豁免，则无论哪种国家行为都在豁免之列。即使是针对奉行限制豁免的东道国的诉讼依然很难胜诉。依据国家行为学说，一国法院不得审查别国在其境内官方行为的合法性。此外，不可诉性、政治问题及争端与本国法律的无关性都会妨碍一国法院受理、审判东道国作为被告的案件。③

彼时，东道国享有的属地管辖权和母国享有的属人管辖权之间会发生冲突。如果东道国采取报复措施，扣押母国财产，会导致商事争议政治化，引发两国政治争端，恶化国际投资环境。

（二）政治方法——外交保护

国家有权保护其臣民是一项国际法的基本原则。最早在 18 世纪中叶就得到

① 刘笋：《国际投资保护的国际法制》，法律出版社 2002 年版，第 222 页。

② 刘笋：《国际投资保护的国际法制》，法律出版社 2002 年版，第 223 页。

③ ［德］鲁道夫·多尔查、［奥］克里斯托弗编：《国际投资法原则》，祁欢、施进译，中国政法大学出版社 2014 年版，第 248 页。

诸如 Vattel 等法学家的承认。[①] 依据国际习惯法，外国投资者可以享受国际法上的国际最低待遇标准而获得保护。一旦东道国违反国际最低待遇标准，而受害人无法通过正常的渠道获得满意的救济，则母国就有权为保护其本国国民出面干预，通过接手自己国民的案件并代表国民诉诸外交保护或国际司法程序，要求东道国支付相应的赔偿。国家实际上是在主张自己的权利。[②]

国家对其他国家负有保护他国国民的义务，被称为外交保护原则。外交保护从本质上讲是一种国际程序，是一个国家追究另一个国家没有履行彼此义务，而这种义务源自它们共同的权利与义务。

作为一种传统的国际投资争端解决方法，外交保护在当代适用的比较少，因为投资者可以通过双边投资协定和区域或多边投资协定寻求各种投资法庭的帮助。外交保护最多只能作为解决外国投资者与东道国之间国际投资争端的补充手段。[③] 投资者根据双边投资协定将东道国告上国际法庭的权利，事实上可以看作对国家实施外交保护的延伸，因为国家通过签订双边投资协定为投资者创设了这种权利。

第三节　双边投资协定的管辖权

一、BITs 规制的国际投资争端

根据主体的不同，BITs 涉及的投资争端有两种：一种是缔约双方因条约的解释或适用而产生的争议，或者缔约双方因私人直接投资活动而产生的争议。前者由国家条约义务直接产生，后者则是投资者所属国行使外交保护或代位求偿权的结果，由外国投资者与东道国投资争端转化而来。[④] 另一种是外国投资者与东道国之间的投资争议。此类争议主要涉及两个问题：（1）征收的合法性；（2）东道国向外国投资者的补偿金额。缔约双方的争议和外国投资者与东道国之间的争议因性质不同和主体地位不同，适用不同的争议解决办法和程序。

① ［尼泊尔］苏里亚·P. 苏贝迪：《国际投资法：政策与原则的协调》，张磊译，法律出版社 2015 年版，第 6 页。

② PCIJ Rep Series (1924) A NO 2.

③ 辛宪章：《国际投资争端解决机制研究》，东北财经大学出版社 2014 年版，第 161 页。

④ 杜新丽："中外双边投资保护协定法律问题研究"，载《政法论坛》1998 年第 3 期。

二、外国投资者与东道国之间的国际投资争议之管辖权

对于外国投资者与东道国的国际投资争议，BITs 经历了一个依据国际习惯法首先“用尽当地救济”，东道国享有优先管辖权到东道国管辖与 ICSID 仲裁管辖并存，继而依据岔路口条款实际搁置东道国管辖，近年来开始限缩 ICSID 仲裁管辖权，回归“用尽当地救济”来解决投资争议的过程。BITs 下管辖权就像钟摆一样，在东道国管辖权与国际投资仲裁管辖权之间摇摆，影响因素包括但不限于：母国与东道国的力量对比，发展中国家与发达国家的力量对比，国际投资自由化的影响，新自由主义国际投资法律机制的变迁等。

20 世纪 60 年代中期以后，伴随着发展中国家国有化的浪潮，投资者与东道国的国际投资争议才成为投资者海外投资风险的主要来源。自 1969 年意大利与乍得共和国签订双边投资协定起，BITs 开始规定投资者——东道国投资争议解决机制。[①] 目前可以采用协商、外交途径、用尽当地救济、外国法院诉讼或国际投资仲裁的方式解决。相应的管辖权是东道国管辖权、母国管辖权、国际投资仲裁管辖权。

（一）“用尽当地救济”前置

20 世纪 80 年代以前的双边投资条约中，遵循传统国际习惯法，外国投资者承担“用尽当地救济”的义务，彼时东道国享有对国际投资争议的裁判管辖权。外国投资者只有在东道国诉请行政或司法救济后，或只有在当地救济对外国投资者不公平的情况下，方能采用仲裁方式解决投资争议。作为投资争议国际解决的前置条件，“用尽当地救济”，不仅得到了广大国际法学家的普遍赞同，还得到了各国实践、国际判例以及国际组织的肯定和支持。[②] 但发达国家与发展中国家对其接受程度有所差异。发达国家及其投资者不相信东道国的当地救济，更倾向于采用外国法院诉讼、外交保护、国际仲裁等方法解决国际投资争议。发展中国家则普遍倾向于首先适用东道国当地救济解决国际投资争议。

（二）“用尽当地救济”与“中心仲裁管辖”并存

20 世纪 80 年代后期，随着越来越多的发展中国家加入 ICSID，发展中国家在对外签订的 BITs 中，普遍认可外国投资者在用尽当地救济之后，可将投资者与东道国之间的争议提交 ICSID 或其他国际仲裁机制解决。自“中心”运转以

---

① Rudolf Dolzer & Christoph Schreuer, *Principles of International Investment Law*, Oxford: Oxford University Press, 2012, p. 7.

② 乔慧娟：“试析中国签订 BITs 中的东道国与投资者争端解决条款”，载《商业时代》2012 年第 5 期。

来，在 BITs 中载入“中心”条款成为普遍的趋势。虽然有些 BITs 仍将用尽当地救济作为接受投资仲裁的条件，但数量相当稀少，而且貌似过于陈旧。[①] 也有部分条约中仍包含当地救济但通常附加其他条件，要求履行一段时间的国内救济才能发起投资仲裁。[②]

（三）“用尽当地救济”被搁置、架空甚至抛弃

近几十年来，各国之间缔结的双边投资条约中，“用尽当地救济原则”的适用更多的是自由放任，不再明确要求必须坚持，而是允许由私人投资者选择适用，实际上搁置了“用尽当地救济”优先适用原则。此类条款称为“岔路口条款”，即由私人投资者选择是适用东道国国内救济还是进行国际仲裁，选择一旦作出就不能更改。美国在其所参与缔结的 BITs 中几乎都引入了投资者—国家争端解决的条款，甚至提供给投资者单边直接提交国际仲裁的权利，并且还在不断地影响其他国家之间的 BITs 相关条款的制定。

救济方式多样性下的投资者选择机制不可避免地导致对当地救济方式的间接回避。最惠国待遇条款的滥用，是对当地救济规则的“暗度陈仓”。利用“最惠国待遇条款”以避开东道国国内管辖的做法，直接导致当地救济规则被架空。更有甚者，部分条约甚至直接将国际投资仲裁规定为解决投资者与东道国之间投资争议的唯一途径，彻底将用尽当地救济规则抛弃，[③] 此类协定如 2005 年美国——乌拉圭 BITs、2002 年韩国——日本 BITs 和《跨太平洋伙伴关系协定》。据统计 20 世纪 90 年代签订的 409 个 BITs 中，只有 5 个规定了“当地救济”要求；在其余的 B1Ts 中，有 20 个明确排除了“当地救济”要求；默示放弃的有 345 个，从而为投资者提供了更多的自主选择权。[④]

（四）“用尽当地救济”的回归

然而，高度的自由化带来的并不都是好处，发达国家自己也品尝到了赋予投资者单边提起国际解决的恶果。诸如针对国家的诉讼大幅增加，国家赔偿的风险增大，国内投资者的不满、仲裁裁决的任意性和不一致性以及国家主权受到侵害等。为此，立法者开始“亡羊补牢”，修订新的 BITs 范本，逐渐收回相关管辖权，完善投资者—国家争端解决机制。例如美国在其 2004 年 BITs 范本和新近签署的 FTA 中采取措施限制投资者的“骚扰性申诉”，增加仲裁适用的

---

① C. Schreuer, The ICSID Convention : A Commentary, Cambridge University Press, 2001, p. 392.

② 阿根廷和德国 BIT 第 10 条。

③ 倪小璐：“投资者——东道国争端解决机制中用尽当地救济规则的衰亡与复活”，载《国际经贸探索》2018 年第 1 期。

④ 刘嘉懿：“国际投资自由化背景下双边投资条约的新发展”，载《青年科学》2009 年第 9 期。

准据法中的国内法内容，限制仲裁的自由裁量权，并尝试在投资协定中制定投资争端解决的上诉条款等措施，提高对东道国的保护，实现了一定程度的主权回归和自我保护。印度的做法最能体现用尽当地救济原则的回归。印度2015年BITs范本第15条规定，投资者在与东道国因投资事项发生纠纷时，必须首先将争端提交至当地法院，且应当用尽当地救济，该期限从投资者最初知悉争议措施之日起至少5年。这表明用尽当地救济构成了投资者向国际投资仲裁机构提交仲裁申请的强制前置程序。

三、缔约国之间的国际投资争端之管辖权

20世纪60年代中期之前的BITs只规定了国家之间的争端解决机制，并没有规定第二类争端即东道国与外国投资者之间的国际投资争议如何解决。①

缔约国之间的投资争端包括缔约双方因为协定的解释和适用引起的条约争端以及因BITs中代位条款导致的代位求偿权争议，后者在严格意义上不属于国家间争端，但东道国极有可能因母国行使本国投资者的代位权而在司法或仲裁程序中对峙。②

这类国际投资争端属于两个国际法主体之间的争端，通常适用国际法上的外交途径、国际仲裁和国际法院裁决等解决方法。(1) 外交途径不涉及管辖权问题。(2) 国际仲裁。实践中，BITs中缔约方真正援引仲裁程序解决双方间有关条约的解释和适用问题争端的事例并不多见。仅有意大利与古巴两国通过组成专设仲裁庭解决双方在投资条约适用上的分歧，该仲裁庭于2005年3月15日正式作出了临时裁决。③ 另一个著名的案件是厄瓜多尔于2011年6月发起针对美国的国家间诉讼。通过诉讼，厄瓜多尔试图推翻其与美国的双边投资协定中一项特别条款的解释。④ (3) 诉诸国际法院。国际法院管辖的案件要求争端方必须是联合国会员国、《国际法院规约》的当事国，或者预先向国际法院书记处交存一份声明，表明愿意接受国际法院管辖，保证执行法院裁决及履行其他相关义务的国家。国际法院的判决属于一审终审，判决一经作出即对争端当事国产生法律约束力。争端方如有不服，可以提起申诉，但不能提起上诉。

21世纪以来，再次出现了双边投资协定只规定了缔约国之间的投资争端解决，而没有规定投资者/国家争议解决机制的范例。如2004年美国——澳

① 李小霞："双边投资条约的发展新趋势及中国对策探析"，载《经济问题》2010年第3期。

② See UNCTC. *Bilateral Investment Treatise*, London: Graham & Trotman 1988, p. 94.

③ 银红武：《中国双边投资条约的演进》，中国政法大学出版社2017年版，第264页。

④ 资料来源：UNCTAD, World Investment Report 2016。

大利亚 FTA 的投资章节中，只规定了国家间投资争端解决机制。这意味着投资者个人与东道国之间的投资争议如果不能在东道国国内层面通过寻求当地救济的手段获得解决，则可能需要借由国家间的机制来进行处理。这种争端解决机制类似于一般国际法上的外交保护。

第四节　区域投资协定的管辖权

一、NAFTA 投资争端解决机制中的管辖权

NAFTA 的区域经济一体化模式是南北合作型的以硬法机制为主的模式。NAFTA 争端解决机制的独到之处在于法律的解决方法和政治的解决方法相结合，私人主体的参与，开放式的（没有确立一套新的程序规则，也没有建立类似欧洲法院一样的争端解决机构，而是将投资争端引导到借助其他仲裁规则的轨道），分散型的争端解决机制。NAFTA 投资争端解决机制分别规定在第 11 章 B 部分（投资者—国家争端解决机制）和第 20 章（一般性缔约国之间争端解决机制）。其中，赋予外国投资者直接提起国际仲裁权力的投资者—国家争端解决机制是 NAFTA 最具创造性的一项贡献。

第 11 章投资者—国家争端解决机制，首先是政治方式和法律方式混合，尤以仲裁方式为主，同时强调首先通过磋商或谈判解决争端。如果谈判不能解决争端，经投资者书面同意，可以根据 NAFTA 第 11 章 B 节的规定对东道国（另一缔约国）提起仲裁。

投资者的定义，扩大到缔约国经济活动参与者这个非常广泛的层面。投资者应该是一缔约国的国民，或者是该缔约国以投资者身份行事的国有企业，或者是基于该缔约国法律组建的企业，以及位于另一缔约国领土上由缔约一方的投资者直接或间接所有或控制的另一缔约国之法人企业。NAFTA 将投资者和投资者所有或控制的企业加以区分，主要是为了确保小股东或拥有少数股权的投资者也可以在其认为利益受到损害时自行诉诸仲裁程序，而不必依赖大股东的决定，更有利于保护投资者的利益。① 投资的定义已经大大超出传统意义上的投资，扩展至间接投资。

投资者—国家仲裁程序启动的具体条件如下：（1）投资者须因东道国违反

① 王贵国：《国际投资法》，法律出版社 2008 年版，第 400 页。

第11章A节和第1503条（2）、1502（3）的条约义务遭受投资损失[①]；（2）投资者在提起仲裁之前，应首先寻求谈判和协商的方法解决争端；（3）投资者在提出仲裁请求前至少90日通知东道国其将争端提交仲裁的意图；（4）在造成损害的事件发生后6个月内，提交仲裁；（5）投资者自上述违约行为发生或者首次获知违约发生的时间尚未超过3年；（6）投资者应当以书面形式同意将争端提交仲裁，并且声明放弃根据任一缔约方法律在任何一个行政法庭或法院，或者依据其他争端解决程序提起或继续进行诉讼的权利，依据争端方法律而在任何一个行政法庭或法院进行的不涉及损害赔偿的禁令救济、确权救济或其他特备救济诉讼除外。

提交仲裁的发动权属于投资者。一旦符合上述条件时，无须双方事先签订的投资协议中包含仲裁条款或订有仲裁协议，只要投资者书面同意，则投资者有权直接提交NAFTA仲裁，缔约国必须接受NAFTA管辖。

投资者有权在ICSID仲裁规则、ICSID附加便利规则和UNCITRAL仲裁规则中选择其一作为仲裁规则。与此相反，东道国政府没有提交仲裁的发动权和仲裁程序的选择权。缔约国在NAFTA生效之日就是表达了以仲裁方式解决潜在争端的一般愿望，在满足一定条件时，缔约国必须接受NAFTA管辖。

NAFTA投资者—国家仲裁程序与用尽东道国当地救济是相互排斥的机制：一方面，投资者可以将其和东道国的投资争端提交仲裁，不必用尽当地救济。另一方面，如果投资者选择了用尽当地救济，那么，不管东道国的救济方式是否公正或有效，投资者也失去了寻求国际仲裁的权利。只有依据“最惠国待遇”才有可能适用国际仲裁。

二、南方共同体争端解决机制中的管辖权

南方共同体（或称南锥体共同市场，以下简称“MERCOSUR”），是由阿根廷、巴西、巴拉圭和乌拉圭四国于1991年3月26日建立的地区性经济一体化组织，2006年吸收委内瑞拉为成员，并先后接纳智利（1996年）、玻利维亚（1997年）、秘鲁（2003年）、厄瓜多尔（2004年）和墨西哥等国为其联系国。MERCOSUR争端解决机制模仿DSB的架构，设立了从磋商到专家组裁决，层层递进的争端解决机制。根据Olivos协定书第1条第2款，对于成员方之间既属于本议定书管辖范围又可向争端当事方共同签署的WTO协议或其他区域贸易协议争端解决机构诉讼的争端，提起争端解决的一方有权选择争端解决的机构，除非双方就管辖机构达成其他协议。选定的争端解决机构的争端解决程序开始

---

① 第1503条（2）、1502（3）是有关垄断和国有企业的条款。

之后，成员方应当尊重“一事不再理”的国际习惯法，任何一方不得再将争端诉诸另一争端解决机构。①

三、欧盟争端解决机制的管辖权

欧盟建立了区域内超国家因素的司法机构——欧洲法院，采用法律手段解决区域内部争端。根据《马斯特里赫特条约》第230条的规定，“欧洲法院应当审查由欧盟议会和欧盟理事会共同制定的法令的合法性；审查由欧盟理事会、欧盟委员会、欧盟中央银行以及欧盟议会制定的旨在对第三方直接产生法律效力的法令的合法性，但对于他们所做的建议和意见除外”，欧洲法院的职责是保证EU的法律得以遵守。根据《马斯特里赫特条约》第292条的规定，欧洲法院对以成员国为被告的诉讼拥有排他管辖权，“无论是关于本条约的解释或执行，成员方都不得寻求除了欧洲法院以外的其他争端解决”，欧洲法院管辖权是排他性的强制管辖权。这种模式对成员国主权的限制较多，到目前为止，只在高度融合的欧盟得到了成功的实践。

随着《里斯本条约》的生效，对外直接投资被纳入欧盟的共同商业政策，由欧盟成员的专属权能变成了欧盟的专属权能。但条约中“对外直接投资”的界定较为模糊，可能会引发欧盟投资规则的内部和外部冲突。此外，为了应对ISDS机制遭遇到的合法性危机，欧盟在探讨国际投资协定（IIAs）改革的进程中决定推行一项新的争端解决机制——国际投资法庭制度（ICS）。欧盟委员会于2015年11月12日通过了关于设立“具有上诉机制的法庭制度”——国际投资法庭制度（ICS）的最后文案。欧盟在TTIP草案、CETA、《欧盟—越南自由贸易协定》中都采用了国际投资法庭制度。

根据草案文本，国际投资法庭在管辖权方面与传统的ISDS机制并无差别，仍体现为以双方同意为前提的协议管辖。要求提交到法庭的争端需要满足以下争端的其中一种：（a）《ICSID公约》；（b）当不适用《ICSID公约》程序条件时，满足ICSID附加便利规则（Additional Facility Rules）；（c）UNCITRAL仲裁规则；（d）争端各方同意的其他任何规则。②

ICS的运作包含了磋商和仲裁两个阶段。当投资者与东道国发生争端时，由投资者提出磋商的要求，若90天内不能达成和解，投资者可向投资法庭提出仲裁请求，主张违反条约规定的义务导致的损害赔偿或财产归还，而废除、停止或修改相关待遇被明确排除在裁决范围之外。投资者不再享有仲裁员的选任

① http://untreaty.un.org/unts/144078_158780/5/7/13152.pdf, Mar. 31. 2019.

② EU TTIP Proposal Chapter Ⅱ Section 3 Article 6. 2.

权。国际投资法庭将由15人组成，在条约生效后由条约所设立的委员会确定，其中5个来自欧盟成员国，5个来自条约缔约国，5个来自第三国。国际投资法庭的一审法官任期为6年，可以连任一次。为保证法官在换届时的正常交接工作，15名法官中的7名法官的任期为9年。在具体案件中，除双方同意由第三国法官独任审理之外，一审法庭将由3名法官组成的小组审理，按1∶1∶1来组成，并由第三国的法官作为主席。主席将会把案件在各小组之间轮流分配，以确保每个法官均有同等的审判机会，且各小组的成员组成是随机且不可预料的。一般情况下，一审法官需在争端方提交申请之日起18个月内作出“临时性裁决”（provisional award），特殊情况下可以延长审理期限。在临时裁决作出的90天内，双方可以提起上诉。上诉法庭由6名法官构成。双方国籍的法官、第三国国籍的法官各两名。[①] 上诉理由不仅涵盖ICSID项下的规定，而且还包括了对法律适用、解释的错误，以及对案件事实认识的错误。如果规定期限内未上诉或上诉被驳回，那么临时裁决最终生效，对双方均有约束力，不得再上诉、更改或撤销。上诉庭应在180天内作出裁决，最长不得超过270天。

虽然国际投资法庭包含了初审法庭和上诉法庭的两级制准常设法庭，表面上看是区别于“仲裁”制度的“法庭”制度，但草案在除大标题以外的其他文本中仍将其表述为仲裁庭（tribunal），并将裁决结果明确界定为符合《纽约公约》及《ICSID公约》相关条款定义下的“仲裁裁决”。正是基于这些因素，国际投资法庭并未彻底背弃传统的ISDS机制，其本质为“改善后的ISDS机制”。[②] 相较于传统的ISDS机制，国际投资法庭最大的创新之处在于其改变了仲裁庭成员的任命方式，建立上诉法庭，并提高了仲裁程序的透明度。[③]

欧盟有关国际投资法庭的方案回应了国际社会与欧盟内部对ISDS机制的关切，但其能否真正解决ISDS机制面临的问题和自身的一些问题，仍将拭目以待。诸如可能会加剧国际投资法的碎片化；用法庭体系颠覆之前的仲裁体系，可能会增加案件处理的时间和金钱成本；法庭可能成为更倾向国家的机构，投资者因此可能放弃采用该种方式解决投资争端；等等。[④]

---

① EU Negotiating Texts in TTIP, Investment Chapter Sub – Section 4, and Article 10.

② European Commission. Proposal for a Council Decision on the Signing of the European Union of the Comprehensive Economic and Trade Agreement between Canada of the One Part, and the European Union and Its Member States, of the Other Part (COM (2016) 444/f1) [EB/OL].

③ 吴楠：《欧盟国际投资法庭方案及其影响探究》，厦门大学2017年国际法学硕士学位论文，第9页。

④ 叶斌：“欧盟TTIP投资争端解决机制草案：挑战与前景”，载《国际法研究》2016年第6期。

第五节　多边投资协定的管辖权

一、ICSID 中心管辖权

根据《解决国家与他国国民间投资争端公约》设立的“解决投资争端国际中心”（ICSID），是具有国际法主体地位的、独立的、专门解决国家与他国国民之间投资争端的常设机构。作为世界银行的下属机构，中心可以处理具有国际行政诉讼性质的案件。中心本身并不直接承担调解和仲裁工作。而是为根据个案成立的调解委员会和仲裁庭提供便利条件，以便其开展工作。对于提交“中心”的争端，秘书长拥有初步审查权，以排除明显不属于“中心”受案范围的争端。对于“中心”管辖权的最终裁决权属于“中心”设置的专门委员会，而非任何国家的国内法院。

ICSID 规定了两种解决方法：调解和仲裁。争端当事人可以自行商定，择一采用，并分别适用《ICSID 调解规则》和《ICSID 仲裁规则》。在 SPP 诉埃及一案中，仲裁庭认为：“《ICSID 公约》任何条款规定同意中心仲裁管辖时必须明确是仲裁还是调解。只要认可中心的管辖，《ICSID 公约》及其补充文件就提供两种争端解决方式以供选择。根据《ICSID 公约》，启动程序的一方当事人享有选择权。”与调解相比，仲裁程序会产生具有约束力的裁决。实践中，ICSID 仲裁是最常被采用的争端解决方法。

1978 年，ICSID 理事会还创造了附加便利机制，提供了一套《ICSID 附加便利规则》。在争端各方接受管辖的前提下，《附加便利规则》授权秘书长管理：（1）东道国与投资者母国仅有一方是公约缔约国的投资争端；（2）解决那些不是直接产生于投资而不归中心管辖的法律争端但此种争端具备与普通商业交易相区别的特征；（3）授权 ICSID 适用一种不在公约范围内的“事实发现程序”。该程序在东道国和投资者仅仅诉诸“检查和报告事实”的请求时适用。附加便利机制之所以具有实际意义，在于它受理东道国或投资者母国有一方不是《ICSID 公约》缔约国的案件。①

《ICSID 公约》第 25 条规定：“中心的管辖适用于缔约国（或缔约国指派到中心的任何组成部分或机构）和另一缔约国国民之间直接因投资而产生的任何

① ［德］鲁道夫·多尔查、［奥］克里斯托弗编：《国际投资法原则》，祁欢、施进译，中国政法大学出版社 2014 年版，第 252 页。

法律争端，而该项争端经双方书面同意后提交给中心。当双方表示同意后不得单方面撤销其同意。”ICSID 机制在本质上仍然是以协议管辖为基础的，这也是由其仲裁机构的性质所决定的。[①] 中心管辖权首先必须建立在双方同意的基础上。而外国投资者一旦启动中心仲裁程序，中心仲裁庭便享有对该投资争端的强制管辖权。

“同意”指争端当事人双方同意提交“中心”仲裁。“同意”是 ICSID 仲裁管辖的基石。这一要件表明，“中心”管辖是自愿管辖而非强制管辖，任何缔约国加入和批准《ICSID 公约》并不代表在具体的，特定的投资争端上附有将其交付中心调解与仲裁的义务。[②] 加入《ICSID 公约》不等于愿意接受中心管辖。对于缔约国，同意仲裁，包括但不限于缔约国签署同意书的方式，或者缔约国在与外国投资者的投资协议，专门的仲裁协议，本国的国内法规（尤其是投资规则体系中的相应条款），双边投资协定以及区域投资协定中，表达同意中心仲裁的态度。这些是 ICSID 仲裁管辖的直接依据。对于私人投资者，同意仲裁，则必须作出书面的同意表示。只有投资者表示接受后，才真正确定双方同意中心仲裁。

同意的范围决定了中心管辖的范围。同意对双方均具有拘束力，任何一方不得单方面撤销同意。单方面撤销同意可能包括以下几种情况：（1）缔约国以国内立法废止其表达的统一；（2）缔约国退出其表达同意的国际公约；（3）缔约国根据《公约》第 25 条第 4 款通知中心，不再将某类争端交付仲裁。

“中心”管辖权的行使，除了双方书面同意将争端提交“中心”管辖外，还必须符合中心对人管辖权和对事管辖权。对人管辖权要求争端的一方是缔约国（或缔约国指派到中心的任何组成部分或机构），另一方是其他缔约国的国民（法人和自然人）。缔约国必须在与投资者约定提交中心管辖时，且在程序被提起时（ICSID 秘书长登记仲裁申请之时）已经正式加入公约。另一缔约国的国民包括自然人和法人。通常是私人或公司。如果国有公司或国家实体参与私人商业活动，也可被视为投资者。自然人须在两个时点（双方同意将争端提交仲裁之日和请求予以登记之日），具有除争端一方缔约国以外的另一缔约国的国籍，但在上述任意时间同时具有争端一方的缔约国国籍的自然人除外。法人包括：（1）只需在双方同意将争端提交仲裁之日，具有争端一方缔约国以外的另一缔约国国籍的任何法人；（2）在上述任何日期具有争端一方缔约国国籍的法人，而该法人因受外国（另一缔约国）控制，双方同意为本公约的目的，

---

① 龚宇：“从 ICSID 到 WTO”，载《商业经济与管理》2003 年第 3 期。

② 范剑虹编著：《国际投资法导读》，浙江大学出版社 2000 年版，第 235 页。

将其视为另一缔约国的国民。这一规定使得当地公司的外国持股者能够启动国际救济程序。

对事管辖权要求提交中心管辖的争端必须是直接因投资引起的法律争端。投资的真实存在是确立中心管辖权的一个基本条件。在公约起草的过程中，有文件清楚表明："法律争端是指权利的冲突而不是纯粹的利益冲突，道德的、政治的、经济的或纯商业的请求都不属于法律争端。"① 但公约最终未明确界定"投资"和"法律争端"。这种有意的疏忽，目的是扩大中心的管辖权，而仅仅排除明显不属于投资的商业交易。实践中，很多仲裁庭对投资进行了扩大解释，将本不属于传统投资的内容，都视为投资，几乎囊括了所有的商业交易。如果争端"涉及法律权利或义务的存在与否或范围大小，或涉及因违背法律义务而产生的赔偿的性质或范围"，那么就属于法律争端。仲裁庭在实践中，很多都拒绝了被申请人以争端具有政治或经济属性为由而否定仲裁庭管辖权的主张。②

根据《公约》第26条和第27条的规定，有效的同意还具有排他性。对于已经交付仲裁的争端，第27条规定排除了投资母国行使外交保护或国际求偿权的权利。《公约》第26条规定："除非另有规定，双方同意根据本公约交付仲裁，应视为同意排除任何其他补救方法而交付上述仲裁。缔约国可以要求用尽当地司法和行政救济办法，作为其同意根据本公约交付仲裁的一个条件。"因此，排除了东道国国内司法权。该条中"缔约国可以要求用尽当地司法和行政救济办法，作为其同意根据本公约交付仲裁的一个条件"的规定，将传统国际法中对当地救济原则的"放弃需明示和要求可默认"的适用规则改变为"要求需明示和放弃可默认"。为规避用尽当地救济原则提供了条件，对东道国的当地救济是一种偷梁换柱式的摒弃。③ 仅有部分国家如哥斯达黎加在加入公约时声明，坚持将用尽当地救济作为提起仲裁的前置程序。此外，主权国家同意仲裁，是否意味着放弃了管辖豁免权呢？回答是肯定的。④ 首先，国家可以通过自身行为放弃豁免权；其次，在国家成为某一仲裁协议当事人时，是不享有豁免权的；⑤ 最后，在中心拥有强制管辖权的情况下，东道国同意提交中心仲裁就意味着中心仲裁庭有权审理与在其他情况下享有管辖豁免的国家有关的投资争端。

---

① 辛宪章：《国际投资争端解决机制研究》，东北财经大学出版社2014年版，第155页。

② ［德］鲁道夫·多尔查、［奥］克里斯托弗编：《国际投资法原则》，祁欢、施进译，中国政法大学出版社2014年版，第257页。

③ 王海浪："ICSID体制内用尽当地救济原则的三大挑战及对策"，载《国际经济法学刊》2006年第13卷第3期。

④ 辛宪章：《国际投资争端解决机制研究》，东北财经大学出版社2014年版，第136页。

⑤ 于喜富：《国际商事仲裁的司法监督与协助》，知识产权出版社2006年版，第248页。

20 世纪 90 年代之前，ISDS 案件数量极其有限。到了 20 世纪 90 年代之后，由于各类投资规则普遍签订了“中心条款”——东道国单方面表示同意提交 ICSID 仲裁，ICSID 作用凸显出来。目前全球有超过 3000 种经济协定中包含 ISDS 条款，在双边投资协定中，ISDS 机制更是十分普遍。截至 2016 年 1 月 1 日，公开的 ISDS 案件总数达到 696 项。至此，107 个国家成为一个或多个 ISDS 案件中的被诉方。① 在众多 ISDS 案件中，由 ICSID 中心仲裁的占绝大多数。《2019 年 ICSID 年度报告》指出，上一年度新立案 55 件。其中，依据 ICSID 公约受理的案件 49 件，依据 ICSID 附加便利规则受理的案件 6 件。这是 ICSID 继 2012 年、2015 年、2017 年之后第四个立案件数超过 50 件的年份，且超过了 2017 年的 53 件，再创历史新高。而 ICSID 迄今受理的案件累计达 705 件。②

然而，晚近大量偏向投资者利益的中心仲裁裁决的公布，使得中心仲裁深陷合法性危机之中，即现有的机制使得东道国面临着额外的法律和债务风险，而这些风险通常在订立国际投资协定时是不可预见的，且在一定情况下会造成对私人财产的明确侵权，使得东道国在外国直接投资方面事实上获取不到任何利益。在争端解决时给予外国投资者相较于本国投资者更多的权利，可能会造成政府的“规制寒颤”，影响其合法决策，导致仲裁裁决不一致，并在确保仲裁裁决透明度、选择独立仲裁员和保证程序正当方面有所欠缺。③ 巴西、印度、南非等金砖国家都在新的 BITs 中脱离现有 ISDS 机制。一些拉美国家如玻利维亚、厄瓜多尔和委内瑞拉采取更为激进的行动，分别于 2007 年、2009 年和 2012 年声明退出《ICSID 公约》，阻断外国投资者利用 ICSID 仲裁方式寻求投资保护的企图。“用尽当地救济”呈现复活态势。

针对国际投资仲裁机制透明度的改革，一个重要成果是《联合国投资者与国家间基于条约仲裁透明度公约》的正式生效。透明度规则的国际公约形式将国际投资仲裁的透明度规则提升到了更高的层面，有助于建立公平高效解决国际投资争端的协调法律框架，提高透明度，加强问责制，促进善治。④

---

① UNCTAD：《2016 年世界投资报告（中译本）》，冼国明等译，南开大学出版社 2016 年版，第 119 页。

② “ICSID 2018 年新立案 55 件，再创新高”，https：//www. sohu. com/a/285842904_ 120052138，2019 年 1 月 1 日访问。

③ UNCTAD. Reform of Investor – State Dispute Settlement：In Search of a Roadmap ［EB/OL］.

④ “UNCITRAL 透明度公约生效意义重大”，载《武大国经法评论》2018 – 09 – 03，https：//www. 360kuai. com/pc/949a6c057f277c3a9？cota = 4&kuai _ so = 1&tj _ url = so _ rec&sign = 360 _ 57c3bbd1&refer_ scene = so_ 1，2019 年 11 月 11 日访问。

二、MIGA 的管辖权

作为与《ICSID 公约》并列的，目前仅有的两个专门解决国际投资问题的多边公约——《多边投资担保机构公约》（MIGA），其主要目的虽然是通过承保非商业风险和其他投资促进业务来鼓励生产性投资。但 MIGA 的介入，避免或减少了投资者与东道国之间的正面冲突，也在一定程度上排除了投资者母国与东道国发生投资争端的可能性，起到了一种缓冲器的作用。①

MIGA 具有管辖权的国际投资争端主要有四种：（1）成员国与 MIGA 之间或成员国之间关于解释和施行公约的争端；（2）MIGA 与另一方当事人之间的担保或分保合同争端；（3）MIGA 作为投保人的代位权人与成员国之间基于代位求偿的争端；（4）MIGA 与成员国或前成员国之间的其他争端。可见，MIGA 并未直接规定如何解决投资者和东道国的投资争端。但 MIGA 以代位求偿制度为枢纽，通过间接的方式，将投资者与东道国的投资争端分解为背对背的争端（投资者与 MIGA 之间和 MIGA 与东道国之间），由具有独立地位的 MIGA 作为中介，缓和了两者之间的紧张气氛，形成了独特的投资者—国家投资争端解决机制，最终达到促进投资的目的。

MIGA 为资本输入国和输出国开拓了一个新的合作领域，为国际投资活动提供了一个新的磋商场所。一方面，MIGA 公约对发展中国家的外资管辖权给予了应有的尊重，体现在：MIGA 担保的投资必须经东道国批准；MIGA 只承保有利于东道国经济发展的投资项目；MIGA 不担保不符合东道国法律和法规的投资；MIGA 不担保因为投保人认可或负有责任的东道国作为或不作为行为所造成的损失。② 另一方面，MIGA 公约也促使作为东道国的发展中国家在一定程度上主动限制自己的管辖权，表现为：东道国必须认可将国际投资仲裁而非东道国法院救济作为解决东道国与投资者之间争端的方法；东道国必须承认 MIGA 的代位求偿权；东道国必须承认在采用仲裁程序时，一并适用 MIGA 公约、可使用的国际法规则以及东道国的国内法规则，而非仅适用东道国的国内法规则；承认国际仲裁裁决对当事人和当事国的最终法律拘束力，犹如在 MIGA 公约成员国法院作出的最终裁决。③

---

① 希哈塔："作为反对外交干预和非政治化的缓冲器的 MIGA"，载《ICSID 评论——外国投资法杂志》1986 年第 1 期。

② 刘笋：《国际投资保护的国际法制》，法律出版社 2002 年版，第 216 页。

③ 陈安主编：《国际经济法学》，北京大学出版社 1994 年版，第 376 页。

三、世界贸易组织的管辖权

1995 年 1 月 1 日开始运行的 WTO 争端解决机制，是世贸组织有效运行的程序保障。《关于争端解决规则与程序的谅解》规定，除不适用条款被援引的情况外，WTO 争端解决机制在不损害特别或者另外争端解决规则与程序的前提下，适用于 WTO 协定生效后，其成员间因适用 WTO 体系所有法律文件而产生的任何争端。

WTO 的管辖权规则包括对人管辖权和对事管辖权。对人管辖权指争端解决机构（DSB）的当事方包括哪些。当事方仅包括 WTO 成员方，即国家和在对外经贸关系中享有充分自治权的单独关税区。任何非 WTO 成员之间，一国政府与另一国私法主体之间或两个私法主体之间发生的国际经贸争议均被排除在该机制之外。对事管辖权包括两类：（1）按照《关于争端解决规则与程序的谅解》附件 1 所列各项协议的磋商与争端解决条款而提出的各项争端；（2）各成员方根据成立世界贸易组织协定的各项条款，以及单独的《关于争端解决规则与程序的谅解》或其他《关于争端解决规则与程序的谅解》附件 1 所列各项协议相结合的条款，就涉及它们之间权利义务所进行的磋商与争端解决事项。WTO 管辖权具有排他性，凡是 WTO 成员方之间，涉及 WTO 各项协定事项的（包括与投资有关的四个协定）争端，WTO 拥有管辖权，不得诉诸其他方法或程序。可见，跨国公司与东道国的投资争端，只有经母国同意，才可由母国诉诸 WTO 专家组，开启 WTO 争端解决程序。

《关于争端解决规则与程序的谅解》规定，协商不再是当事各方任意选择的程序，而是开始争端解决过程的首要必经程序，并且必须在严格的时限内完成。凡争端未能在 60 日内通过当事方磋商得到解决，任何一方均可请求 DSB 设立专家组，以进入司法程序，除非协商一致决定不设立专家组，DSB 在接到请求后必须设立专家组。这种“反向一致”的专家组“准自动”设立机制，不仅是对有关当事方的制约措施，更是在事实上赋予了 WTO 争端解决机构对成员之间国际贸易和投资争端案件的强制管辖权。这种管辖不要求当事方的事前同意，也不要求用尽当地救济作为提起争端解决的前提。

在当事方对专家组报告持有异议的情况下，允许该方向 WTO 常设上诉机构（Standing Appellate，AB）提起上诉。上诉事由仅限于专家小组报告中论及的法律问题及法律解释。上诉机构的报告应自上诉决定通知 DSB 之日起 60 天内作出（特殊情况下最长不超过 90 天）。如上诉机构报告被 DSB 采纳，则当事方均应无条件接受。对复审结果不服，经 DSB 授权，申诉方还可以使用自助式的交叉报复。

WTO 争端解决机制突破了传统国际法院审判制度中不得强迫当事国接受审判的禁锢，赋予 WTO 专家组以强制管辖权，并设上诉机构作出终审判决，无疑是国际司法制度的一个重要发展。这种方法更有利于创设一个稳定、透明、中立和严格依法办事的争端解决环境。① 但由于美国持续阻挠和破坏，2019 年 12 月 11 日开始，WTO 上诉机构中法官仅剩 1 人，达不到法定人数 3 人，上诉机构正式停摆。

四、MAI 草案中的管辖权

纵观 MAI 草案的条款，虽然涵盖内容广泛，却没有特别的创新。MAI 试图通过吸纳现有模式，主要是 BITs（尤其是美国双边投资协定范本）、NAFTA 规则乃至 WTO 规则中已有的规定，以达到“高标准投资保护”条约的目标。

MAI 草案涉及的争端包括两大类：（1）缔约国与缔约国之间争端。①关于 MAI 的解释或适用的争端。②一方是否违反 MAI 义务的争端。（2）投资者与东道国之间的争端。引进“投资者—国家”程序并将其广泛适用于投资的各阶段和各方面，被视为 MAI 争端解决程序的显著特色。② MAI 争端解决机制寻求投资争端的非东道国处理、排斥东道国的国家管辖权以及投资者拥有不受东道国约束的直接发起国际仲裁的权利，体现出高度自由化的投资规则的特点。

缔约国之间解决争端的方式包括磋商、多边磋商、调解、斡旋以及仲裁（包括多数缔约方为申诉方的集体仲裁）。其中缔约国之间关于 MAI 的解释或适用的争端用磋商、斡旋和调解的方式解决。缔约国之间关于一方是否违反 MAI 义务的争端通过仲裁解决。仲裁程序的适用有两个条件：（1）如果某一缔约方的投资者已就同一争议提交仲裁的，除非被申请缔约方不履行仲裁裁决或仲裁中止或没有作出裁决，否则该缔约方不应再提起仲裁程序；（2）争端的双方如同时为另一国际组织的缔约方，则申诉方应对采用哪一个组织的争端解决机制作出选择，选择只能作出一次。

东道国和投资者之间因前者违反 MAI 义务给后者或投资带来损失或损害的争端，不能用协商/磋商解决的，可由投资者在以下三种方法中选择：提交争端缔约方的法院或行政法庭解决；根据争端产生前双方同意的争端解决程序解决；适用 ICSID 规则、ICSID 附加便利规则、UNCITRAL 仲裁规则或 ICC 仲裁规则之一进行仲裁解决（ICSID 规则是优先考虑的）。如缔约国设定了“岔路口”条款，则投资者选择其中一种方式后，不得再选择另一种方式，否则可由投资者

① 刘笋：《国际投资保护的国际法制》，法律出版社 2002 年版，第 451 页。

② 刘笋：“从 MAI 看综合性国际投资多边立法的困境和出路”，载《中国法学》2001 年第 5 期。

自由变更其选择。除非缔约国在签署MAI时正式声明，依据MAI提交仲裁解决争端是有条件的（投资者书面放弃了通过其他争端解决程序处理同一争端的权利，并撤回已经进行的程序），否则视为其“无条件同意”依据MAI提交仲裁解决争端。

各方分歧在于：（1）质疑“第三方国际仲裁的方法”。MAI谈判过程中，某些谈判方和非政府组织（NGO）对晚近出现的、诸多投资条约倡导的、运用第三方进行国际仲裁的方法来解决投资者与东道国之间的投资争端机制提出了质疑：其一，运用这种争端解决方法，外国投资者可以对东道国违反投资条约的行为提请国际仲裁，因而获得了东道国投资者无法享受的特权；其二，这种争端解决方法也会使外国投资者及其律师获取过多地操纵投资政策事项和立法过程的权利；其三，该程序不符合传统国际法的习惯与特征。国际投资实践中大多数国家处理这类争端的做法，首先是在东道国依司法途径解决。只有在遇有司法拒绝时才可诉诸国际仲裁，此即习惯国际法中的“用尽当地救济”原则。（2）常设上诉机构设立问题。有的谈判方建议，创设一个类似于WTO上诉机制的投资争端解决机制，以便国家对国家性质的争端和投资者对国家性质的争端最终都可提交一个常设上诉机构裁决。然而，多数谈判方认为上诉机制适用于前一种争端尚具备一定的可行性，适用于后一种争端则会遭遇诸多技术困难。[①]

五、ECT投资争端解决机制中的管辖权

ECT是第一个赋予投资者直接针对条约缔约国违反条约义务提请仲裁的全球性多边投资条约。[②] ECT拥有极为宽泛的管辖权，但它本身没有设立自身的争端解决机构，而是通过允许投资者选择而将程序导引到现有的投资争端仲裁机制之中。

（一）宽泛的适用范围

（1）ECT有关投资的定义极为宽泛。（2）“利益拒绝条款”适用空间极小，使得“邮箱公司”提起投资者—国家仲裁的权利很难被排除。实际上扩大了可以提起仲裁的受保护的投资者的范围。[③]（3）条约暂时适用制度的存在使得暂时适

---

① 丁伟主编：《经济全球化与中国外资立法完善》，法律出版社2004年版，第568页。

② See Thomas W. Walde, Contract claims under the Energy Character Treaty's Umbrella clauses: Original Intention versus Emerging Jurisprudence, In Investment Arbitration and the Energy Character Treaty, edited by Clarisse Ribeiro, Juris Publishing Inc., June 2006, p. 205.

③ 马迅：《〈能源宪章公约〉投资规则研究》，武汉大学出版社2019年版，第205页。

用 ECT 的国家也要受到约束，扩大了第 26 条适用的空间范围。（4）保护伞条款的适用扩展了第 26 条适用的范围。

（二）放弃了岔路口条款使得投资者拥有更多的选择权

晚近，大多数的国际投资条约都给了投资者在友好协商不能解决与东道国的投资争端时选择争端解决方式的权利。与此同时也规定了“岔路口”条款，投资者一旦选择了诉讼或其他争端解决方式，就不能再提起仲裁。而 ECT 第 26 条完全放弃了岔路口条款。

如果东道国违反了 ECT 第三部分（投资待遇、投资保护、代位求偿等）规定的义务，在友好解决的三个月内无法解决，则投资者有三种选择：（a）提交东道国的法院或行政法庭；（b）提交任何可适用的、双方当事人事先达成协议的任何争端解决程序；（c）提交 ECT 第 26 条规定的投资者—国家仲裁程序。需要特别注意的是：（1）这里并未规定投资者选择其中之一，就意味着放弃了其他解决方式，并非岔路口条款；（2）东道国当地救济只是其中的一种选择，投资者没有用尽当地救济的义务；（3）争端方式的选择权单方面属于投资者；（4）投资者可以直接提起投资者—国家仲裁程序，不需要有事先的仲裁协议。

（三）东道国的无条件同意

ECT 投资者—国家仲裁制度与其他绝大多数投资仲裁制度相比，其最大特点在于明确提出了东道国给予提交仲裁的“无条件”同意，而且这一规定是第一次出现在多边国际条约中。①

ECT 第 26 条第（3）款规定，缔约方的同意是无条件同意，只允许缔约方作出两项保留：其一，对于投资者已经将争端提交东道国的法院或行政法庭或者已经提交任何可适用的、双方当事人事先达成协议的任何争端解决程序，允许缔约国保留，不给予无条件提交投资者—国家仲裁的同意。如果缔约国作出此项保留，则投资者只能选择其中之一适用。通过这一保留，可以达到传统国际投资条约“岔路口”条款的作用。同时，缔约国必须在加入 ECT 时就此问题书面说明其政策、习惯做法和条件。其二，因 ECT 第 10 条第 1 款中的保护伞条款所引发的争端，允许缔约国保留不给予无条件提交投资者—国家仲裁的同意。

（四）没有用尽当地救济的义务

ECT 第 26 条规定，除了要求双方有三个月友好解决争议的期限之外，没有对投资者提出投资者—国家仲裁程序施加任何限制，东道国的同意仲裁是“无

① 马迅：《〈能源宪章公约〉投资规则研究》，武汉大学出版社 2019 年版，第 208 页。

条件”的。用尽当地救济只是投资者在选择投资争端解决方式的三个备选项之一，投资者没有首先用尽当地救济的义务。一旦投资者启动投资者—国家仲裁程序，则相应的投资仲裁庭就拥有了强制管辖权。

第六节　跨国公司的裁判管辖权冲突

跨国公司裁判管辖权是指对于与跨国公司有关的涉外民商事争议，哪个国家司法机构享有裁判管辖权的问题。跨国公司裁判管辖权既是跨国公司与国家关系的重要组成方面，也充分反映了因跨国公司而引起的国家之间的关系。

一、跨国公司的裁判管辖权冲突

法律上，跨国公司内部各实体依据所在国的法律创设，是相互独立的实体，受相应国家的管辖。经济上，跨国公司各实体又是在母公司控制下相互关联的整体。对于同一个涉外民商事争议，东道国和母国都有主张管辖权时，如果竞相行使必然导致管辖权的积极冲突。相反，在环境侵权案件中，在子公司无力赔偿，受害人寻求母公司赔偿时，母国法院往往依据不方便法院原则拒绝管辖，而东道国法院又无法管辖母公司，会发生消极冲突。

东道国和母国的积极冲突属于相同层次的法律制度之间的冲突，是跨国公司裁判管辖权冲突中最常见的法律冲突，属于国际民事诉讼法研究的范畴。

（一）对子公司管辖权的冲突

子公司是依据东道国的法律设立的具有独立人格的法人，应受东道国管辖。跨国公司获准进入东道国市场后的投资经营活动，将会涉及分支机构设置、人员雇佣、采购、生产、销售等诸多环节。习惯国际法赋予主权国家的属地管辖权包括东道国在外资准入和经营阶段施加履行要求的权利。但有些国家规定，国外子公司要为两个主人服务，既要服从于东道国也要服从于母公司。如德国为保证对国外子公司的控制，母公司在其与子公司的董事订立的个人合同中列入一个条款，要求后者不仅要服从所在国的法律及公司章程，而且要服从德国母公司的商业规则和指示，实际上是要子公司服从德国法律的规定。虽然这种做法符合母子公司治理结构，因为不是直接控制外国子公司也不违背国籍原则，但是如两国都主张管辖的话，则冲突不可避免。

（二）对母公司管辖权的冲突

通常情况下，基于属地或国籍原则，母公司受母国的管辖，东道国不能对其行使管辖权。但在某种特定情况下将母子公司看作单一经济体，[①] 或把子公司当作外国母公司在本国的化身或代理人，以便东道国可以对母公司实施管辖，就像将其当成子公司一样行使管辖。[②]

（三）对分公司的管辖权冲突

分公司在东道国活动，但具有母公司所在国的国籍。因此，母国可以依据国籍原则对其行使管辖权，而东道国可以依据领域原则对其行使管辖权。

二、跨国公司国家裁判管辖权冲突的特点

（一）冲突具有必然性

对于一般的国际民商事案件而言，各国的民商事管辖制度存在差异仅为管辖权冲突的产生提供了可能性，各国关于平行管辖权的规定是管辖权冲突的法律原因，而当事人的择地诉讼才是最终引发管辖权实际冲突的导火线。跨国公司国际关联的特质使得管辖权冲突“自始存在”，即使没有当事人的择地诉讼。

1. 跨国公司法律上独立性与经济上一体性的矛盾

依据国家主权原则，各国对与其相关的一切人、事物、行为等均有行使管辖和进行法律规范的权力。法律上，跨国公司内部各实体是相互独立的实体，依据所在国的法律创设，各自受所在国家的管辖。而经济上，跨国公司各实体是在母公司控制下的相互关联的整体，经营活动往往突破单一国家的界限。跨国公司为国际生产纽带，当两个或两个以上的国家基于不同的管辖依据均有理由主张管辖权时，必然引起管辖冲突。例如，瑞典法律禁止瑞典在境外的子公司直接或间接在南非投资，但在该子公司所在国的法律有不同规定的情况下，此禁令便不可能直接适用。[③]

2. 相同管辖依据的解释不同，也会引发管辖冲突

如何确定公司国籍存在不同的标准，各国基于不同标准确定跨国公司国籍，并同时行使属人管辖权，会引起管辖权冲突。

---

① C. M. Schmitthoff, The Wholly Owned and the Controlled Subsidiary, Journal of Bussiness law, 222 - 224 (1978).

② J. G. Starke, Introduction to International Law, 8th ed., Butterworths, 263 (1977).

③ 徐文超、储敏：《国际私法要论》，知识产权出版社 2004 年版，第 57 页。

3. 域外管辖权的行使增加了管辖权冲突的可能性

所谓域外管辖，是一国将其法律的适用范围或其司法和行政管辖范围扩展至该国领土以外。一般而言，各国都承认私法领域法律的域外效力（属人效力），而一国的公法仅具有域内效力。

跨国公司的国际关联使得其活动必然涉及两个或两个以上国家，相关国家基于公司职员的国籍、分公司的财产等因素，对域外实施的有害于国内的私法行为进行管辖，必然形成域外管辖。另外，跨国公司实施的跨国垄断行为给所在国造成了极大的负面影响。为了最大限度地对抗跨国垄断行为，保护国家利益，以美国为代表的国家以“效果原则”或“行为准则”为依据，力图使其证券交易法、对敌通商法及出口管理法、反托拉斯法等经济法产生域外效力，并在相应的领域得以具体实施。域外管辖权在经济法领域的扩大适用加重了跨国公司管辖权冲突的可能性。

4. 当事人的选择

双方当事人基于自身利益的考虑，选择不同的国家法院提起诉讼，使得对跨国公司的管辖权冲突从静态、虚拟的冲突最终演变成各国法院现实管辖权上的动态冲突。当事人挑选法院是管辖权冲突现实化的导火索。

5. 网络环境下管辖法院范围的扩大

网络时代跨国公司的去母国化、组织结构上的扁平化和战略联盟的扩展使得利益主体和联接因素多元化，扩大了可行使管辖权的法院范围，增加了管辖权冲突的可能性。

（二）裁判管辖权与法律适用联系紧密

传统国际私法中，管辖权冲突与法律适用是两个不同的问题。管辖权冲突是指各国司法机关审理涉外民商事案件的权限之争，而法律适用是指法院在审理国际私法案件时，具体选择什么实体法作为判决依据的问题。一国法院或其他主管机关有管辖权并不意味着该国的实体法被适用。除了程序问题直接适用法院地法之外，法律适用一般需要通过冲突规范的指引，结合具体案件事实加以确定，可能指向内国法也可能指向外国法。可见，法律适用是实体法的冲突，往往与管辖权冲突相分离。

跨国公司使管辖权冲突与法律适用紧密联结起来。[①] 究其原因在于：（1）公司属地性的传统理念促成了管辖权与法律适用的结合。[②] 公司因其管理中心的稳定性和属地性，理所应当地接受属地法院的管辖，公司内部问题的法律适用

① 李金泽：《跨国公司与法律冲突》，武汉大学出版社2001年版，第89页。

② 李金泽：《跨国公司与法律冲突》，武汉大学出版社2001年版，第90页。

也应受属地法的支配。(2) 域外管辖权的行使一般都是基于涉及一国重大利益的事项。在行使域外管辖之后，法院地国一般都适用本国法律来保护该重大利益。管辖权与法律适用紧密地联系在一起了。(3) 各国立法很少对跨国公司的管辖权和法律适用作出明文规定。这种立法缺失为有管辖权的法院，在外国法无法查明时，直接适用法院地法提供了先天条件。

(三) 域外管辖问题突出

跨国公司内部各实体之间的关联行为为其进行法律规避创造了条件，母国和东道国为了最大限度地对抗跨国公司的法律规避，都渴望延伸本国的管辖权，相向的立法和司法理念在跨国公司行为的连接作用下出现碰撞和冲突。[①] 这种一国将其法律的适用范围或其司法和行政管辖范围扩展至该国领土以外的行为就是"域外管辖权"。一般而言，一国主要基于如下原则行使对跨国公司的域外管辖。

1. 客观领域原则和效果原则

客观领域原则是属地原则的法律延伸，是指特定国家对于始于别国领土的，完成或实现于本国领土内，或严重伤害了本国社会经济秩序的行为行使领土管辖权。1927 年国际法院受理的"荷花号案"确立了客观领域原则：如果在一国境外的行为的直接结果对该国产生了有害的影响，而且该行为人进入该国领域内，该国才可以行使管辖权。

效果原则是客观领域原则的延伸。效果原则是指即使某事项发生在一国领土范围以外，但如果该事项的效果实际或有意及于其领土范围以内，则这些国家亦有权据此主张管辖权。[②] 美国法院在 1945 年的"阿尔科"案中正式确立了"效果原则"，并在《美国对外关系法重述》(第三版)"管辖权与判决"的第四部分中界定了效果原则，全面规定了域外管辖权的问题。这种以"效果原则"或"行为准则"为依据，使一国的证券交易法、对敌通商法及出口管理法、反托拉斯法等经济法产生域外效力的行为，不可避免地与其他国家的管辖权发生冲突，甚至造成对他国主权的侵犯。实践中经常遭遇到其他国家的抵制。

2. 国籍管辖原则

国籍管辖原则是指国家有权对一切具有本国国籍的人实行管辖，而不问其居住在国内或国外，也称为属人管辖。属人管辖是传统域外管辖的重要依据。

---

① 程宗璋："论跨国公司的国际关联对法律冲突的影响"，载《新疆大学学报（社会科学版）》2001 年第 6 期。

② Restatement of the Law, Third, The Foreign Relations Law of the United States, 1987, §402 (1) (c).

实践中通常有以下情形：其一，母国对子公司的重要管理人员（多为母国国籍）行使国籍管辖，可间接实现对子公司的域外管辖。但这类管辖往往仅限于执行管辖，不会反映到裁判管辖上来。其二，母国对国外分公司、代表处行使国籍管辖。其三，通过将公司国籍标准灵活化，把依外国法及本国通行做法应归为外国子公司的公司，视为具有本国国籍的公司，从而行使域外管辖权，这在司法实践中时有发生。①

3. 资产关联原则

跨国公司的国际关联多体现为母子公司之间的资产关联。资产关联成为行使域外管辖权的重要依据之一。实践中，各国通过企业法则、揭开公司面纱原则、另一个自我原则和代理人理论来实现管辖权。

（1）“企业法则”认为若一个企业是由多个公司组合而成的整体，企业整体责任应由各个组成部分共同分担。“企业法则”承认公司集团是一种独特的商业团体形式，为演进出一种超越有限责任公司的范例开辟了道路。但这一原则尚未被人们普遍接受。（2）“揭开公司面纱原则”（也称“直索责任”或者公司人格否认制度），是指为了保护公司债权人利益和社会公共利益，在股东滥用法人独立人格和股东有限责任时，可以否认公司的独立人格，而把它们当作一个实体，对之行使管辖权。司法实践中，法官如果认为母公司与子公司之间发生了“人格混同”，法院可以依据母子公司之间的资产关联对子公司行使管辖权。人格混同具体表现为：①有控制权的股东对子公司进行不公正的管理，它们之间进行的业务活动，收益归于有控制权的股东，损失则由子公司承担；②子公司实际上是母公司的一个组成部分，如办事处、某部门等，而非真正的独立法人；③子公司根本没有具备独立法人资格的必要程序；④子公司与母公司从事本质上相同的业务，而且子公司营业资金完全由母公司控制且未充足注资；⑤子公司与母公司在财务和业务上具有不可分割性，未明确划清界限，是严格意义上的同一体。1972 年欧洲经济共同体对“美国大陆罐头包装公司案”就是典型的一例。此外，国际法院的“巴塞罗那公司案”也适用了“揭开面纱原则”。（3）“另一个自我原则”的典型案例有（Cannon Manufacturing Company v. Cudahy Packing Company）和（Hargrave v. Fibreboard Corp.）。前一个判例主张只有在母公司完全无视子公司形式时才可以行使管辖权。后一个判例主张当母子公司之间的关系密切到足以表明母公司的行为是通过子公司来实现时，才可以行使管辖权。② 由于判断“另一个自我”的标准尚未统一，使得该原则的

① 李金泽：《跨国公司与法律冲突》，武汉大学出版社 2001 年版，第 97 页。

② 李金泽：《跨国公司与法律冲突》，武汉大学出版社 2001 年版，第 107—108 页。

操作尚具有不确定性。(4)“代理人理论”认为一个外国公司可因其在法院地通过子公司从事系统而连续的商业活动，受到法院地的管辖。该子公司实际上是外国公司的代理人。

4. 非资产关联原则

实践中很多跨国公司成员间因合同或事实关联，此时法院可将其视为合伙关系，要求每个成员分担整个公司的部分责任。这一原则的典型案例是“Touche Ross and Company v. Bank Intercontinental Limited”案。

三、跨国公司裁判管辖权冲突的解决

首先，遵循“属地优先原则”。领域管辖是国际法传统上最重要的管辖原则。英国学者施米托夫认为，依国际法，母国和东道国的利益无论何时发生冲突，后者必须优先，这是一个原则。[①] 在对待跨国公司的管辖问题上，各国应首先遵循行为完成地国家管辖权优先的原则。坚持属地原则优先，能够明显突出公司与法院所属国之间的实际联系，符合最密切联系原则的精神。1968 年《布鲁塞尔关于民商事案件管辖权及判决执行的公约》第 2 条、1988 年《关于民商案件管辖权及判决执行的卢加诺公约》第 2 条都采用了这一原则。

其次，遵循有限度的“域外管辖”原则。对跨国公司引发的垄断问题以及内部交易、母子公司的责任承担问题等法律规避行为，如果一国单纯地坚持属地原则，可能为跨国公司逃避相关国家法律管辖提供机会。因此，一定程度上接纳域外管辖是必然的，但域外管辖权的行使必须有限度。国际法院认为：“在处理涉及外国因素的案件中，应将适度和克制作为法院行使管辖权的限度，并且避免对属于其他国家行使的更为适当或者更适宜的管辖权的不当侵犯。”[②]

最后，遵循“礼让”原则。以礼让、公平和冲突法为基础来对自己的管辖权作出自我限制。在处理跨国公司平行管辖权所带来的冲突方面，礼让原则是一项传统的“黄金法则”，具有十分重要的地位和意义。[③]

尽管完全避免跨国公司裁判管辖权冲突是无法实现的，但通过上述原则的实践完全可以在一定程度上减轻跨国公司裁判管辖权的冲突。实践中，可以通过国家单边限制域外管辖权的方法、双边和多边国际条约的方法来协调跨国公司裁判管辖权冲突。

---

① 李群：“国家对跨国公司的管辖冲突及解决”，http：//www. legalinfo. gov. cn/index/content/2010 -08/13/content_ 2240465. htm? node =7879。

② Stone Peter, *Civil Jurisdiction and Judgments in Europe*, Longman, 1998, p. 73.

③ Harold G. Maier, Extraterritorial Jurisdiction and the Cuban Democracy Act, 8 Fla. J. Int'l L. 1993, p. 391.

第十章

跨国公司管辖机制

第一节　跨国公司国家管辖权

一、国家管辖机制的必要性

首先，国家管辖机制是有效的，政府本身拥有发展的视野，能够在不同目标之间进行权衡，并能够设计、监督和实施各项政策，以克服市场失灵，保障市场有效运作。在与跨国公司相关的限制性商业惯例、转移定价与税收、技术转让、人员聘用、环境保护等方面，许多国家的政府采取了更加积极的行动，进一步加强国际合作，以保持对跨国公司行为的有效管辖。

其次，目标的差异使得东道国的管辖是必要的。一方面，跨国公司作为商业组织的一种形式，具有追求世界范围利润最大化的目的。而东道国却要求跨国公司的行为有助于实现其"国家"利益的最大化。追求目标的差异导致两者的冲突是不可避免的。即使在经济全球化背景下，两者的关系较之过去有明显改善，但两者在利益冲突下的管制与规避管制的基本关系没有改变。

再次，投资的单一性特征，使得跨国公司母国也会为了本国经济和政治利益对其行为进行管辖。但母国管辖并非跨国公司国内管辖的重点。

最后，东道国管辖仍是整个机制的核心所在。联合国《跨国公司行动守则（草案）》有关管辖权的条款明确指出："跨国公司的一个实体应受经营所在地国家管辖。"虽然跨国公司要接受两个国家的双重管辖，甚至国际管辖，但跨国公司的投资活动主要发生在东道国境内，只有当东道国能较好地管制跨国公司的活动，并对其合法权益予以保护时，才能有效地解决与跨国公司有关的法律问题。

二、跨国公司的国家管辖仍然存在着自身难以克服的制度性缺陷

（一）政府监管的失灵性

一般意义上，“市场”自身具有调节功能。但垄断、公共物品、外部效应、不完善的市场、经济周期性、视野局限、通货膨胀、通货紧缩、收入分配不公等诸多因素的影响会导致市场失灵。为了克服“市场失灵”就需要“政府之手”。根据政府在经济生活中的作用，政府之手可分为：无为之手、扶持之手和掠夺之手。根据亚当·斯密的理论，政府应当充当“守夜人”的角色，在有市场这只有效的“看不见的手”的地方，政府干预越少越好，发挥的是“无为之手”的作用；如果政府是善意的，为了增加社会福利而行为时，它发挥的是“扶持之手”的作用；但有时政府也有自身利益，并使用强制力来实现，这时政府成为“掠夺之手”，通常体现为政府失灵。

在一定意义上，政府监管是克服市场失灵的有效良药。但政府行为本身受到“人类组织——政府——人为的”规则和制度结构的影响，以及经济市场和政治市场的并存必然产生的“寻租”现象；信息的不充分；政府的低效能常态等等原因，不可避免地造成政府失灵问题。① 尤其是国家作用的“本质两难”现实②，使其成为处理政府与公司关系时最棘手的问题。政府介入造成资源无效配置的市场不乏其例，具体表现为：制度僵化、腐败问题严重、规制成本增加等情形。③“市场失灵”本身并非政府监管的充分条件，“政府失灵”反倒有可能是一种成本高昂的替代。

政府监管跨国公司存在的失灵问题主要体现为：（1）政府监管的“无效性”：由于监管的方式、层次和预期选择上的不适当，造成的监管无效。例如，东道国有时会迫使跨国公司采取一系列新的投资安排和经营结构以满足其政府要求。但事实证明，不当的投资措施伤害了跨国公司投资的初始意愿，使其要么放弃投资，要么改变经营方式规避监管。无论何种结果都会使东道国本应获得的技术、管理知识、商业经验乃至税收等收益受到损害。（2）政府监管的“过度性”。各国政府的“长臂管辖”客观上加剧了国际市场上国家层面的限制

---

① 杜文中：《界限经济与市场主体行为》，经济科学出版社2004年版，第2页。

② 这一理论最早是由政治学家巴里·温加斯特表述的：国家需要足够强大，才能具有足够的强制力去做它该做的事，即执行合同；但国家又不能过分强大，以至于它不受约束，滥用自己的强制力，任意侵犯公民的财产和权利。

③ ［美］丹尼尔·F. 史普博：《管制与市场》，余晖等译，上海三联书店、上海人民出版社1999年版，第26页。

性和不正当竞争。

即使是市场经济制度发育完全的国家——美国，它的政府监管仍然不可避免存在一定的“失灵”。美国的市场经济法律制度的基本特征是在传统的以普通法为基础的法律体系之外，还有专门的竞争政策和监管规则，对参与市场交易的所有主体（包括跨国公司）的经济行为实施监管。执行规则的方式上，既有以普通法和法庭为基础通过诉讼方式进行的事后执行方式，也有行业专门的监管机构对市场主体的行为进行事前规范的制度安排。监管机构在美国是兼具立法、行政、司法性质的政府第四个分支。一个有效运作的市场经济必须受到上述不同层次、不同领域的监管制度的约束。① 过去20年以“放松监管”为主的监管改革中，大部分行业基本取消或放松监管，经济性监管范围相对缩小，监管手段更间接，同时环保、安全等社会性监管得以加强。

（二）国家管辖的局限性

跨国公司的投资是基于其对全球利益的综合考虑，但无论是东道国还是母国对跨国公司的管辖只能局限于跨国公司投资的本国境内部分。如果一国意图行使对跨国公司的域外管辖，会招致其他国家的抵制；跨国公司已经形成全球生产、销售和资金调度的网络，其海外公司往往是生产或销售中心而不是资金调度中心，使得政府监管很难对海外公司的价格转移进行控制；跨国公司可以最大限度地利用各国和地区在自然资源、劳动力、产业、税收、金融等各方面的差异，达成资源全球优化配置和利润最大化的战略，而单一的国家管辖无法适当地处理跨国公司的国际影响。“孤立的政府监管仅仅是一根根孤立的木条，其对国际经济活动的整体监管效能取决于这些木条中最短的那一根”②。

（三）国家管辖的冲突性

跨国公司国家管辖权冲突具有必然性。第一，基于国家管辖权的领域原则和国籍原则，一国可对其领域内的财产、人和行为行使管辖权。而跨国公司具有组织和管理上的国际特质，跨国公司的行为会影响到两个或两个以上所在国国民或国家的社会经济利益。这使得两个或者两个以上的国家都可以对其行使管辖权，形成对跨国公司管辖权的积极冲突。第二，确定公司国籍的标准的不统一。各国确定公司国籍的标准或以形成公司的法律作为标准，或公司所在地的或领导办公室所在地的法律作为标准，或主要管理地或控制地的法律为标准。有关国家实行不同的公司国籍标准，而又同时要求对该公司进行管辖，则会面

---

① 高世辑：“更自由的市场、更复杂的交易、更严格的规则”，载《比较》第1辑，第106页。

② 钟伟：“跨国公司发展对国家监管的挑战”，载《科学决策》2001年第3期。

临错综复杂的法律冲突，产生多重的管辖。第三，各国同时行使的管辖权种类不同。例如，东道国对其跨国公司的投资所得基于属地管辖权征税，而母国对同一投资者的同一所得基于属人管辖权也要征税。这就产生了两个国家在税收管辖权方面的冲突。上述因素的综合作用使得跨国公司国家管辖权冲突不可避免。管辖权冲突的实质是各国在权力行使上的冲突。

国家管辖权冲突的存在，使得跨国公司经常利用注册的机会逃避一国的管辖。实践中，各国运用“方便管辖”击败或防止利用注册逃避管辖的行为。例如，美国最早确认和加强了美国司法体系跨领土管辖的先例是 Hartford Insurance Co. V. California（113S. CT. 2891）的判决。该案涉及以伦敦为基地的联合保险公司共谋限制在美国提供的某种保险，特别涉及对污染请求的限制。美国联邦最高法院在该案中确认效果原则对行为的重要性，表明领土主权的模式正在让位于基于效果而不是基于行为发生地的灵活的管辖观念。然而这种基于效果原则的“长臂管辖”的问题也很多。司法实践中，美国反托拉斯法依据效果原则所行使的域外管辖权，与其他国家的涉外民事管辖权发生严重冲突，遭到其他国家的强烈反对。许多国家（包括英国、加拿大、瑞典、挪威等国）通过保护性立法来对抗美国的效果管辖权。① 可见，单纯地依靠某一国家来管辖跨国公司都可能是冲突的和无效的。

综上所述，单一国家无法对跨国公司进行有效管制，跨国公司法律管制需要建立在国际合作的基础之上。

第二节　跨国公司国际管辖权

除了主权国家对跨国公司行使管辖权以外，国际社会也一直致力于对跨国公司及其投资行为的国际管制和协调。工具主义论认为，国际机制的概念是由四个分析成分组成的混合物：原则（对事实、因果关系以及正义的信仰）、准则（依权利和义务界定的行为标准）、规则（对行为的具体规定和禁令）及决策程序（制定和实施集体选择通行的举措）。② 现有的国际机制包含了众多双边投资协定、双边或区域自由贸易协定、其他区域投资安排和多边层次的程序性国际投资协定。这些机制共同构建了一个在没有统一的、普遍的多边投资规则

① 徐卉：《涉外民商事诉讼管辖权冲突研究》，中国政法大学出版社 2001 年版，第 243 页。

② Krasner，“Introduction,” *International Regimes*，p. 2. 转引自丽萨·马丁、贝思·西蒙斯编：《国际制度》，黄仁伟、蔡鹏鸿等译，上海人民出版社 2018 年版，第 402 页。

下的国际投资法国际规则体系，与各国国内外资法一道，形成了国际投资的法律环境。

一、双边机制析论

双边投资协定是国际投资领域最重要的国际法形式，也是目前调整两国间私人投资关系最有效的手段。双边投资协定在双边的基础上为两国创设共同权利与义务，并协调两国的国家行为。

（1）双边投资协定最大的优势在于一国可以自由选择对本国投资有重要意义的缔约伙伴，排除与自身投资关系较少的国家，节约时间和成本；（2）调整范围限于两国，能顾及双方的特殊利益，从而有可能在互利基础上谋求协调一致；（3）与区域性和多边协定相比，BITs 能够更迅速地订立，并能改善双边的经济和外交关系；（4）BITs 一定程度上反映了各国期望在一般性的国际投资协定中的利益诉求；（5）BITs 对两国均具有法律约束力，有利于东道国各项投资措施的真正落实；（6）对于资本输入国而言，签订双边协定是对外开放的信号；（7）对于外国投资者而言，BITs 可以保证投资关系的稳定，提供可供遵循的法律框架；（8）对资本输出国而言，代位权的规定是确保其海外投资保险制度效力的可靠手段。

二、双边投资协定的缺陷

（一）效力的局限性

但事物都具有两面性，BITs 最大的缺陷也源于双边性，因而其效力具有局限性。它是两个缔约国之间的特殊国际法，只能约束缔约双方，而不像一般国际法那样可以对国际社会产生普遍的约束力。正如有的西方学者指出的："事实上，BITs 在确立习惯国际法规则方面并没有作出多大贡献，它们只是有助于确立缔约国之间的某种特别的习惯。"①

（二）削弱国际经济新秩序的武器

BITs 一直是发达国家借以抵消或削弱 20 世纪 70 年代发展中国家通过联合国大会决议确立的一系列关于建立国际经济新秩序的原则和规则的有力武器。利用双边谈判的方法，发达国家可以回避发展中国家集体力量的锋芒，以便其

---

① Bernard Kishoiyian: "The Utility of Bilateral Investment Treaties in the Formulation of Customary International Law", *Northwestern Journal of International Law and Business*, 14 (1994), 374.

施展各个击破的策略。通过一个庞大的否定联大决议精神的 BITs 网的建立，从而最终确立有利于发达国家的国际投资法律秩序。①

（三）内容有限

传统的美国式双边投资保证协定主要围绕代位追偿等问题展开，基本上是国内投资担保制度的延伸。欧式双边促进与保护投资协定内容要广一些，但也只是主要涉及投资安全和投资待遇问题，主要是保证外国投资者的权利和规范东道国的义务方面，很少涉及母国及投资者的义务以及东道国的权利。发展中国家关心的跨国公司管制问题、环境保护问题、人权问题等也很少提及。

（四）缺乏统一性，谈判成本高

虽然 BITs 的核心内容大体相同，但由于缔约国经济利益的差异及谈判实力的不同，导致具体的权利义务标准参差不齐，因而无法认定它们包含着相同的内在逻辑，增加了投资者的调查成本也增加了缔约国的管理成本。BITs 已被证明存在如此多的不确定性和矛盾，在飞速缔结中存在如此多的变动和不一致，其实践在不同情形下又受到诸多的政治利益左右，很难从中洞察一些稳定的和统一的规范国际投资的习惯规则，因此不能认为形成了投资领域内的“国际习惯法”。②

对缔约国而言，双方的谈判艰苦，主要取决于各自的国家实力，而且成本高昂，由于双方利益诉求不同，常常难以达成。例如中美双边投资协定和中欧双边投资协定都已历时数年尚未达成。

另外，以扩展现有双边协定的方式为日益增长的经济全球化提供必要的法律框架，也是一种昂贵且无效的方式。理论上，投资政策协调可以通过一个大的 BITs 网络来实现，但如果世界上每两个国家都签订 BITs 的话，则这种协定的数量将超过 7000 个。③

（五）不平等性或称为义务失衡性

一方面，BITs 大多对东道国施加了义务却很少提及母国义务，母国仅有放弃外交保护的义务。由于发展中国家流向发达国家的投资比例较少，现行 BITs

---

① Andrew T. Guzman, “Why LDCs Sign Treaties That Hurt Them: Explaining the Popularity of Bilateral Investment Treaties”, *Virginia Journal of International Law*, 38 (1998), 654.

② Bernard Kishoiyian: “The Utility of Bilateral Investment Treaties in the Formulation of Customary International Law”, *Northwestern Journal of International Law and Business*, 14 (1994), 372.

③ ［美］爱德华·M. 格莱汉姆：《全球性公司与各国政府》，胡江云等译，北京出版社 2000 年版，第 99 页。

事实上是单向型的投资协定。[①] 尤其是美式 BITs 自由化程度过高，严重削弱东道国管辖权。另一方面，现行 BITs 侧重于保护投资者的利益，而忽视东道国的权力，导致公私利益严重失衡。外国投资者不是缔约当事方，因而 BITs 在为外国投资者提供法律保障的同时，一般不会对其施加除了遵循东道国法律（尤其是与人权、劳工标准和环境相关的）之外的义务。

此外，BITs 还存在诸如用语抽象、缺乏稳定性、缺乏保障性等缺陷。可见，BITs 充其量是权宜之计，其对国际投资法的影响极为有限，发达国家与发展中国家的利益冲突、东道国与外国投资者之间的利益冲突并非 BITs 能够完全协调，对跨国公司的国际管辖还须探讨更有效的方式。

三、区域机制析论

区域一体化，尤其是区域经济一体化，是进入 21 世纪以来最为炙热的话语。为实现区域整体目标，区域性国际组织根据成员国的授权拥有了一部分监管跨国公司的职能。

（一）区域机制盛行的原因

区域机制是双边机制的升级版本，符合区域一体化发展的客观要求，是迈向多边投资协定的跳板。作为双边机制的升级版，区域机制调整的范围扩大了许多，具有了更大的普遍性和统一性，在一定程度上克服了双边机制的差异性，吸收了双边机制的成功做法，为多边层面的法律调整提供了经验和范例。作为区域一体化的核心内容，不同的区域安排在协调区域内成员国的管辖权冲突，提高区域内跨国公司的竞争水平，稳定区域内市场环境，起到无可替代的作用。作为迈向多边投资协定的跳板，因为参加方较之多边机制要少，地缘接近的和文化传统相似的国家之间关系比较密切，能够更加明确地阐述彼此关心的问题。另外，其区域安排的经验，可能导致其他区域自由化，形成区域间的政策竞争，推动形成国际投资法实质性的标准。如果这些“推动”开始启动，就可以期待更多类似的协议，而由区域协定中的通常条款组成一个全球性惯例比较容易。[②] 以区域或跨区域贸易协定的方式构建跨国投资规则，逐渐成为从单个的双边投资协定迈向统一的全球投资协定的必经阶段。[③]

---

① 丁伟主编：《经济全球化与中国外资立法完善》，法律出版社 2004 年版，第 89 页。

② ［美］爱德华·M. 格莱汉姆：《全球性公司与各国政府》，胡江云等译，北京出版社 2000 年版，第 136 页。

③ 陶立峰：《美国双边投资协定研究》，法律出版社 2016 年版，第 228 页。

（二）区域机制的缺陷

但区域机制仍然不是跨国公司国际管辖的最优选择：（1）区域安排中，专门规范跨国公司行为的区域安排还甚为少见。[①] 这与跨国公司的蓬勃发展是极不相称的。（2）影响范围的局限性。在协调区域内国家的监管方面，区域安排起到了一定的作用，但因为单独的区域安排涵盖的地理范围和缔约国数量有限，有的还具有很强的排他性，存在一定的范围局限性。（3）现有的区域安排之间存在很大的差异和彼此冲突的可能性，增加了外国投资者的调查成本和守法成本，同时也增加了缔约国的管理成本和无序竞争，加深了国际投资规则体系的复杂性。（4）从某种意义上来说，区域主义是对多边主义国际法律制度的一种侵蚀。区域化部分地阻碍了全球化的进程。在一定程度上，投资多边法制的相对薄弱是区域化加强的结果。区域化实力的不断增强，会形成不同的强有力的区域利益群体，加之很多区域协定具有排他性，更加不利于国际投资的多边协调。（5）区域一体化并没有消除国家本位的保护主义思想，只是在一定程度上协调了区域内国家的步调。这种扩展了的国家界限仍然与世界经济一体化存在深刻的矛盾。它只能解决狭隘问题，而更全球性的安排可能避免此类问题（如在此协议下决定哪些实体有资格获得利益和哪些实体不能获得利益的规则，包括自由贸易区普遍存在的“原始规则”）。[②]

四、多边机制析论

（一）多边机制的必要性

1. 符合各方利益的明智选择

跨国公司对全球经济的影响越大，规制跨国公司国际规则的需求就越强烈。为了确保自身利益，主权国家和跨国公司均有实现多边机制的客观要求，从而极大地促进了国际投资的多边统一立法行动。

跨国公司的进一步发展需要统一的国际投资协定。理由在于：（1）跨国公司统一决策的需要。跨国公司由处于不同国家的经济实体构成，为了跨国公司整体利益的最大化，经营战略需要在单一的决策体制下统一和协调，但是各国法律政策的差异往往成为统一决策的障碍。因而，跨国公司希望有一种超国家的法制来解决这些问题，以保障内部机制最优化地服务于营利目标。[③]（2）统

---

① 王贵国：《国际投资法》，北京大学出版社2001年版，第281页。

② ［美］爱德华·M. 格莱汉姆：《全球性公司与各国政府》，胡江云等译，北京出版社2000年版，第133页。

③ 刘丹：“国内法律规制跨国公司的冲突及解决”，载《江苏警官学院学报》2005年第3期。

一的国际规则能够提供一个判断公司行为的标准。当母国与东道国政府的政策有冲突时，明晰的国际规则可以使跨国公司摆脱“做也不是，不做也不是”的困境。

从国家的角度来看，跨国公司的多边法制也是有益的：(1) 各国为了有效地影响跨国公司行为，并改善在与跨国公司谈判中的劣势，希望通过国家集团来实现针对跨国公司的集体的和协调的政策。公司集团形式在国际商业中扮演关键角色的事实，致使单一国家的立法机构不愿对其施加制约。如果一个法域推行一个敌视公司集团形式进行商业经营的法律机制（例如母公司对子公司的债务负责），将会影响跨国公司投资于该特定法域。针对这种情况，对策是必须在超国家层面进行立法，才能消除经济上的潜在损失。① 有些国家更是以提供宽松的法律和管理制度作为吸引和保留外资的手段。这种“降到底线”和“以邻为壑”的国家管辖方式，已为亚洲金融危机证明只会潜在地对国家经济造成损害，甚至威胁到金融系统的稳定，而当其他因素促进投资外逃时将会自食其果。(2) 经济全球化加深了各国经济的相互依赖，一国经济政策的制定对本国和其他相关国家的经济都会产生影响。母国的反对，可以导致东道国政府监管政策的失效。因此需要对各国政策进行全球协调，制定统一的游戏规则以有效处理跨国公司监管问题。

2. 弥补现有机制不足的客观要求

(1) 克服国际市场机制失灵的方法。跨国公司的全球经营要求与之相适应的健全的国际规则，而国际市场调节机制存在内在的缺陷——国际市场失灵。国内市场的固有障碍（诸如市场障碍、市场唯利性、市场盲目性与滞后性等），在国际市场上不但没有消除，反而因为各种因素（各国经济政策、管制或保护、市场垄断力量等）的制约更加明显。迫切需要新的管辖机制，借以协调各国的国家管辖，弥补市场机制固有的不足，满足经济全球化对秩序的需要。

(2) 弥补政府失灵的必要保证。政府监管本来是作为弥补市场失灵的手段运用的，但是国家行为本身受到“人类组织”——政府——“人为的”规则和制度结构的影响，因此不可避免地存在政府失灵问题。② 政府监管跨国公司的政策失灵主要体现为：首先，一国政府监管能够直接起作用的领域仅限于该国范围内的跨国公司活动，无法监管整个跨国公司的全球活动，为其逃避监管留下有利的制度空间。跨国公司的活动，超出了一国政府控制范围，各国政府越

---

① [英] David Milman：“公司集团：通向单独立法之路”，丁昌业译，载梁慧星：《民商法论丛（第 32 卷）》，法律出版社 2005 年版，第 485 页。

② 杜文中：《界限经济与市场主体行为》，经济科学出版社 2004 年版，第 2 页。

发难以贯彻一些有价值的经济活动政策。[①] 各国独立的单方管制的结果是发展中国家处于弱势地位，跨国公司可能利用这种法律冲突而谋取自身利益。实证资料进一步显示，20 世纪 80 年代以来，大型跨国公司游离于母国和东道国法律管制的倾向是明显的。[②] 其次，政府监管规则的差异性，妨碍了国际市场的形成和发展，降低了政策的可预见性，妨碍了市场机制的统一调节作用。再次，"二战"后，各国涉外经济法的大量出现，导致了"过度监管"。过度监管加剧了国家层面的限制和不正当竞争，严重阻碍了国际市场的协调发展。[③] 最后，国家在对跨国公司行使管辖权时管辖冲突不可避免。冲突的结果是监管的失效或者引发国家之间的冲突。

（3）弥补现有国际投资管辖机制不足的客观要求。国家管辖无法处理跨国公司的国际影响，双边机制通常不规定跨国公司的行为准则，区域机制的范围仅局限于区域内部，甚至是对多边主义的侵蚀。而且随着 BITs 和区域性投资协定的数量不断增多，一个国家会参加包含不同标准和准则的各种层次的国际投资协定，这既会给进行全球性经营的跨国公司带来困惑，也不利于各国政策的协调和执行。多边层面的立法或者属于软法性质或者管辖的范围有限。此外，现有国际机制重点在于协调各国管辖跨国公司的行为，推进国际投资自由化进程，对于跨国公司违法或不正当行为的管制规则迄今尚不多见。这种严重的失衡妨碍了现有跨国公司管辖规则的有效性。

3. 克服跨国公司治理超国家性的客观要求

跨国公司治理结构的超国家性，增加了跨国公司治理的难度。

（1）确定跨国公司国籍的困难。跨国公司具有经济上一体性和法律上独立性的矛盾。跨国公司本身不具有法人资格和正式的国籍，是由依据所在国国内法设立的母公司、子公司、分公司和合资企业组成的经济联合体。跨国公司国籍评判标准难以统一。英美法公司国籍的评判标准是公司组建地主义，而大陆法系国家评判标准多是管理中心主义。网络时代的到来，全球整合企业的出现更增加了判定公司国籍的现实困难。虽然构建跨国公司法的国际安排，有助于制定国际公共政策并简化这一特殊问题的法律解决程序，但将跨国公司作为一个统一整体组建的国际公司法，除了 1977 年《国际权利研讨会》中的有关讨论外，迄今没有任何突破性的进展。而且这一安排需要严格的先决条件，在可

---

① John. H. Jackson, *Law and Policy of International Economic Relations*, MIT Press, second edition, 1997, p. 1.

② 陈东：《跨公司治理中的责任承担机制》，厦门大学出版社 2003 年版，第 63 页。

③ 李仁真主编：《国际金融法》，武汉大学出版社 1999 年版，第 11 页。

以预见的将来，达成这一目标还有很大困难。确定跨国公司的国籍身份仍然是跨国公司治理机制无法回避的问题之一，迫切需要国际层面的监管合作。

（2）管制跨国公司关联交易的困难。关联交易是大股东侵害中小股东和其他利益相关者利益的重要手段，也是公司治理的重点之一。跨国公司通过国际范围的转移价格来增强竞争力，关联交易是其全球经营的常态。对此，各国已订立双边税收协定加以监管，但因公平交易原则和一系列技术问题使得转移价格问题依然严峻，需要国际社会的协调行动。

（3）管制跨国公司社会责任制度的缺失。跨国公司具有组织与内部决策体制相互关联的特征，能够在公司内部优化配置资源。从社会责任角度应将跨国公司视为一个整体，而不是单个国家内部的企业单位，需要国际社会全面监管其社会责任。目前，这一机制尚不完善。

加之，外部市场机制在国家之间存在重大差异，国际市场的不完全性导致单一国家难以形成对跨国公司有约束力的监督和管理，使其处于超然的地位。为了克服跨国公司的超国家性，需要制定跨国公司行为的国际守则，促进跨国公司良性发展，并为其提供一个稳定、可预见的多边制度框架。

（二）多边机制的缺陷

跨国公司多边管辖机制虽然是一种有效率的选择，但由于国际投资本身较之国际贸易牵涉更多国家主权，而且多边协定的制定过程中，缔约国的主权让渡较之双边和区域协定更为明显，各国根本利益不一致，代表跨国公司利益的工业化国家和作为东道国的发展中国家对国际投资问题长期以来存在严重分歧。凡此种种，使得长期以来国际社会对建立国际投资法典提出的种种方案都相继流产，始终无法达成一项统一的多边投资条约。甚至在谈判机构的选择、是否启动谈判、谈判的模式问题上也意见相左。[①] 已经达成的多边文件在范围和主题事项上都是专业性的和程序性的，体现了现行多边机制范围上的不足。[②]

就跨国公司全球管理机构的选择问题，各方的意见分歧也很严重。目前有四个方案：OECD；跨国公司间的世界直接投资组织；联合国贸易和发展委员会；世界贸易组织。但各自都有很强的质疑声。

发达国家倾向于由 OECD 担任跨国公司的全球管理机构。OECD 的优势在于它能摆脱 WTO “关于所有问题必须与贸易明确相关”的限制[③]；OECD 成员

---

① 目前尚无任何国际组织将其列入谈判议题。

② 余劲松主编：《国际经济法问题专论》，武汉大学出版社 2003 年版，第 51 页。

③ ［美］爱德华·M. 格莱汉姆：《全球性公司与各国政府》，胡江云等译，北京出版社 2000 年版，第 120 页。

经济发展水平相近，对于国际投资规则的理解理论上更容易达成一致。但作为发达国家的俱乐部，OECD 明显偏袒跨国公司的利益，缺乏对东道国管制跨国公司投资权的起码尊重。选择其作为跨国公司全球管理机构必将遭到发展中国家的反对。

跨国公司间妥协的结果是在外部产生优势互补的企业战略联盟。企业战略联盟全球化的组织结果完全可能是最终发展出跨国公司间的“世界直接投资组织”或称为“全球性直接投资组织”。基于公司自治性特征，“世界直接投资组织”作为跨国公司全球管理机构更能体现跨国公司的利益，易为跨国公司所接受。但有“工业主权”抗衡“国家权力”之嫌，必然不易为主权国家所接受。

发展中国家倾向于在联合国贸发会议的主持下进行谈判。1964 年联合国贸易和发展委员会作为联合国的常设机构成立以来，广大发展中国家作为新崛起的力量登上国际经济舞台。UNCTAD 有专门的部门长期专门研讨 FDI 和 TNC 问题，曾经起草过有关的 UN 决议，出版权威性的“跨国公司”季刊、年度“世界投资报告”、“贸易与发展报告”和“最不发达国家报告”。UNCTAD 主持谈判有一定的发展背景，容易体现发展要求。[①] 但长期以来遭到发达国家的抵制，未能充分发挥作用。

世界贸易组织作为跨国公司全球管理机构的优势在于：（1）实质性的论据在于贸易及投资政策问题是相互连接不可分开的。[②]（2）制度上的论据在于 WTO 是一个成员广泛的全球性国际经济组织，已经涵盖世界上绝大多数国家，如果投资议题被纳入该组织体制，其涵盖范围之广是任何其他组织不能企及的。实践中，乌拉圭回合谈判达成的与贸易有关的投资规则，现阶段已得到最广泛的适用。（3）关贸总协定的经验表明，在一个世界性的经济组织内部，通过部分成员签署的协议具有辐射效应。例如东京回合谈判的关于政府采购的协议，最终在乌拉圭回合扩展到整个世界贸易组织成员国。（4）乌拉圭回合的实践表明，同集中在比较狭窄领域的对话相比，更多领域对话的齐头并进更有可能成功。作为跨国公司母国的发达国家和作为东道国的发展中国家的比较优势各不相同，为了各自利益的平衡，一揽子协议的形式更易于接受。（5）世界性的投资自由化趋势影响下，不愿采纳此类投资协定的国家逐渐减少，达成一个实体性投资协定政治上具有可行性。（6）凭借 WTO 强有力的争端解决机制（包括

---

① 沈伯明：“多边投资协议谈判和发展中国家的对策”，载《国际经贸探索》1999 年第 5 期。

② ［美］爱德华.M. 格莱汉姆：《全球性公司与各国政府》，胡江云等译，北京出版社 2000 年版，第 117 页。

其中的“交叉报复”手段）可以有效地保障多边投资协定下实体权利的实现。（7）作为一个常设的多边贸易以及与贸易有关的议题的谈判场所，WTO可被用以从事有关投资议题的谈判。（8）WTO秘书处有限的决策权，保证了WTO的运作是各成员自己来推动的。即便是那些在WTO处于较边缘地位的发展中国家也承认，这是WTO与国际货币基金组织、世界银行相比的一个鲜明区别和优点。此外，WTO协商一致的表决程序也体现了一定程度的民主和平等。

但其劣势也非常突出，发达成员和发展中成员权利并不对称，义务并不平衡，收益并不平等，逐步凸显了WTO内部的矛盾和冲突。（1）以谈判为基础的多边磋商立法机制，在成员多、议题多，甚至启动谈判模式都难以达成一致的情况下，很难发挥作用。协商一致的表决程序体现了形式上的平等与实质上的寡头专制。实质上，大国借助协商一致获得了“看不见的加权”，并在不同程度上主导着WTO的议程和谈判结果。① 利用“一揽子协议”的谈判方式，发达国家可能达到将多边投资协定议题“搭售”给广大发展中国家的目的。但“一揽子接受”方式决定了就多边投资计划在启动问题上的先天不足，从一个侧面反映出WTO成员内部对投资问题进行国际规制的分歧。（2）WTO自身的程序阻止其成为管理跨国公司和直接投资的权威机构。根据最初的谈判授权，WTO有关的投资措施都应与贸易有关，否则不管其多么贴切或迫切，都不可能被考虑。（3）WTO存在法律对称与经济不对称的矛盾。WTO的基本原则是公平、透明和平等，提倡公平竞争。但由于成员经济实力的不同，造成了实际的谈判过程如果不能适当照顾发展中国家利益而一味强调公平竞争的话，势必导致经济实力强的成员能够获得更大的好处，人为地扩大发达成员与发展中成员的经济差距，从而造成事实上的不平等。（4）成员主导下的大国影响力的负面作用。WTO的表决机制虽是一成员一票，但“成员主导”性质下，大国尤其是美国的影响力不可低估。WTO作为“富人俱乐部”的特征并未因发展中成员在坎昆会议上的联合而动摇。美国、欧盟始终是多边谈判的主导者和推动者。最强大的成员拥有最好的资源并有能力通过谈判得到它们想要的结果，而弱小国家无力承担长期谈判的成本，诉求无法得到满足。目前美国对WTO多边投资框架的建立缺乏“兴奋点”，甚至故意拖延谈判，破坏上诉机构的组建。由于美国的阻挠，2019年12月11日开始，WTO上诉机构中法官仅剩1人，达不到法定人数3人，上诉机构正式停摆。（5）非政府组织反全球化运动的负面影响。1998年以来，非政府组织的反全球化运动愈演愈烈，其规模和影响达到了世界

① 黄志雄：《WTO体制内的发展问题与国际发展法研究》，武汉大学出版社2005年版，第125页。

性的程度。非政府组织认为全球化和 WTO 走得太远了，如果听任 WTO 关于投资问题的议程继续发展，那么跨国公司最终将统治世界，而东道国在与跨国公司的谈判中将处于不利的地位。非政府组织的反对是对建立 WTO 多边投资框架的非常不利的因素。

五、国际机制的整体缺陷

国家签订 IIAs 意味着要接受条约来约束本国政府管制国际投资的行为，国际机制是以 IIAs 和 ISDS 为基本框架的。国际机制的核心是给了资本输出国以明显的谈判优势，而对资本输入国的外资管辖权进行了限制。①

（一）国际机制的合法性问题

一项制度可以相当完美，但如不合法则会很快走向解体，或者说，一项符合逻辑的机制可能成为无休止的协商对象，因为多数人都认为其目的是合法的。②

长期以来国际秩序一直为传统的“威斯特伐利亚”民族国家和政府间国际组织所主宰，相应的国际经济事务谈判也为国家所垄断，非政府组织和其他主体被排斥在外。全球大转型使得国家制定和实施的“游戏规则”越来越难以应付全球化带来的诸多问题。国际经济法的议程设定、决策和实施过程中，主要问题在于缺少民主参与和公众介入。当今国际经济法在信息准入、制度生成、实施以及权利救济和争端解决过程的各个环节和程序中对各种利害相关者呈现的信息封闭性、决策内部化、垄断性、救济有限性等各种“民主赤字”。③ 基于国家中心主义理念的民主缺失，是跨国公司国际管辖机制的根本性缺陷。

（二）国家与跨国公司权利与义务失衡

现行国际条约偏重于对东道国的规制，而缺失规制跨国公司行为的规则，没有要求跨国公司承担相对等的义务。无论是双边、区域还是多边国际投资协定，无论是传统文本还是当前文本，都是主要规制东道国政府对境内外国投资者和外国投资的管理行为，而鲜少规范跨国公司的行为规则。例如，东道国事先通过国内立法和对外签署的国际投资条约，公开同意在将来与外国投资者发

① 何芳：《国际投资法律体系中的外资管辖权研究》，法律出版社 2018 年版，第 227 页。

② 丽萨·马丁、贝思·西蒙斯编：《国际制度》，黄仁伟、蔡鹏鸿等译，上海人民出版社 2018 年版，第 405 页。

③ 王彦志：“非政府组织的兴起与国际经济法的合法性危机”，载《中国国际法学精萃》2003 年卷，第 280 页。

生投资争端时，可由外国投资者选择决定提交国际仲裁。这种事先的法律安排只对作出安排的主权国家有约束力，对外国投资者则没有任何的约束力。[①]

相反，各国通过其国内法和签订的国际条约中规定的外国投资者权利众多，概括起来有以下七大类：（1）征收的充分补偿；（2）资本的自由流动；（3）投资者享受不低于东道国国民的待遇；（4）投资享受公正平等待遇；（5）投资保护和投资安全；（6）享受的待遇不低于国际习惯法约定俗成的最低标准；（7）关于投资的其他承诺。[②]

首先，产生这种现象的根本原因是国际投资规则的适用方式决定的。国际规制适用的方式通常有三种，所规制的法律适用于政府行为、适用于一般义务、适用于私人企业和个人的行为。国际规制适用方式与国际规制对国家主权的影响呈正相关。国际规制如对主权影响不大时，可以直接适用私人和企业行为；国际规制可能与国家的管理活动有关但这种管理并不直接影响经济主权原则行使时，可以直接适用于政府行为；而国际规制可能直接影响经济主权时，更多地采用适用一般义务的方式。跨国公司国际管辖涉及国家的管理活动，又对一国行使国家经济主权产生直接影响。这决定了跨国公司的多边管辖更多地采取直接适用政府行为和适用一般义务两种方式，较少地采用直接适用跨国公司行为的方式。其次，是由国际投资法的特点决定的。国际投资法的源头是基于外国投资者和东道国地位的不平等的外国人保护法，国际投资不是国际贸易，不是一次交易，是外国投资者与东道国间形成的长期关系。投资一旦开始，整个期间内，外国投资者及其资产身处东道国领土管辖范围内，会面临很多政治风险，处于相对弱势地位。再次，受到发达国家的影响。长期以来，国际社会受到“强国制定规则，弱国服从规则”强权政治的影响。发达国家大多是跨国公司的母国，它代表跨国公司利益签订的国际条约更多的是维护跨国公司的利益，提供更多的国际投资保护，实现更多的自由。最后，跨国公司的影响。全球化条件下跨国公司成为世界规则的潜在控制者，其垄断或相对垄断了世界规则的制定权，左右世界规则的变迁方向，总是使制度变迁朝着对其有利而可能损伤东道国利益的方向发展，导致世界规则的不平衡。[③]

（三）国本主义，效力基础薄弱

传统的“国本主义”的国际法，是建立在主权本位之上的。国本主义意味

① 辛宪章：《国际投资争端解决机制研究》，东北财经大学出版社2014年版，第165页。
② 辛宪章：《国际投资争端解决机制研究》，东北财经大学出版社2014年版，第155页。
③ 崔健：《外国直接投资与发展中国家经济安全》，中国社会科学出版社2004年版，第75页。

着国家法律地位平等，国家独立自主地处理本国的事务。[①] 国际条约的基础是国家之间的同意，而这种同意的基础是薄弱的。申言之，国家参加一项国际条约的目的是维护自身的国家利益。一旦国际条约带来的利益小于它需支付的成本，国家会选择退出。如委内瑞拉、玻利维亚、尼加拉瓜以及厄瓜多尔宣布退出 ICSID 公约，就是出于对 ISDS 机制的不满。而且一般国际条约的许多例外和免责条款，也减损了条约的拘束力。

（四）缺少对发展权的关注，忽视公共利益保护

现行国际投资法制是一种高度保护外国投资者，倡导投资自由化的以经济为中心的人本主义法制，公共利益保护条款和可持续发展条款普遍缺失。

（1）为了避免各国行使外资管理权时利用宽泛的公共利益概念随意干涉和限制外国投资，传统 BITs 中除“征收和国有化”条款以外极少直接使用“公共利益”这一概念。大部分 BITs 片面强调对外国投资者及其投资的保护，而忽视东道国的公共利益。只有极少数传统 BITs 中规定了维护东道国国家安全或公共秩序的“不排除条款”。

（2）20 世纪 90 年代以后的 BITs 中有关公共利益保护的内容有所增多，除传统的征收条款外，新出现了基于公共利益保护的宣誓性内容、管制权条款和一般例外条款等。[②] 但有关公共利益保护的规定“碎片化”现象十分严重，保护的公共利益类别有限，缺乏可操作性。

（3）区域投资协定中，很多有关保护公共利益的规定存在内容软化和空洞的缺陷。NAFTA 规定了保护环境方面公共利益的内容。但 NAFTA 第 11 章设定的高标准的外资保护要求使投资者能够轻易地将东道国的环保措施诉诸国际投资仲裁，实际上非但没有起到鼓励环保政策的作用，反而抑制了东道国实施环保措施的积极性。[③] ECT 第 24 条的例外条款并不适用于征收补偿事项，使得缔约国即使基于公共利益对外资实施征收，仍然要支付“充分、及时和有效”的赔偿。TPP 中有关公共利益保护的劳工和环境规则实际是美国国内相关标准的“国际化”。但这些高标准的规则对其他缔约国而言，可能过于苛刻。

晚近，国际投资仲裁实践中，可能涉及五类公共利益：①争端可能涉及水、油、气、电等公用事业；②东道国为保护包括人权、健康、劳工以及环境等在内的公共福利而采取的管制措施成为被诉对象；③投资者威胁诉诸仲裁对东道

---

① 何志鹏：《国际法治论》，北京大学出版社 2016 年版，第 246 页。

② 张光：《国际投资法制中的公共利益保护问题研究》，法律出版社 2016 年，第 39－42 页。

③ See Martin Wagner, *International Investment, Expropriation and Environmental Protection*, 29 Golden Gate University Law Review, 1999, p. 467.

国产生“阻吓效应”，致使东道国自始就不敢采取有关管制性措施；④投资仲裁给东道国的公共财政造成负担；⑤许多投资协定措辞含糊，使得投资仲裁庭在法律发展方面扮演非常重要角色，从而削弱了主权国家的作用。[①] 而仲裁庭的裁决很多倾向于投资者，而东道国的基于公共利益而为的管制性行为处于动辄得咎的境地。

（五）规则冲突

在没有单独的“国际立法机关”，而现实中由众多国家、国际组织与法庭制定和执行法律的情况下，国际法律体系处于分散状态。这种状态导致了国际法规则，从国际习惯法与一般法律原则到有关贸易、环境、人权、海洋法等领域的双边与多边条约间存在极大差异。有关跨国公司的区域或多边投资协定更是如此。

国际法规则冲突的原因在于：其一，国际立法机构的多元化。国际社会没有中央立法机关及中央执行机构，有多少个国家就有多少个“立法者”。迅速增长的为数众多的国际组织，也增加了规则冲突的风险。其二，时间因素大大增加了规则冲突的可能性。随着时间的变化，国家同意和法律自身也在改变。其三，国内立法机构的多元性。国家在国际立法程序上代表着国内多元化的参与者，参与者利益的不同增加了规则不一致的风险。其四，国际法缺少具有一般和强制管辖权的中央控制的法院系统。规则发生实际冲突时，法官无法裁决。

（六）投资条约解释的不一致，导致国际投资的判例法无法生成

各个层次的国际投资条约共同构建了跨国公司投资的国际法制，是保护跨国公司的国际法屏障。但条约需要解释，条约的解释除了按照《维也纳条约法公约》规定的方法和原则进行解释之外，在实践中通常是在国际投资争端发生后，由具有管辖权的机构完成的，包括投资仲裁庭和国内法院。投资仲裁庭大多是依据个案临时组成的。在临时仲裁庭中形成连贯的判例法的难度要远远高于一个长期司法机构（类似于国际法院和欧洲人权法院这样的国际法庭）。[②] 一个连贯的判例法强化了判决结果的可预测性，也增强了裁决结果的权威性。投资仲裁庭的临时组建，无疑很难形成连贯的判例。一个被广泛接受的解决方案是创建一个可以开启裁决复议可能性的上诉机制从而增加形成连贯判例法的机会。多边上诉机制在《多米尼加共和国——中美洲——美国自由贸易协定》以及《美国——新加坡自由贸易协定》《美国——智利自由贸易协定》中都有所

---

① See Fiona Marshall and Howard Mann, *Good Governance and the and the Rule Law: Express Rules for Investor – State Arbitration Required*, at http://www. , at http://www. iisd. Org, Dec. 19. 2015.

② ［德］鲁道夫·多尔查、［奥］克里斯托弗编：《国际投资法原则》，祁欢、施进译，中国政法大学出版社 2014 年版，第 26 页。

体现。欧盟也提出了设立投资仲裁庭上诉机构的方案。

（七）国际组织的局限性：国际关系管理中的系统失灵

国际组织作为一项人为的制度，有其自身的局限性，表现为国际组织失灵。国际组织的失灵是国际组织对国际关系的负面或不稳定效应，表现为国际组织在管理上出错，或者在行政执行上不力；过量的国际组织即使是在管理良好的情况下也可能是不利的；过量的国际组织如果成本很高，而且对国际关系不能产生任何重大影响的话，那么它就会不受欢迎。[①]

第三节　现行跨国公司管辖权体系

现有的跨国公司管辖权体系是建立在国内法规范和国际法规范两个层次上的碎片化体系。国家政策和管理制度无法适当处理跨国公司活动的国际影响，双边条约通常不规定这些公司的行为准则，区域文件只能适用于区域范围内，在多边一级，已制定文件在范围和主题事项上都是专业性的。[②]

但国际机制无论是双边、区域或多边机制都是以独立国家界限为基础的，是国家在跨国公司管辖权上的部分主权让渡和妥协，不可避免地存在先天不足——国家中心主义。以国家主权为本位的国际法是约定法，是协调法，是软法。[③] 国家的条约义务是可以保留和解除的。

一、多层次性成为国际投资多边统一法制的障碍

现有跨国公司法律框架的多层次发展，体现出立法参与者众多、文件效力复杂、文件形式多样和相互冲突的特点。多层次发展虽然为制度内容的充实和丰富提供了更多机会，但也成为国际统一法制的障碍。一国参加包含不同标准和准则的各种层次投资协定，总会给进行全球性经营的跨国公司带来困惑，也不利于各国政府管制政策的协调和执行。各种投资协定内容彼此重叠，充满复杂性，甚至部分带有保护色彩，将造成意大利碗面效果，进而侵蚀多边贸易的效果与功能。[④]

① 丽萨·马丁、贝思·西蒙斯编：《国际制度》，黄仁伟、蔡鹏鸿等译，上海人民出版社 2018 年版，第 416 页。

② 余劲松主编：《国际经济法问题专论》，武汉大学出版社 2003 年版，第 51 页。

③ 何志鹏：《国际法治论》，北京大学出版社 2016 年版，第 246 页。

④ 汪惠慈："意大利碗面效果"，http://www.wtocenter.org.tw/SmartKMS/do/www/readDoc?document_id=78266，2012 年 10 月 9 日访问。

（1）立法参与者众多。现行跨国公司管辖机制的立法者既有主权国家，还有区域型的国际组织和普遍性的国际组织。既有专门性的国际机构，还有临时性的国际会议。（2）文件形式多样。既有国内法，也有双边投资协定；既有区域协定也有专题性的多边条约。（3）文件效力复杂。BITs 对缔约方有法律约束力；而区域性协定效力不统一，有的具有法律效力，有的仅为建议；多边协定中 ICSID 和 MIGA 具有约束力，而对联合国大会所做的决议的效力看法不一，一般认为他们并不具备法律约束力，但也有人认为他们具有一定的法理意义，如东京高等法院在受理“英伊石油公司”案时所陈述的理由。（4）文件相互冲突。代表了发达国家和发展中国家价值取向的文件之间充满了矛盾，甚至是激烈对抗的理念，这种状态势必将妨碍法律框架的内部协调和统一，也将大大延缓统一国际法制构建的进程。《跨国公司行动守则（草案）》拟定的历史轨迹以及至今取得的有限成效，是投资问题上南北矛盾的集中体现。

二、执行机制上过分依赖国内机制

现有框架执行机制上过分依赖国内机制。双边投资条约，无疑是坚持以国内机制直接解决跨国公司问题的典型。众多的区域投资条约或处于讨论中的多边文件，也试图以国内机制来解决跨国公司问题。例如联合国《跨国公司行动守则（草案）》所规定的跨国公司在诸如社会问题、信息公开上的要求、跨国公司待遇上的一般原则、跨国公司的国有化和补偿、管理权力和争议解决，都必须依赖国内机制来实现。跨国公司委员会只不过充任了一个协调者的角色，不能采取措施，不过是报告、评价和促进某些活动。国际机制几乎没有任何约束作用。遗憾的是即使如此虚弱的守则也无法得到各国的全面接纳。而《外国直接投资指南》，无论是在外资准入，外国投资的待遇，还是征收、单方面改变或终止合同，乃至争议的解决条款方面，更是突出国内机制。重国内机制而轻国际机制的倾向势必导致这样的结果，即由于各国国内法制及经济、文化等方面存在着重大差异，各种规则只能停留于纸面上，国际法制难以统一和协调。

三、救济措施严重匮乏，可保障性差

国内管辖的救济措施体现为东道国当地救济。东道国当地救济是一种重要的解决投资争端的方法，无论是从国家主权的维护与尊重角度，还是从最密切联系的角度来看，东道国当地救济都具有极其重要的地位。该方法具有积极意义：有利于维护东道国的主权和根本利益；在一定范围内有效保护外国投资者的利益；解决争端更加便利、快捷；有效地避免投资争端政治化和国际化。虽然该方法有强有力的法理依据，而且作为东道国的发展中国家倾向于优先适用该方法，但在投资实践中，由于跨国投资者及其母国对东道国法律制度的公平性常常心存疑虑，“如果说当地救济有什么缺陷的话，那只能是缺少外国人信任”,① 跨国公司常常不愿意采用东道国当地救济解决投资争端，转向其他途径解决。

越来越多的 BITs 给投资者提供了解决国际投资争端的多种选择。这在无形中减损了 BITs 保障机制的有效性。区域经济一体化组织的工作除了订立和签署条约，立法和建立固定机构以外，还包括内部争端解决机制的设置和有效运作。它改变了传统国际法没有一个超国家的强制力作保障，一直被称之为“软法”的现状。欧盟、北美自由贸易区、东盟等区域集团都设置了不同的争端解决机制，其效力各不相同。东盟采取的是以协商为主的东盟方式。APEC 的模式可以说是南北经济合作型的以协商机制为主的模式。北美自由贸易区采取的是以仲裁方式为主的，外交方式和法律方式相混合的争端解决模式。欧盟采取的是司法解决方式——通过设置欧洲法院，规定欧共体法在成员国内具有直接效力等方式解决区域经济一体化中的争端。但过多的争端解决机制容易使跨国公司无所适从。

跨国公司的多边管辖机制大多停留在指南、建议等软法的层次，法律拘束力软弱。早期，仅有的程序性条约 ICSID 的利用率也不高。近期虽然越来越多的投资争端解决采用了中心仲裁的方式，但因其过分偏向投资者等原因，也遭到了很多国家的抵制。TRIMs 虽然已将与贸易有关的投资措施纳入 WTO 争端解决的框架内，但因涉及范围狭窄远远形成不了有效的国际投资程序保障机制。

四、NGO 的兴起导致对现行机制的认同感危机

合法性危机是指一种认同感的危机，是人民大众对现存体制缺乏信任感。②当代社会是权力和诉求日益社会化和多元化的时代。非政府组织的兴起是现有各种主体力量和组织模式的局限之必然结果，是国际经济社会领域市场失效、国家失效和政府间组织失效的产物，是一种组织创新和制度创新。③ 现行跨国公司管辖机制的合法性危机是指由于非政府组织的兴起对由政府主导的跨国公司管辖机制的认同感危机，主要表现在三个方面。

---

① 周成新：《国际投资争议解决方法》，中国政法大学出版社 1989 年版，第 80 页。

② 陈振明：“当代资本主义社会及合法化危机”，载《岭南学刊》1996 年第 2 期。

③ 王彦志：“非政府组织的兴起与国际经济法的合法性危机”，载《中国国际法学精萃》2003 年卷，第 285 页。

（一）制定规则者的结构失衡

现有机制可以说是完全以民族国家和政府间国际组织为主宰的，参加国际经济事务的谈判和决策的权力为国家所垄断，更进一步地为跨国公司所左右，体现为各国政府在国际规则制定的谈判过程中，往往受制于国内利益集团，特别是巨型跨国公司。在信息方面存在透明性差、信息不对称、知识不完备等缺陷。例如，MAI 谈判过程开始就是以秘密的方式进行的。WTO 等国际经济组织的重要文献解密时间过长，谈判的过程缺乏民主参与和公众介入等民主赤字问题。20 世纪 90 年代以来的全球大转型，使得民族国家和政府间国际组织所制定和实施的“游戏规则”越来越难以应付全球问题，难以反映多元化的诉求。

（二）经济中心主义，没有反映出可持续发展的要求

现行机制是以经济为中心的，既没有反映可持续发展的要求，也没能体现国际经济法一体化趋势。

以往，经济自由化政策为中心的国际社会，不可避免地出现所谓的“社会倾销”现象。依据“市场失灵”理论、“合法性”理论、“国际道德或正义”理论和“宪法”理论，以及可持续发展的客观要求，未来的跨国公司监管机制必须将国际经济立法与国际社会立法联系在一起考虑，摆脱“人类中心主义”和“经济中心主义”的束缚，兼顾各项发展目标的均衡，实现社会公正、社会保障和代际平衡。[①] 国际经济法一体化的趋势是指在经济全球化影响下，各领域国际经济法律制度之间以及国际经济法律制度与社会及外交等领域国际法律制度的连接更加紧密，越来越构成一个不可分割的整体。经济一体化浪潮，推动了各国经济与世界经济的“块状”融合以及各领域国际经济活动的“条形”整合及社会化的进程。不同领域国际法律制度的挂钩现象不断增加。[②] 具体体现在国际经济法的内部整合和外部联结两个方面。“内部整合”体现在国际经济法律体系内部的有关贸易、投资、金融、竞争及知识产权保护等领域的法律规则相互交融，联系程度空前紧密。既出现在同一主题各具体法律制度之间的整合（世贸组织内的货物贸易和服务贸易的联结），还体现在广泛主题下的各类国际法律之间的挂钩。“外部联结”表现为国际经济法律制度与国际社会立法的联结。

---

① 徐崇利：“经济一体化与国际经济法律体制的构建”，载《国际经济法学刊（第 8 卷）》，第 73－74 页。

② 徐崇利：“经济一体化与国际经济法律体制的构建”，载《国际经济法学刊（第 8 卷）》，第 53 页。

（三）权力导向的立法模式

现行的跨国公司管辖机制无论是国家管辖，还是国际管辖本质都是“权力导向”模式。“权力导向”模式在国家层面体现为政府垄断了制定有关跨国公司投资政策的权力，甚至未曾纳入议会审查和司法审查的视野中；在国际层面上由于各国实力的不均衡引致的国际组织决策过程中强权色彩浓厚。“强国制定规则，弱国遵守规则”导致利益分配极为不均。

WTO争端解决机制在承袭过去GATT争端解决机制的政策取向和务实取向的基础上，更多地加强了规则取向的方法和程序，如仲裁程序、专家组报告的司法属性、上诉程序、争端解决机构裁决的通过等。尤其是，在有关当事国对专家组报告持有异议的情况下，允许该当事国提起上诉。为此，世界贸易组织在争端解决机构中设有常设上诉机构，专门负责受理上诉案件。这是原关贸总协定的争端解决机制没有的。这种类似国内法院上诉审的上诉机构程序的确立，可以有效防止专家组审理案件万一出现失误或偏差，进一步保证了专家组办案的公正性，体现出WTO争端解决机制规则导向的性质。一定程度上反映了发展中国家对平等参与国际经济事务的诉求。但这两种模式都不能很好地解决“国家中心主义”的问题。

随着全球化的蓬勃发展，国际投资自由化趋势日趋明显，两类国家之间的分歧有所缩小。对于经济上“富可敌国”的跨国公司活动的规制符合双方的利益，因此国际社会达成跨国公司经营的统一规则的可能性有所上升，这也为在三元社会结构下建构跨国公司全球管制治理机制创造了条件。

第十一章

跨国公司的全球治理机制

一方面，经济全球化影响下跨国公司国际生产进入更深层次的一体化阶段，亟须有效的管辖体制克服外部性和资本逐利性引发的一系列社会问题，另一方面，跨国公司不断扩张的公司权力与国家管辖权外部的不断受限和内部的不断放松存在矛盾。国际社会一直致力于将所有关于跨国公司与东道国关系的问题纳入一个综合的多边框架之内加以解决。然而现有的管辖跨国公司机制，都存在这样那样的缺陷：单纯依靠国家管辖的无效自不待言，二元结构下国际管辖机制尚未发挥作用。二元社会结构下现行的管辖机制存在多层次性、过分依赖国内机制执行、救济措施匮乏和合法性危机等缺陷。而且，由于在对跨国公司行为的规制上各国缺乏共同的立场，短时间内还很难为跨国公司制定出统一的行为规范。上述因素使得跨国公司的有效管辖除了对现有管辖机制自身的修修补补之外，必须另辟他径，寻求更合理的解决之道。非政府组织的发展以及由其推动的全球市民社会运动的蓬勃兴起，催生了新型的跨国公司全球治理机制。

全球治理机制是国际法和国际关系领域发展出的反映全球管理崭新模式的概念工具。跨国公司的机制突破了二元社会结构的束缚，作为一种内在的包含了法治、同时又超越了法治的跨国公司管辖模式，超越了政府和民间、公共部门和私人部门的严格界限，侧重于政治国家与市民社会、公共领域与私人领域在管制跨国公司过程中的参与、合作、交往、互动的伙伴关系和网络体系，应该成为有效管辖跨国公司的可行之路。

第一节　跨国公司全球治理机制的基础

一、跨国公司全球治理机制的理论基础

单个国家的法律难以对其实行有效的管制，而且各国法律规定不一致，为跨国公司规避有关国家的法律管制提供了可钻的漏洞，亟须建立有效的国际管辖。事实证明，在“国际”框架下，达成跨国公司行为规范之艰辛，犹如“蜀道之难，难于上青天”。现有的管辖跨国公司机制的困境表明应该寻找新的道路解决跨国公司治理问题。而近年来复兴的社会学上的全球市民社会理论、法学上的法律多元化和全球化理论、国际关系学上的全球治理理论，为全球治理机制提供了坚实的理论支撑。

（一）全球市民社会理论的影响

市民社会是一种现代现象，它与政治国家的分离是由市场经济“需要的体系”所导致的结果，是现代市场条件下人与人关系的反映。在市场这只“看不见的手”的牵引下，个人对自己物质利益的追求，能够自然地达成社会的进步和公共利益的增长。社会本身具有自我管理和自我调节的能力。尽管市场社会中的契约关系必须由法律来保障，但它却不是必须通过国家的外力干预才能完成的社会内部运作过程，其内部的法权关系是自然的生成过程。正如马克思所说，“立法权并不创立法律，它只揭示和表述法律”。[①] 既然国家是市民社会所决定的，那么超越市民社会内在矛盾（私人利益和公共利益矛盾）的根据就不在国家之中，而在于市民社会自身发展的逻辑。

当代社会是一个以市场为基础的多元化社会，必然存在较以往任何社会更为明显多元化的利益诉求和利益冲突。立法者是法律创制的主体，立法者对社会主体利益诉求的认知状况直接决定着法律创制的结果，因此代议制立法是法律文明发展至今最为合理的谋求现实普遍性的立法形式。[②] 然而实践中，代议制立法也可能产生“多数人的暴政”。只有主体之间经过充分的对话沟通，才能为现代社会日趋活跃的不同层次的利益集团提供平等的保护，才能融通横向

---

① 《马克思恩格斯全集（第1卷）》，人民出版社1956年版，第316页。

② 庞正：“社会团体法治功能的一般理论分析”，载《法律与中国（第4卷）》，中国政法大学出版社2005年版，第220页。

利益的冲突。社会团体成为相对软弱的个人联合起来去抗衡专权的“堤坝”和监督权力“社会的独立之眼”。它占据着个人和国家之间的中间地带，从而使国家权力受到了社会多元权利的有效制衡，遏制了权力滥用并提高了权力运作效能，而且还可以起到协助国家向私人领域传递政策信息、融通价值共识的作用。

（二）法律多元化理论的影响

“法律多元”是相对于法律一元来说的。就某一具体的国家与地区范围而言，法律多元被界定为一国的公民遵守着多种法律规范。法律多元意味着除了“法”以外还有其他社会规范对跨国公司起到同样的治理作用。实际上一个国家对跨国公司的治理结构的确是法律、政策和关系规则的有机结合，三者之间存在互补替代与转化关系。在法律和政策不完备的时候，关系规则起着关键作用。

在各种全球化力量（特别是经济力量）推动下正形成一个能够替代《威斯特伐利亚和约》形成的主权与国家互动观念的多中心的全球法律秩序。多中心的全球法律秩序是通过全球网络式的治理而不是通过传统的国家统治和国际法构造出来的。从这些全球治理网络中释放出来的规则不能轻易地被包容在传统的国内法和国际法的观念之中。在这一视角下，全球化正在法律的性质方面产生革命性的变革。① 在资本跨国流动所引起的全球经济一体化的浪潮下，经济活动的调整方式（包括对跨国公司的监管）已经突破了由政府进行规制的传统方式，走向全球管制治理。②

（三）全球治理理论的形成

当今世界的一个基本矛盾是经济的全球化与全球治理机制短缺之间的矛盾。人们普遍认为，国际关系正在从传统上集中在民族国家之间的关系，扩展到包括跨越边界的非国家的关系（跨国关系）和作为一个整体的全球体系的运作（全球关系）。全球化的加速推进，向民族国家在其“领土半径”范围内进行统治的传统模式提出了挑战。人类面临的共同的经济、政治、生态环境和传染病防治等问题的解决需要国际社会的共同努力，全球治理顺应了世界历史发展的这一发展趋势。

“全球治理是各种公共的或私人的个人和机构管理其共同事务的诸多方式的总和，它是使相互冲突的或不同的利益得以调和并且采取联合行动的持续的

---

① David P Fidler, *The rule of law in the era of Globalization*, 6 Ind, J. Global Legal Stud, p. 421.

② 李桂林：“论全球共同法”，载《法学》2005 年第 1 期。

过程”。① (1) 全球治理的主体，不仅要求正式的制度和组织——国际机构、政府间合作等，而且意味着所有的其他组织和压力团体——从全球市民社会、跨国公司到众多的非政府组织——都要参与。但民族国家仍将是本国公民利益的主要保护者。其他治理主体在很大程度上只是对各国政府的“敦促力量”，不可能完全取代民族国家。(2) 全球治理的对象是各种各样已经或者将要影响全人类的跨国性问题。除全球贫富差距、环境污染、跨国犯罪、全球安全问题以外，还包括世界市场的治理，跨国公司治理是其中最重要的内容。(3) 全球治理的核心环节是国际法治。(4) 全球治理的意义在于人类对全球化诸多后果进行深切反思的过程中，将治理的分析框架应用于国际层面时，全球治理理论应运而生。

二、现实基础

过去的四十年里，全球经济发生了巨大的变化，影响了政府的 FDI 政策，也成为跨国公司管辖机制走向全球治理的现实基础。这种变化主要体现在国际政治经济秩序的演变、经济全球化的进程、全球社会结构的变化、国际商业社会的形成、网络的迅速发展、国际经济法律制度供需矛盾突出等诸多方面。

(一) 经济全球化的演进，既造就了国际关系的“复合依存”和经济增长，也加深了原有的各类矛盾，客观上需要全球治理

经济全球化是一把双刃剑，它是“幸福的源泉”的同时，也是“悲惨的祸根”。投资问题上的南北矛盾依旧，甚至因全球化而更加激化，体现为两者在 IMF、WB、WTO 中的国际债务问题、发展模式问题、跨国公司守则问题上的重大分歧。与此同时，南南矛盾上升。加之，全球化时代国家间利益冲突中更夹杂了国内公司集团的利益，矛盾更加不易调和。而跨国公司作为全球化的推动者对此负有不可推卸的责任。

现行制度无法消除经济全球化的负面影响。客观上要求有新的制度去弥补经济全球化对国家权力的侵蚀，填补权力真空，形成对跨国公司的有效治理。

(二) 全球社会结构变化的衍生产物

在经济全球化影响下，国际劳动分工呈现新的特点：在一些国家、社会和社群被边缘化了的同时，新的全球社会结构出现了。这种全球社会结构不再是传统的地理意义上的金字塔结构，而是让位于社会意义上的世界经济分工。全球通信和交通设施支持着经济和社会的新形式，这些新的组织形式包括跨国公

① Commission on Global Governance, *Our Neighborhood*, Oxford University Press, 1995, p. 2.

司、全球市民运动、国际管制机构等。它们超越了国家边界，分别代表了精英、赞成者以及边缘者这三个层面，组成了三个同心圆的新的全球社会结构。① 在这个新的全球社会结构中，非国家行为者在国际事务中发挥着越来越重要的作用。在这个不存在绝对支配力量的“无政府状态的网状结构中”，法律的产生不是自上而下的，而是各种力量博弈的结果。

（三）国际商业社会构建的客观要求

跨国公司全球战略联盟的出现使得跨国公司的传统界限不再泾渭分明，标志着跨国公司之间的一体化进入了新的阶段。未来的跨国公司全球战略联盟发展方向是多元战略网络组织群，它们之间的竞争与合作构成全球化的“新经济结构”的基础，正在形成“国际商业社会”。跨国公司正在构筑独立于“国家”界限的全球化公司网络。② 需要与之相应的全球治理合作，而不是传统的国家垂直管理。

（四）信息革命和网络的发展为三元社会结构的产生提供了物质基础

国际互联网络是加强各行为体之间联系的纽带。信息的快速收集、加工、存储和传递，使各国政府、公司企业和个人能便捷地获取信息。信息的这种透明性和流动性，有利于行为体之间的经济联系。信息技术革命缩短了人们的时空距离，极大地降低了信息流通成本，从而为远距离监控和全球治理提供了物质技术准备。全球通信和交通设施的改善支持着新的非领土的经济政治组织的出现。跨国公司的迅速发展、全球市民社会的兴起，莫不与信息技术革命息息相关。信息技术革命导致发达国家和发展中国家之间社会信息与知识差距的扩大，形成在信息与财富方面“富者恒富，穷者愈穷”的趋势。为了防止南北差距的进一步扩大，必须加强国际协调与互助。

（五）国际经济法律制度供需矛盾的解决也需要全球治理

全球化使国家之间的联系日益频繁，而频繁的联系需要有明确的规则，表现为“国际关系中，文明的演进表现为从力量走向外交，从外交走向法律”③。在经济交往中，为了保护当事人（包括跨国公司和主权国家）的正当期望，需要制定共同的法律规则，来提高法律关系的稳定性及各方对其法律行为后果的可预见性。④ 全球化引发的全球问题乃至全球危机，以及各国人民不断增长的

① 杜文中：《界限经济与市场主体行为》，经济科学出版社 2004 年版，第 16 页。
② 杜文中：《界限经济与市场主体行为》，经济科学出版社 2004 年版，第 17 页。
③ Louis henkin, *How nations behave*, Columbia University Press, 1979, p. 1.
④ 陈安主编：《国际经济法学专论（上）》，高等教育出版社 2002 年版，第 195 页。

物质需要和文化诉求，要求更多的国际经济法律制度供给。

然而缺乏中央立法机构的国际社会，只能通过实力相差悬殊的众多国家之间谈判，以共同同意为基础创制国际经济法律规则。国家具有自身利益的倾向性，共同同意谈何容易。这导致国际经济法律制度供需矛盾日益尖锐，客观上要求摆脱国家中心主义的束缚，赋予各种非国家行为体以制定国际经济法的权利。尤其在跨国公司监管的问题上，东道国与投资国之间利益关系的冲突难以弥合，使得跨国公司直接投资领域迄今没有一项独立的国际公约及自成体系的国际监管组织。这与跨国公司的蓬勃发展极不相称，必然要求寻找新的管理模式，解决管辖跨国公司规则的供需矛盾。

第二节　跨国公司全球治理机制的静态结构

全球化时代，资本具有更复杂和更集合性的形式，预示着规则从竞争资本主义时期的抽象规范向非形式化的标准转变，映射到全球经济法律中，体现为管辖制度正发生向标准而不是向规则的转变。有效管辖跨国公司的关键应该是依赖于这样注重程序和标准的全球治理机制。

一、全球治理的界定

奥兰·扬曾在《国际治理》一书中写道：“一个治理体系是一个不同集团的成员就共同关心的问题制定集体选择的特别机制。”它由两个主要部分组成：一是治理的基本机制；二是组织的治理，即“为管理治理体系而创建的物质单位”①。

全球治理机制是在全球化背景下，为了解决主权领土性与经济流转全球性的矛盾，以全球治理理论和法律多元论为基础超越了“秩序规则二元论”的简单逻辑，在国家——市场——市民社会共同组成的“三元社会结构”内，国际法和国际关系领域发展出的、反映全球管理崭新模式的概念工具。2000 年 4 月，时任联合国秘书长安南在其发表的“千年报告”中，将国家、私人企业、公民社会（以非政府组织为代表）和地方部门共同参与的全球治理视为人类迎

① Oran. Young, *International governance*: *Protecting the Environment in Stateless Society*, Ithaca: Cornell University Press, 1994, p. 26.

接全球化挑战的主要手段。①

全球治理机制是以国家碎片化和多中心的“内部形式”和网络管理的“外部形式”为特征的国家机构和制度国际化的规则系统。全球治理机制没有简单的模式，而是一种不断演进的动态的复杂的互动决策过程。

(1) 全球治理是强调各种路径（市场调节、政府调节和社团调节）综合平衡和多向度的权力网络；(2) 没有单一的监管主体，而是在政府、政府间组织、非政府组织和跨国公司之间形成共同参与有关跨国公司投资事务调节的合作伙伴关系；(3) 治理规则形式上既包括正式的国家法律或国际条约与习惯，也包括非官方的关系规则（国内范围的交易习惯和国际范围的国际软法）；(4) 治理规则内容上既包括国内法与国际法的联结，也包括国际经济法与国际社会法的联结；(5) 执行体系是非集中化的执行与国家强制执行的结合；(6) 是各种非国家行为体通过畅通的信息流动机制营造共识，在程序化的范畴内对跨国公司投资事务实行调节性管理的过程；(7) 是对政府和政府间国际组织依靠强制力进行“统治”性监管的挑战，是突破了“一元化”法律秩序的多元化的法律秩序……但政府在全球管制治理机制中的中心地位仍然没有改变。

二、全球治理的结构和行为体

全球治理由两个层次的治理构成：国家中心治理与非国家中心治理（全球市民社会治理），分别体现了治理的两种不同方向，即垂直的治理与水平的治理。② 这两个领域在实践中没有显著的区分。③ 全球治理并不排斥国家中心治理，即正式政治实体的治理。虽然国家在处理和解决各种全球问题的过程中的主导作用衰退了，不再是唯一行为体，但仍然是维系全球治理的主要行为体，与之相应地国家中心治理将成为全球治理的一部分。由跨越国界的多元行为主体推动的跨国发展过程要求有一种与之相适应的新制度即建构一个由社会各个层面的权威机构组成的，既在国家之内，又高于国家；既通过国家，又不寓于国家界限之内的新体系——全球市民社会治理。各行为主体之间不是以往的统治和被统治、监管与被监管的关系，而是为了更好地促进跨国资本流动而对其

---

① http://www.un.org/chinese/aboutun/prinorgs/ga/millennium/sg/report/sg.htm, accessed 2003/3/18.

② 前者显著地构成了治理者与被治者之间的一种不平等的和非对称的关系，或一种两极对立的治理，可以视之为由国家维持的国家中心治理。后者意味着治理者与被治者构成一种平等和对称的关系，或合作的治理。迄今为止，国际体系中虽然盛行一时的还是垂直的治理，但它正在逐渐消退，代之而起的平行的治理随着全球化进程正在逐渐兴起。

③ ［日］星野昭吉：《全球政治学》，蔡江涛译，新华出版社2000年版，第295页。

进行调节性管理的合作伙伴关系。

(一) 国家的中心地位没有改变

国家在跨国公司全球治理机制中的中心地位没有改变。首先，组成跨国公司的各实体必须依据一国法律设立、取得某一国家的国籍，虽然受经济全球化下投资自由化趋势的影响，各国普遍放松了对公司的管制，但国家与公司之间管辖与被管辖的关系没有改变，在公司行为可能破坏环境、限制市场竞争、违背本国的外交政策或不利于本国的国家安全时，国家对公司的强制将是毫不留情的。① 其次，全球治理机制不是“无源之水，无本之木”，它仍然深嵌在国家权力和利益分配格局之中。国家是实现全球管制治理的支撑与依托，体现在国家是“全球化”的助推器，是本国资本拓展国际市场的坚强后盾上。最后，国家是多元治理主体的中介。它不但赋予其他治理主体以形态，且为它们提供合法性，并确保其责任性。通过国家中介控制多元群体和多元标准之间的积极冲突和消极冲突，实现不同治理机制的兼容性，以使各个层次的治理力量被缝合成一个相对完整的体系。②

现代国家对经济生活的领土管辖日益受到经济和社会生活全球化的限制，全球化作为我们这个时代的首要特征，意味着一种不分时空的相互依赖关系。这使得国家边界具有可渗透性，国家作为唯一国际法主体的垄断程度更加被削弱。③ 民族国家的权力开始向上、向下、横向地加速地分流给各种非国际行为体：向上主要是分流给政府间国际组织，向下主要是向政府下属经济管理职能部门的分流。传统主权国家仍然是当今世界的主要行为者，但缩小了其有效范围，对其领土具有唯一管辖权的主权国家概念正在为国家内的一个个的主权岛所分割。横向扩散给了跨国公司。巨型跨国公司及其战略联盟已经形成可以与国家主权抗衡的“工业主权”。国家不再是“统治的力量”而是相对独立的治理中心，一个在一定的范围内提出治理模式、实现其合法性并监督其实施的治理中心。各个主权国家是全球管制治理网络体系中的结点，受整个治理网络和非国家行为体的制约。④

(二) 政府间国际组织是国际经济舞台上不可忽视的重要力量

政府间国际组织是国际经济舞台上不可忽视的重要力量。“二战”后，国

① 车丕照：“身份与契约”，载《法律与社会发展》2002 年第 5 期。

② 徐崇利：“全球化时代国际立法模式的转型”，载《中国的和平发展与国际法研讨会论文集》，第 76 页。

③ [英] 诺塞琳·希金斯：“变迁中的国际体制中之国际法”，叶兴平、田晓萍译，载《外国法译评》2000 年第 3 期。

④ 周延召、谢晓娟：“全球治理与国家主权”，载《马克思主义与现实》2003 年第 3 期。

际社会组织化趋势显著，几乎每个国家都有某一国际组织成员的身份。尤其是区域性或全球经济组织作为国际经济舞台上不可忽视的力量之一，发挥着越来越关键的作用，可以说在很大程度上，没有国际组织有效的跨界运动，就没有经济全球化今日的成就。一方面，它提供了一个国家间对话的机制和平台；另一方面，它也在追逐组织自身的利益要求，深刻影响着新的国际经济法律秩序的方向。需要注意的是，在跨国公司成为国际经济关系主要行为主体以后，各个民族国家和国际经济组织在国际投资领域的作用发生了一些变化：它们逐渐转为跨国公司直接投资的推动者、监督人和协调员。

（三）国内管制机构日益发挥重要作用

国内管制机构组成跨政府网络，日益发挥着重要作用。全球化的深化，国家碎片化体现为在国家内由自主的管制机构形成的多个权力中心的出现。它破坏了国家内部的统一与协调，是在国家内部拥有一定程度自治的条件下出现的管制机构和制度的国际化。国内的某些机构国际化（如中央银行），越来越多的跨政府（并非超国家制度）的管制机构网络建立，从金融、证券到环境、卫生、人权的广泛领域管制发挥着作用，组成跨政府网络。这种跨政府网络的出现，符合经济全球治理所要求的国家机构和制度国际化的要求，是全球治理机制发展的关键环节。跨政府网络的出现也打破了国内与国际法律与政治的界限，使得国内与国际领域界限具有更大的可渗透性。

（四）非政府组织正重塑着我们的世界

非政府组织成为介于民族国家、跨国公司和政府间国际组织的第四种跨国力量，正重塑着我们生活的世界。晚近，全球化引发的各种全球社会矛盾激化，自上而下的政府改革与自下而上的社团革命交织，促进了非政府组织的勃兴。[①]非政府组织最重要的作用在于监督和制约国家和跨国公司的活动，使之更好地体现民主和公民利益。非政府组织出于对各种国际规则、程序和体制可能被政治家们以国内福利为代价而滥用来追求特殊利益的考虑，越来越关注现存的以国家为中心的国际法律体制，体现了市民社会掣肘国际层面“政府间共谋风险”的目标。此外，管理跨国公司的行为规则如果不能得到消费者的大力支持，迫使跨国公司执行的话，是毫无用处的。而消费者的代表是非政府组织。正是基于市场机制和政府监管的不足，需要走“第三条道路”加强国际协作来共同分担“全球治理”的责任，“国家”和“人民”之间切入了一个由各国

① 以志愿者公益为基本机制的“第三部门”是人类一种古老的组织形式，在20世纪后期“全球市民社会运动”仅仅是再次凸显了其价值而已。

"同一界别"的民众组成的"跨国市民社会"。

（五）跨国公司已经拥有了自己的"生命"

"二战"后，尤其是20世纪八九十年代以来，跨国公司迅速崛起，其全球经济活动已不像国内公司那样完全从属国家，拥有了自己的"生命"和"主张"。跨国公司代表的"工业主权"挑战传统的"国家主权"已经称为全球化时代的常态。作为跨国经济交往的完全行为能力主体，跨国公司对国家主权的影响不仅体现在经济领域，也表现在政治方面。例如在各国 BITs 起草过程中，跨国公司通过院外活动将自己的利益诉求反映给母国，进而影响母国 BITs 范本的内容和谈判的最终结果。

总之，在国际投资活动中，非国家行为体呈现出日益清晰的角色分工和越来越紧密的依赖关系。在经济全球化的背景下，全球治理的行为主体多元化。除了传统的民族国家之外，跨国公司、区域经济组织、国际经济组织、非政府组织等非国家行为体也扮演着不同的角色，发挥着各自的作用。[①] 从《布莱克法律词典》第 7 版起，国际法的定义也从"调整国家之间关系的法"变为："处理国家之间关系的法律系统，更晚近的，则为国际关系的法，不仅包括国家，也包括国家组织、跨国公司、非政府组织，甚至个人等参加者。"

三、全球治理的规则

全球治理的规则是法律、政策与关系规则的组合，三者存在互补、替代与转化关系，而国家法仍居中心地位。

（一）官方规则仍是核心

按照制定者的不同，全球治理规则可以分为：官方和非官方规则。按照规则的效力不同，可以分为：硬法和软法。官方规则（包括法律和政策）属于硬法，由专门的机构制定和颁布，第三方的政府、法院或专门的执行机构执行，由国家强制力保证实施。它们的作用自不待言。全球化下，各类国际软法应运而生。但无论如何，当今世界体系仍然是"以民族国家为中心的"体系。国际"立法"活动虽然已有政府间组织、非政府组织和跨国公司的参与，但最终形成仍须经各国政府的明示或默示同意。从各国自愿加入和接受这些国际立法的

---

① 所谓"非国家行为体"指除了国家以外的能够独立参与国际事务的政治、经济、文化实体，包括政府间组织、非政府组织和跨国公司。

原生意义看，这又是一国积极行使主权行为的表现。[①] 可见国家仍然是国际社会立法的主导者和最终制定者。

（二）非官方的“国际软法”日渐重要

在法律多元主义的视角下，当法律和政府均不完备时，非官方法律秩序可能会在人际关系的互动网络中生成。非官方法律秩序属于软法性质。它是一种“自发衍生的秩序”，自下而上形成的，依赖多方执行。[②]

晚近，各种非国家行为体充当的已不仅仅是跨国经济法律规范调整的对象，而是广泛地开展国际经济立法活动：[③] 政府间国际组织制定跨国经济软法（例如《外国直接投资待遇指南》），跨国的政府网络制定跨国经济软法规范（例如《巴塞尔协议》）以及跨国公司代表者国际商事机构编撰的国际商业惯例（例如《国际贸易术语解释通则》）。这些“国际软法”虽然没有国家强制力保证实施，但不意味着没有制裁。跨国公司对国际软法的违反，会在全球范围内遭到国家、政府间组织、非政府组织等“群起的侮辱”，这种声誉上的损害，会殃及其商业利益，制裁效果甚至超过对其作出的司法判决或仲裁裁决。

当不同国家、不同地区、不同民族之间在发展水平与市场成熟度上还存在巨大差距的情况下，指望法律走向全面的一致或统一，既不客观，也不公平。因此最适当的方式是采取“建议”等软法的形式向成员国和非成员国推荐。通过这一途径，会有越来越多的行为体主动接受这些标准，从而对未遵循的行为体产生压力。

（三）致力于可持续发展的投资政策框架

国际投资领域，比较有代表性的建议就是 2012 年 UNCTAD 发布的《世界投资报告》中的《致力于可持续发展的投资政策框架》（IPFSD）。倡导制定“新一代投资政策”。作为各国制定投资政策并谈判国际投资协定的参考文件，IPFSD 不是一个示范性条约，而是提供一系列选择性方案的平台，并且是一个开放的、持续更新的动态体系。

面对当代众多国际投资协定面临的三个挑战：如何加强协定的发展功能、

---

① F. Weies, E. Denters&P. D. Waart (ed), *International Economic Law with a Human Face*, Chapter 3 “Globalization and the Future Role of Sovereign states”, Kluwer Law International, 1998, pp. 64 – 65. 转引自徐崇利：“经济全球化与国际法中社会立法的勃兴”，载《中国法学》2004 年第 1 期。

② 张维迎：“法律与社会规范”，载《比较》第 11 辑，广西师范大学出版社 2015 年版，第 164 页。多方执行机制：当社会规范内化为个人道德失，第一方执行；社会规范通过当事人声誉维持时，第二方执行；通过非当事人的认可、驱逐等手段执行是第三方执行。

③ 徐崇利：“走出误区的‘第三条道路’：跨国经济法范式”，载《政法论坛》2005 年第 4 期。

如何平衡东道国与投资者的利益、如何管理协定制度的系统复杂性。文件提出要使协定中的投资促进条款更加具体化且与可持续发展目标相一致；要在协定中设置投资者责任的条款，构筑企业社会责任的原则；要确保协定与其他公共政策（如气候变化、劳工标准）及国际体制（如贸易、金融等）的协调一致和有效互动。

IPFSD 包括三部分内容：投资政策制定的核心原则、国家投资政策指南、国际投资协定指南。第一部分为各国制定投资政策提出一套基本标准；第二部分旨在为各国建立有效的投资法律体系建立指南；第三部分提供了国际投资协定的各种参考性条款，这些条款内容各异，有的坚持东道国管理利益的保守立场，有的则极力维护投资者利益，如同菜单一样分别适应不同国家的具体需要，由各国自行斟酌选用。

第一部分的投资政策核心原则的表述语言简明扼要，包括以下 11 项。

（1）投资服务于可持续发展的宗旨。投资政策制定的总体目标是促进投资为包容性增长和可持续发展服务。

（2）投资政策的协调一致。投资政策应基于一国整体的发展战略，所有影响投资的政策应在国内与国际两个层面保持协调一致。

（3）公共治理与机构。国家投资政策制定应吸收所有利益相关者积极参与，并运行于基于法治的体制框架内，这样的体制框架应坚持高标准的公共治理并确保对于投资者可预测、有效率且透明的程序。

（4）动态化的投资政策制定。投资政策应就其有效性与相关性接受定期的审议，并为适应不断变化的社会经济环境而作出调整。

（5）均衡的权利和义务。应根据所有人受益的发展利益，列出东道国与投资者各自的权利和义务，使投资政策达到均衡。

（6）东道国的管制权力。每个国家都拥有权力规定外资进入与营运的条件，但须依照其国际义务，遵循公共利益，将潜在的负面影响最小化。

（7）对投资的开放。依照每个国家的发展战略，投资政策应确立开放、稳定、可预测的外资准入条件。

（8）投资保护与投资待遇。投资政策应当为已进入的投资者提供充分的保护，已进入的投资者的待遇应当是非歧视性的。

（9）投资促进与便利化。投资促进与便利化政策应当与可持续发展目标相一致，降低恶性引资竞争的风险。

（10）公司治理与公司责任。投资政策应当促进并便利外商投资企业采用和遵守公司社会责任的国际先进实践与良好的公司治理模式。

（11）国际合作。国际社会应通力合作，应对关于发展性投资政策的共同挑战，尤其是最不发达国家所面临的挑战，亦应作出集体努力避免投资保护主义。

第二部分为关于国内投资政策指南。该部分系将第一部分的核心原则融入具体的国家的国际投资政策建议中。这些国际直接投资政策包括：待遇标准、资金转移、投资契约、契约执行及争端解决、征收问题、投资促进与便利化等。具体分为四块：(1) 战略，旨在确保投资政策融入整个发展战略；(2) 严格意义上的投资政策；(3) 与投资相关的政策领域（例如贸易、税收）；(4) 投资政策的有效性。各国可以依据国情与发展战略不同，选择适用。

第三部分列出了100多项国际投资协定参考条款。分为准入后、准入前、特殊与差别待遇三个部分，其中准入后部分最为庞大，囊括了序言、适用范围、外资准入、待遇标准与保护、公共政策例外、争端解决机制、投资者义务与责任、与其他协定的关系、不降低标准条款、投资促进、机构建制、最后条款等12个部分。充分表明广大发展中国家关注的准入后阶段仍然是国际投资协定的重心所在。这些措施体现了对现有国际投资协定条款的调整，使其更加倾向可持续发展，维护东道国政策空间，或加入新条款以平衡投资者与东道国的权利和义务，或为最不发达国家引入特殊与差别待遇条款以适应其发展需求，等等。①

根据有关学者的归纳，IPFSD指出了若干对可持续发展可能尤其有用的方案。

(1) 协定适用范围方面，精心设计范围与定义条款，排除证券投资、短期投资或投机性投资。(2) 公正与公平待遇方面，以东道国义务的穷尽性列举清单来界定此概念，例如防止司法或行政程序中的拒绝公正、以明显武断的方式对待投资者、严重违反正当程序等。(3) 尽可能清晰区分正当的管理活动与导致补偿问题的管制性掠夺行为（间接征收）。(4) 对“全面保护与安全”条款进行限制，确认此种保护与安全须与东道国的发展水平相适应。(5) 对资金转移支付条款进行限制，给出所适用的支付类型的穷尽性列举清单，并包括国际收支失衡等特殊情形下的例外条款，规定投资者的转移权利须以遵守东道国金融及其他与转移有关的法律法规为前提。(6) 选择无ISDS机制的争端解决条款，或将ISDS机制作为最后备用手段，例如要求在用尽当地救济之后，或者在投资者用完其他任择性争端解决手段之后，方可进行。此外文件还建议，为适应不断变化的发展背景及未预料的重大事态，应设立专职机构负责评估协定的

① 杨丽艳主编：《涉外投资法律实务》，厦门大学出版社2017年版，第431－433页。

有效性，通过修正或解释协定改善其执行情况。①

（四）走向一体化的规则

晚近跨国经济交往日益频繁，大量纯属国内法的社会关系不断进入国际法的视野。② 国际法问题也向国际法律问题过渡。受经济全球化的深刻影响，国际经济法呈现一体化的趋势。作为其组成部分的全球治理规则也走向一体化。

第三节 跨国公司全球治理机制的动态运行

一、跨国公司全球治理机制的运行方式

全球治理必然是不同权力形式（国家、公民社会、市场力量），不同调节方式（习惯、社会规范、法律）之间多层次相互作用的正式与非正式过程综合的结果。

（一）各路径综合

各种调节方式的结合，尤其是非政府组织推动的社团调节的独立，是多中心、民主和合作的治理不同于以往政府为中心、等级制和命令式统治的最大特征。从20世纪60年代以来，欧美等发达国家和地区和一些发展中国家发生了一场范围广泛的“全球市民社会”运动。这场运动打破了传统的“市场—国家”的二元结构，在市场调节、政府调节之外，出现了另一种独立的经济调节机制——社团调节。经济学家认为，政府调节是解决市场失灵的强制解，而社团调节是解决市场失灵的合作解。由社团独自行使或它们与政府一道行使的社会管理过程不再是“统治”，而是“治理”。

（二）多向度的网络管理

多向度的网络管理，主要体现在跨政府网络的建立上。跨政府网络的建立即国内管制机构的国际合作机制，其性质和形式不同于国际组织与法律的标准和传统模式，是“网络治理”的一种形式。全球经济的运作要求国家在传统领域内高度合作，以促进全球管制协调，而这一管制协调机制必然要求国家内部

① Elisabeth Tuerk and Faraz Rojid. Towards a New Generation of Investment Policies：UNCTAD' s Investment Policy Framework for Sustainable Development. http：//www. iisd. Org/itn/2012/10/30/towards a new generation of - investment policies Unctads investment policy framework for sustainable development/，2014 年 5 月 27 日访问。

② 徐崇利：“全球化趋势与跨国法学的兴起”，载《法商研究》2003 年第 4 期。

具有强大管制能力的主权岛的建立（管制机构的独立）和国际法的国家化。该机制不依赖于正式的国际条约而是建立在半秘密的“君子协议”基础上的；不依赖于正式的规则而是依赖非正式的标准；不依赖于国际组织的执行而是依赖于国家适用国际上提出的标准这一非集中化的执行体系。其中最为关键的问题是该机制是通过达成共识的监控标准等运作，依赖于独立的、有效的内部自我管制机构发挥作用。

全球网络治理体系的例证主要有：巴塞尔协议为基础的银行监管框架、国际证券委员会管制框架、环境领域的京都议定书。金融服务日益国际化的同时全球金融市场存在一个需要填补的监管真空，在此基础上，通过网络管理机制构筑了关于资本充足标准的巴塞尔协议。协议要求国家管制机构（中央银行）建立密切联系和相互合作关系，并执行为国家同意的一般共识的标准——资本充足性标准。而且巴塞尔协议的标准已经为许多原来不是参加国的其他国家所采纳。巴塞尔委员会的任务是制定监控标准，而执行留给个别成员国的管理机构。这种全球管制的一个主要结果是在全球管制中程序日益增加其重要性，形成了一种在国内管制机构层面上运作的非集中化执行的间接管制机制。①

作为一种不适于用传统的主权或国际法的观念理解的网络管制机制全球网络法规具有以下特点：（1）网络是相互依赖的组织，由具有自己特殊利益的国家机构组成，受到国家机构网络的调控；（2）网络管制机制通过广泛达成的共识制定程序和决定，这种程序在全球管制中重要性日益增加；（3）网络强调相互性，如发展一种规范性的义务标准而不是依靠严格的规则行事；（4）有一套非集中化的执行体系，国际管制机构的任务在于通过审计和其他机制而不是通过直接执行标准监督成员的执行，以保证适合国际协议所达成的标准。②

（三）规则“创制”方式的变迁

劳氏的“自由主义国际法说”和科氏“跨国法律过程说”分别从国际经济法的创制和法律实施层面反映出从国内到国际的方式重构国际经济法律秩序的主张。跨国公司全球治理规则的创制也遵循这一规律，体现了与传统的国际监管规则的创制方式的不同。

（1）立法层面。新自由主义国际法学派认为应当以从“国内”到“国际”这一“自下而上”的方式重构国际经济法律秩序。以美国国际法学会前任会长斯劳特教授提出的“自由主义国际法说”为代表。该理论以自由主义国际关系理论为基础，就国际法的创制，采用了自下而上的分析进路：国家在国际关系

① 朱景文主编：《法律与全球化——实践背后的理论》，法律出版社 2004 年版，第 258 页。
② 朱景文主编：《法律与全球化——实践背后的理论》，法律出版社 2004 年版，第 257 页。

中的利益不是天生的或给定的，国家扮演的只是国内社会和跨国社会中个人、团体利益之代理人的角色；在国内法规范的调整下，国内社会和跨国社会中个人、团体联动的结果，促进了国家各种外交利益模式或偏好的形成，从而最终构建和塑造国家在国际关系中的行为，包括所从事的国际立法活动。[①]

（2）实施层面。科氏的“跨国法律过程说”反映了法律实施层面上“自下而上”的进路。该理论以建构主义国际关系理论为基础，就国际法的实施，采用了自下而上的进路：强调“观念”在国际法与国内法关系中的能动作用。国家及个人、团体等非国家行为体在不断的互动过程中将会对行为模式形成共识，自下而上地产生国际法律规范。这些国际法律规范，在复杂的互动过程不断被反复使用，相关的国际法律规范被“内化”为国内法律体制中的观念，使国际法得到国家的普遍遵守。[②]

二、全球治理运行的关键环节

跨国公司全球治理机制得以确立的关键环节在于通过严格的程序和建立有效的信息畅通机制来营造共识。全球治理机制不同于以往政府统治。它没有国家的强制力保证实施，而是依靠各个行为主体之间营造共识等达成一致的博弈合作实现治理目标。缺乏群体共识的共同体不过是个人的组合，是没有意义的，规则、共识、共同的价值观念和需要维护的秩序构成了共同体的核心。[③] 而这种共识的营造必须依靠严格的程序和有效的信息流通机制来保障。

Samuel Johnson 曾经说过：“秘密或者神秘开始的地方，堕落或者欺诈已经离我们不远了。”在信息无法获取的地方，秘密助长了不信任。[④] 例如在证券监管中，根据信息披露原则，监管者会要求发行人披露一系列标准化信息，然后利用这些信息进行“气味测试”，以决定是否让发行人发行股票等行为。如果所提供的信息是很庞杂或是经过巧妙处理的，导致信息不可靠，那么监管者必然缺少必要元素去实现有效的主动执法，结果导致监管失灵。但是，现实生活中无论是监管者还是市场参与者都是在不完全信息基础上进行决策的。不完全信息在监管过程中的各个阶段都扮演着重要的角色。政府干预的效果，在很大程度上取决于管制政策是减轻还是加重了市场信息的不完全。[⑤] 因此，信息是

---

① 徐崇利：“走出误区的第三条道路”，载《政法论坛》2005 年第 4 期。

② 徐崇利：“全球化趋势与跨国法学的兴起”，载《法商研究》2003 年第 4 期。

③ Tony Honore, *Making law bind: Essays legal and philosophical*, Clarendon Press Oxford, 1987, pp. 33 – 38.

④ 齐斌：《证券市场信息披露法律监管》，法律出版社 2000 年版，第 1 页。

⑤ [美] 丹尼尔·F. 史普博：《管制与市场》，余晖等译，上海三联书店、上海人民出版社 1999 年版，第 11 页。

有效管制之本，信息的可靠性决定了管制的有效性。

跨国公司的迅速崛起和网络的普及不仅给跨国公司的管理层，也给管辖跨国公司的主体带来了巨大的挑战。它要求管辖主体能够理清公司内部各法人实体的相互关系，洞察某一实体的不利发展对整个跨国公司和其他利益相关者的潜在影响，要求管辖者设立信息交流机构，建立有效的信息畅通流动机制。

三、全球治理的法律秩序

作为一种超越了传统国际法和国际政治的模式，跨国公司全球治理机制的特点之一在于它是对统一的“一元化”的法律秩序的突破，国家中心的一元化法律秩序体系逐渐为广泛分散的“体系导向”的规范性体系——多中心的法律秩序所代替。它强调“法不是某种特殊的或唯一的权力体系，而是一种规范体系，并且不起源于一个单一的权力渊源”。①

与民族经济的出现与发展相适应的“一元化”的法律秩序，根植于由《威斯特伐利亚和约》确立的“国家是唯一的权威中心”而形成的内部主权原则基础之上，是与领土观念相联系的主权模式。而全球经济的核心是主权的领土性和经济流转日益增加的全球性之间的矛盾。② 随着非国家角色在全球经济体系中的权力明显增加，以及国内管制机构高度自治和国际化，主权不再在一个一元化的法律和决策结构中发挥作用，它被分配和扩散到一系列的政府和非政府权威中的主权以多中心的形式的重建，以及“国家碎片化”，最终导致了多中心的法律秩序的出现。③

总之，多元的全球治理逐渐成为全球管理的重要特征。在环境、卫生、武器甚至人权标准的管制方面的国际努力都证明了国际治理的趋势。但最明显的是在国际金融领域，特别是对最近出现的亚洲金融危机的反应。④ 这些治理制度在根本上揭示了威斯特伐利亚国际关系与国际法思想的局限性，由相对自主的管制机构以及私人或非政府角色所构成的管制主体，打破了传统国家对管制秩序的垄断。国内秩序的碎片化是管制性治理的国际形式发展的关键，国家内部多个分散的权力中心（即国内某些经济管理机构，如中央银行）的出现和国际化所形成的越来越多的跨政府网络，是主权在日益全球化的经济中采取的主要形式。

---

① kansishka Jayasuriya：“全球化、法律与主权的转变：全球管制治理的出现”，载朱景文主编：《法律与全球化——实践背后的理论》，法律出版社 2004 年版，第 243 页。

② 同上书，第 246 页。

③ 同上书，第 249 页。

④ 同上书，第 246 页。

第十二章

跨国公司全球治理机制的实现途径

跨国公司管辖问题，单纯依靠政府监管的无效自不待言，而二元结构下国际管辖机制尚未发挥作用。在全球市民社会运动推动下，国际社会结构向三元结构转化，促进了跨国公司监管向全球治理发展。本部分尝试在借鉴“全球治理”理论的基础上，探求跨国公司全球治理机制的实现途径，以期在监管——创新——再监管的过程中，寻求到最佳的平衡点。

三元社会结构下的全球治理机制应该是建立在充分发挥政府监管的职能、国际组织协调作用和非政府组织社团调节功能上的横向合作式的治理机制，尤其是国内管制机构的高度自治和国际合作无疑是全球治理的关键。而允许跨国公司一定程度的自治也是现阶段解决跨国社会问题的有效途径。在此基础上构建各方主体之间有效的信息交流机制和透明度规则是保证全球治理机制运行的关键。

第一节　重构政府监管

在一个更广泛的竞争战略背景下有效管辖跨国公司是一项紧迫的任务。由于市场和现有制度的缺陷，消极的自由放任政策不可能胜任这项任务。在全球治理机制中，政府作为治理者的作用不能忽视，而应在多元治理下予以“重构”。

经过100多年的实践，对于国内市场，政府已建立起有效的市场调控制度，并积累了相当的经验。而在国际社会尚缺乏对市场经济进行有效调节的机构和机制时，如果放弃必要的政府控制，经济全球化将意味着更大的社会风险。①东南亚金融危机的爆发，就是很好的反面例证。政府监管通过弥补市场失灵的缺陷，可以有益于社会和投资环境的改善，监管几乎对企业经营和投资的任何方面都产生一定程度的影响。

另一方面，由于政府的信息和能力问题、寻租和僵化会导致“政府失灵”。政府监管作为一种行政权力，也需要进行限制。首先，权力运行的规律表明需要对其控制。“一切有权力的人都容易滥用权力”，要求“法治”对其控制。其次，权力的实现规律表明需要对其限制。行政权力的强度远远超出公民权利，必须辅以必要的控制。最后，现代行政权力的扩张更需要加强控制②。控制一方面来源于行政法和经济法，另一方面更是宪法的基本要求。“宪法控制政府权力的发展，界定政府机构及职权，它并非关于私行为的法律，而是衡量和适用法律的法律，概言之，就是元法律”③。

跨国公司全球治理机制中政府职能应实现从直接的规定到管制的转变，通过扩大跨国公司、非政府组织等私人因素，改变公共因素与私人因素之间的界限，实现“国家权力”和“工业权力”之间的平衡。此外，注意监管策略的选择必须符合当地的情况。如果设立的监管标准脱离当地情况会引起执行问题、非正规经济以及不必要的成本。任何政策的业绩都取决于政府“实施”政策的能力。如果政府不具备所需的技能、信息、谈判与执行能力，那么更好的做法也许是减少 FDI 进入的障碍，由市场进行资源配置。最近的研究表明，相比发达国家而言，发展中国家倾向于在更多的领域（在签约程序、准入手续和破产过程三方面都有体现）使用监管的手段。因此，如何培养发展中国家政府实施政策的能力是政府监管改革的关键。

20 世纪 80 年代开始，各国政府对跨国公司的规制政策作了调整，更多地采用“驱动型”的政策。这些策略和政策上的变化，表明各国政府的冲突正在由于双方的相互需要而趋于缓和。顺应这一趋势的全球治理框架内政府监管的改革具体体现在以下几个方面。

一、透明的监管原则

政府应该看到跨国公司全球经营活动本身固有的私法属性，一定程度上放开管理力度，采取“欲取反予”的态度，调整经济主权在国际经济交往中发挥

① 车丕照：“经济全球化趋势下的国际经济法”，载《清华大学学报（哲社版）》2001 年第 1 期。

② 孙笑侠：《法律对行政的控制》，山东人民出版社 1999 年版，第 4 页。

③ Laurence H. Tribe, *Constitutional Choices*, Harvard University Press, 1985, p. 246.

作用的方式。此外应该及时公布涉及跨国公司问题的政策法规，以贯彻透明度原则。

二、弹性的监管方式

WTO 规则像一张巨大的网，将其成员方——那些几百年来被认可为具有至高无上权力的国家罩在了这张网下。成员方承担了促进贸易自由化的义务。国家在贸易与投资中的管理权被削弱了，使得民族国家的行为方式不得不做出改变。这一转变的明显特点是刚性规则减少，弹性规则增多。WTO 成员方在不断扩大市场准入的同时，主要采用为 WTO 所认可的具有“判断性”特点的规则管理跨国公司的行为。① 这种弹性规则正是政府监管改革的方向。

三、统一的监管机构

事实证明，集中统一的投资监管机构的效率大大高于各自为政的监管机构。新加坡的经验表明，有效的 FDI 战略需要这样的一个中枢机构。新加坡的经济发展委员会有权对有关 FDI 的所有方面（包括鼓励和批准）进行磋商并予以实施，它能够把关键的决策制定者和关键的工商业代表（其他利益相关者除外）集中在一起，在它的协调下，新加坡成为亚洲四小龙之一。

四、监管技术的革新

政府监管改革应该特别注意控制监管的成本、降低监管的不确定性、消除不公正的竞争壁垒和加强对公司信息披露的监管。

（一）监管成本的控制

任何监管都会给企业带来成本。由于寻租、无效率的行政管理、不合理制度设计等问题的存在，或者是这些因素相互结合，监管过程中经常存在不必要的成本。一个好的投资环境并不要求消除这些成本，相反它努力确保这些成本不会高于满足社会利益所必需的程度。

（二）降低监管的不确定性

如果法规频繁变化、规定模糊，可以随意解释或者前后执行不一致，企业面临的风险就会增多，结果导致不确定性增加。而提高监管的可预见性能够使一项新的投资的可能性增加 30%。② 有效的监管需要定期地复审和调整，关键

① 张瑞萍：“WTO 规则下跨国公司行为规制方式分析”，载《现代法学》2005 年第 3 期。

② 世界银行：《2005 年世界发展报告》，清华大学出版社 2005 年版，第 102 页。

是要把不确定性给企业造成的影响降到最低程度，最好的方法是新的监管措施在实施之前进行充分协商和法律起草时做到透明。任何新的法律或监管措施都有某种程度与生俱来的不确定性，但是政府可以通过快速公开来减少不确定性，并有助于形成先例，以此抑制行政权力，建立可预见性和连贯的政策。通过设立意见咨询或事前公开程序以及在监管解释问题上引入特定的契约性义务，也是降低监管不确定性的可行选择。

（三）消除竞争壁垒

监管直接影响竞争，包括设立市场进入或退出的壁垒，以及对企业反竞争行为的处理。退出壁垒最普遍的是破产监管。当破产程序耗时很久且成本很高时，企业及其债权人就不愿意启动该程序，这样市场就被这些濒临破产的企业弄得混乱不堪，同时也妨碍新企业进入新的市场。根据世界银行“企业经营报告”，在爱尔兰破产花费五个月即可，而在巴西、印度、乍得需要十年。[①] 在哥伦比亚、荷兰、挪威和新加坡，破产成本是企业资产价值的 1% 而乍得和老挝高达 76% 。尽管发展中国家的竞争法并不比发达国家弱，但执行起来有效性小得多，原因在于有限的资源以及缓慢而效率低下的法院，更重要的是因为其他削弱竞争的政策以及检举与政府关系密切企业的信息不畅造成的。

（四）加强公司的信息披露监管，建立信息型监管体系

信息是公司自治与政府监管之间的桥梁。监管本质上说就是信息的监管，有效信息的获得是构筑监管框架的核心所在。政府在监管市场和公司时，保障市场信息是准确、无误、及时和可靠的，而不是直接对公司指手画脚，则自治的公司就能作出合法并且得当的行为选择。政府对公司的监管并不等于对公司的强制性管制，而应以为公司提供必要而且足够的信息服务为主。[②] 政府监管改革的关键在于通过法律的规定（包括国内法和国际法）及严格的执法实践来保证信息环节的畅通、加快信息传播速度及确立信息的认证程序。

所谓“信息”是指有目的地标记在通信系统的信号，表示传达的过程与内容。哲学意义上的信息，是对物质的运动及物质间运动的一种描述[③]。不仅私权主体的信息失灵需要法律来克服，公权机关在制定和实施法律之时所面临的信息失灵问题也需要良好的法律加以克服。法律本身就是一个信息系统。法律的形成过程就是一个信息的收集、分析、归类与处理过程。其中输入的信息的

---

① 世界银行：《2005 年世界发展报告》，清华大学出版社 2005 年版，第 105 页。

② 王保树主编：《全球竞争体制下的公司法改革》，社会科学文献出版社 2003 年版，第 393 页。

③ 黎四奇：《金融企业集团法律监管研究》，武汉大学出版社 2005 年版，第 279 页。

质量必然影响法律的质量。信息在监管者和被监管者之间具有不对称性的特征会导致监管失灵。政府监管以及监管法的真正使命在于消除上述主体之间的信息不对称现象。

信息披露制度是促进竞争同时保障交易公正性的最好工具，因为它使监管者摆脱日常琐碎的管理事务而保持一种“眼观手不动”的状态①。建立“信息型”的跨国公司政府监管模式的关键在于：第一，消除信息交流上的认识障碍和法律障碍，实现信息分享。这方面比较成功的实践是欧盟2001年《对金融企业集团监管的指令建议案》②。第二，实现母国监管者和东道国监管者之间的信息合作。《巴塞尔补充协定》就是信息分享合作方面达成的国际协调机制。第三，发挥跨国公司管理层的作用。对跨国公司的管理层课以信息认证的义务。总之，确立一种“双向式”的信息畅通流动机制，是信息型政府监管模式有效运行的核心。

五、动静统一的监管政策

要保持监管政策的灵活性、连贯性和动态性。政府实施的干预要与其能力匹配，并保持政策的灵活性，不断加以监控。不仅如此，还要求政策具有连贯性和一致性，不同部门之间以及政府与跨国公司之间应该协调一致。政府的管理能力必须与时俱进，注意发展制定竞争政策和环境政策所需要的专业化的技能和专门知识。政府对FDI有效审核需要联系到不断变化的国际和国内形势，需要联系到企业发展战略及竞争战略的变化，需要考虑到来自其他国家的压力，需要在管制跨国公司和允许竞争之间寻找恰当的平衡。

20世纪80年代开始，各国政府更多地采用“驱动型”的政策。基于跨国公司内部化市场结构的正面估计，驱动型政策的实质是建立在承认跨国公司拥有强大的资源优势的基础上，采取的充分发挥跨国公司的积极作用，尽可能降低其负面影响的政策措施。各国政府对跨国公司策略上的转变，集中体现为日益自由化的政策：（1）更为广泛地开放保护性或垄断性的投资行业和业务领域。（2）跨国公司与母国和东道国之间签订的投资协定不断增加，涉及范围不断扩大。（3）采取更为地区化的政策协调。如区域性经济组织内各成员国共同遵守一定的政策框架。（4）投资保障和投资促进的形式多样化。

东道国的竞争或环境政策正成为最活跃的政策领域。随着投资自由化的进一步发展，东道国可用于保证外国企业与当地企业竞争行为的工具已经减少了。

① 齐斌：《证券市场信息披露法律监管》，法律出版社2000年版，第22页。

② 黎四奇：《金融企业集团法律监管研究》，武汉大学出版社2005年版，第287页。

为了确保企业的有序经营，有效的竞争政策仍是必要的。

对于利用转移定价以逃避税收或利润汇回限制的管制也应引起足够的重视。由于许多发展中国家已降低税率并使利润汇回自由化，滥用转移定价的行为可能减少，此外双边税收协定也降低了滥用的危险。但跨国公司内部贸易的存在，使得国际税收监管仍有必要。

第二节　充分发挥国际组织的职能

一、国际组织的协调功能

现行的世界体系处于一种“无政府状态”，因此，应立足于现行国际组织架构的实际，促成各主要国际经济组织的平等协商，制定有关的冲突规则或建立相关的协调机制，即通过协调各区域或国际组织之间立法；协调区域组织立法与成员国立法；协调政府监管的管辖权冲突；为解决全球问题提供固定的论坛等方法，有效地解决国际经济法律规则之间的冲突。

二、国际组织的信息提供功能

国际组织针对某些全球问题，可以起到收集并提供信息的功能。例如联合国计划发展署每年就提供了大量的有关各国经济、人口、社会等问题的数据。在信息提供方面，国际组织有着得天独厚的优势。

三、国际组织的控制功能

国际体系中，合作与规制发展的一种表现形式是国际组织对其成员国作出各种各样的常规性管制。从政府控制角度来看，区域性国际经济组织的主要作用在于消除成员国之间的贸易和非贸易壁垒，便利成员国之间的各种经济交往。这就意味着各成员国对领域内国际经济交往的政府控制正在逐渐削弱，由个别国家的政府控制转向区域性经济组织的集体控制。欧盟就是这方面的典型例证。

除了上述国际组织对全球治理的推进作用以外，国际组织也给全球治理带来负面效应。国际组织是通过一系列的制度来运行的，但制度作为深入一种特定秩序并稳定该种秩序的途径，主要反映了制度建立之时的权力关系。全球性的国际组织基本上由发达国家主导，其运行的游戏规则和制度必然倾向于维护发达国家的利益。传统的国际经济秩序可以说是完全以民族国家和国际组织主宰，它们在表达人民意愿等方面都缺乏民主性和透明度。跨国公司全球治理机制需要国际组织努力克服“世界民主赤字”，克服维护发达国家的利益倾向，增加与其他行为体的合作与交流，才能形成对跨国公司的有效治理。

第三节　实现国内管制机构的跨国合作

一、国内管制机构跨国合作的基础

国内管制机构跨国合作的基础是民族国家权力的适当分流。面对纷繁复杂的跨国经济和社会问题，各国不能再单纯地依靠国内法“自扫门前雪”了，国内政策的制定越来越“国际化”了。跨国社会问题的解决仅仅依赖各国政府“大包大揽”已无济于事，需要国际关系中各个层面的行为体共同参与，国家权力进行适当分流。民族国家的权力向下分流给政府下属经济管理职能部门（国内管制机构），由其“多头对外”，与外国相对应的职能部门开展合作，以灵活和有效地处理跨国公司法律问题，并制定有关跨国公司社会责任的跨国经济软法，从而形成所谓“跨政府网络”。① 以跨国银行监管领域为例，巴塞尔协议的有效运作就是“跨政府网络”的成功范例。

二、国内管制机构的跨国合作

主权的法律范畴要不断调整以适应变动的社会形式。随着全球经济中主权领土性与经济流转全球性的矛盾日益突出，主权模式从简单的内部一元中心的领土模式转向复杂的内部碎片化模式。相应地，19 世纪《威斯特伐利亚和约》确立的国家作为唯一决策中心的“一元化”法律秩序正在为国内秩序的“碎片化”所破坏。随着国内管制机构国际合作的加强和自治水平的提高，国内管制机构日益“国际化”。国内管制机构独立于其政府行为，在从金融证券到环境卫生的诸多领域发挥着重要作用，尤其是国际金融领域中各国央行的独立和全球合作。这一合作不仅反映了政策工具由财政政策向货币政策的转变，而且反映了国际政治经济的结构性变化。央行独立成为国家对内重建的中心。各国央行之间的合作不同于国际组织合作的传统模式，是以保证国际协议达成的标准为目的。此外，欧盟新形式主权的出现也是多中心法律秩序的例证。新的欧洲

① 徐崇利：“走出误区的第三条道路”，载《政法论坛》2005 年第 4 期。

政体强调国家机构、非国家角色、欧洲制度参与的多层次的“治理”而非“统治”。主权被分配和扩散到一系列的政府和非政府权威之中。

第四节　健全跨国公司的自治体系

一、跨国公司自治的合理性

法治社会的形成和发展，不仅依赖于市场“看不见的手”引导下自然秩序之社会经济基础，而且依赖于各项法律制度日趋完善，依赖于政府之“看得见的手”辅佐市场时的依法行政，依赖于各个国内管制机构在维护私主体基本利益的同时担负起自我监管的重任；更依赖于公司这一典型的私主体不断完善公司治理结构，在公司内部良性循环的自秩序中生存和发展。从公共物品供给的角度来讲，政府行为本身受到“人为的”规则和制度结构的影响，不可避免地存在政府失灵问题。所以，在引入政府调节经济的具体行为中，政府监管永远是次优选择。公司治理权威学者孟克斯认为，“只有在公司治理体系已不能保证为社会的整体利益带来好处之时，政府对公司治理的干预才成为必要。”①

解决市场失灵要重视“政府规制”，更要把握“公司自治”这一关键环节。公司不能自治，就丧失了市场经济“私主体”的地位，不能称为“公司”，更加无法实现跨国经营。确立跨国公司全球管制治理机制时，一定要重视公司内部的治理，恢复其自我约束、自我规范、自我管制的“自治力”，才是根本出路。政府监管、管制机构协调等只是手段，必须使公司能够自治而且必须自治。

现代跨国公司在界限上的起步阶段就带有跨国色彩。就公司经营的“一体化”形式而言，基于“国家界限”的路径依赖，而形成的“国际界限”并非实质界限，而应体现为“企业界限”。企业界限的扩张是对独立国家界限束缚的应对。两种界限经济的“搭界”，意味着出现了一种全球化的“新的经济结构”②。与之相适应，跨国公司的行为一方面发生在“企业界限”内，另一方面发生在企业界限与国家界限之间。在跨国公司和国家两种不同性质的实体之间出现了平等对话的平台，其中“权力让渡”的流向呈现从国家向跨国公司流动的单向性特征。

---

① 陈东：《跨国公司治理中的责任承担机制》，厦门大学出版社2003年版，第26页。

② 杜文中：《界限经济与市场主体行为》，经济科学出版社2004年版，第2页。

正是业已形成的可以抗衡“国家权力”的“工业权力”，以及公司内部一体化和外部一体化的战略联盟使得跨国公司的“公司自治”成为可能。

二、跨国公司自治体系的实践和完善

肇始于中世纪的“商人法”，经历了全球扩张和被民族国家国内法吸收的由盛到衰的过程。20 世纪 80 年代跨国公司的蓬勃发展，使其摆脱了国家地理位置束缚形成了一种“企际经济”。它们在交往的过程中逐渐制定自己的行为规则，自发形成一种全球商业社会内部的“自主纪律”，体现了现代“商人法”的复兴。现代商人法在构筑跨国商业正义中发挥着积极作用。一种公正在海外公司、跨国合约、商业仲裁和商业规则中构筑起来，致使一部超国家的并可能凌驾于国家之上的新商法的形成。① 其中跨国公司制定的生产守则就是现代商人法的重要范例。对于那些因跨国公司的产品责任、质量标准、环境问题等引发的全球问题，跨国公司完全可以充任正面建设性的角色：它可以充分利用其全球网络的机制来促成问题的解决，协调国家与国家之间的矛盾，提供许多技术和资本来解决这些问题。

第五节　构建非政府组织的社团调节机制

跨国公司全球治理体制必须吸纳新的角色，不仅应有一国的、跨国的和全球的组织机构参与，而且还应该有非国家、非政府的各种行为体参与。正如“全球治理委员会”所说的那样：“在全球层次上，治理基本上是指政府间关系，但现在我们必须理解，它也包括非政府组织、公民运动、多边合作和全球资本市场。”实际上，在新的国际行为体中，最引人注目的角色就是各种各样的非政府组织。

全球化过程中人们跨国交流与合作加强、相互依赖程度的日益加深，已经创造出一个类似国内公民社会的“全球市民社会”。莱斯特·萨拉蒙认为：“历史将证明，这场革命对 20 世纪后期世界的重要性丝毫不亚于民族国家的兴起对 19 世纪后期世界的重要性”。② 尽管非政府组织就像尼斯湖的怪兽——人们可以肯定地说它“不是什么”，但很难说它“是什么”——但不妨碍它成为全球公

① 参见［澳］克里斯托夫·阿勒普：《世界贸易组织的新协定》，上海人民出版社 2004 年版，第 32 – 33 页。

② 何增科主编：《公民社会与第三部门》，社会科学文献出版社 2000 年版，第 243 页。

民社会中最活跃的主体。①

非政府组织的社团调节在一定程度上可以弥补市场调节和政府调节的不足，由非政府组织独立行使或与政府共同行使的社会管理过程，称为“治理”。非政府组织在全球管制治理中的作用体现在以下几个方面。

一、监督和实施国际义务方面的作用

非政府组织在监督国家和跨国公司遵守国际法方面起到重要作用。一方面，它监督国家实施其签署的条约、调查和揭露国家违反国际法的行为，迫使国家遵守其国际义务。另一方面，它通过揭露和抗议跨国公司违法行为，迫使其遵守其国际义务。管理多国公司的行为准则是毫无用处的，除非这些行为准则得到消费者的大力支持，迫使多国公司执行它们。而一些非政府组织享有公众信任和国际联系，能够坦率和令人信服地谈论全球公正问题。②

与政府及政府间国际组织相比，非政府组织在实施全球治理的项目过程中表现得更为灵活、负责和有效率。它接近当地的民众，提供的各项服务更为细致周到。所以，近年来，各国政府及政府间国际组织一直鼓励非政府组织参与各种项目的实施，通过分保合同等方式，将操作性责任转移到非政府组织身上。非政府组织则通过缔结协议和签订合同的方式提供特定产品和服务。

二、润滑剂作用

非政府组织在各国国内政府、公众、跨国公司以及政府间组织之间起到润滑剂的作用。非政府组织通过使公众知道真相和向国内立法机关施加压力，直接或间接地对国内政府产生影响；政府有时会利用非政府组织将其立场传达给公众，政府部门也可能在与其他政府部门的关系中，借用非政府组织增加发言权。非政府组织经常为政府间组织的工作提供各个领域的专家意见和信息来源，同时又依赖后者提供重要的信息和见解以影响国内政府，并且在政府间组织与政府之间充当不可或缺的沟通者。

非政府组织是国家与跨国公司相互协作的纽带。非政府组织的介入改变了国家和跨国公司相互交往的形式，由原来面对面的直接交往逐步转向间接的交往。它不仅没有成为国家的对立面，而是在一定程度上加强了国家在解决全球性问题上的力量。非政府组织参与全球机制的建立、和跨国公司直接或间接的

---

① 周志忍、陈庆云：《自律与他律》，浙江人民出版社 1999 年版，第 2－3 页。

② ［美］迈克尔·爱德华兹：“公民社会与全球治理”，王玉强、陈家刚编译，载《马克思主义与现实》2002 年第 3 期。

交往、和国家进行合作等一系列行为客观上形成了制约跨国公司行为的新力量。

三、造法功能

近几十年来，国际社会“软法”日益增多，这与非政府组织的活动密切相关。“软法”包括由国家缔结但仅规定“软义务”的国际条约、政府间国际组织的决议和守则以及由非政府组织力量制定的示范法、商业惯例和行业标准等，有可能成为国际法新的法律渊源。[①] 据德国《经济周刊》报道，欧洲和美国的企业家同欧洲政治家们一起组成了欧洲网络协会，以便为因特网制定全球规则。因特网分配域名和地址公司对全球域名和电子信箱的编码管理问题作出规定，全世界网民都可以通过电子邮件参与上述因特网管理机构的理事会选举。这将是在没有国家参与的情况下由一个社团组织为全球因特网“立法的会”[②]。

社团的自主立法，是社团调节独立于国家调节的重要标志，和国家法律有本质区别，但同样起到了调节社会经济运行的作用。社团的自主立法包括非政府组织的“内部法”、“商事惯例和示范法”、与政府或政府间组织交往的国际习惯法规则以及国际经济专门领域的公法性规则。基于一种“私性权力”，非政府组织颁布调整其内部关系的组织法和行为法，对其成员是有约束力的。这种在其参与国际经济交往过程中，形成的自身内部活动以及与其他非政府组织之间交往的法制、程序和规则可称之为“自治法”，而其与政府间组织和民族国家之间关系的规则可以说是正在形成的“国际习惯法规则”；非政府组织凭借丰富的专业知识、社会声誉和关系网络，为国际商事交往的当事人尤其是跨国公司制定了大量的内部治理以及外部交往的规则，这些商事惯例和示范法又称之为“现代商人法”；此外，非政府组织通过出席会议、参与文件的编撰、游说和抗议等活动参与制定或影响国际经济领域的公法性规则的发展。上述规则共同构成了一类独立的规则体系，即非政府组织法或称非政府国际经济组织法[③]。非政府组织在次国家层面对国际法治进程的干预被称为次国家的治理。[④]

四、信息协调的作用

非政府组织主要是通过收集和传播信息发挥作用的。非政府组织有不同于官方的信息渠道，在许多情况下它们所提供的信息是官方不喜欢和不愿意公布

---

① 黄志雄：“非政府组织：国家法律秩序中的第三种力量”，载《法学研究》2003 年第 4 期。

② 《参考消息》2000 年 5 月 24 日，第 13 版。

③ 王彦志：“非政府组织与国际经济法论纲”，载《国际经济法论丛（第 7 卷）》，第 283 页。

④ 何志鹏：《国际法治论》，北京大学出版社 2016 年版，第 249 页。

于众的。非政府组织可以通过信息渠道经常性地施加压力，监督政府及政府间国际组织的行动，唤起公众的意识。非政府组织也能为政府及政府间国际组织提供各种咨询和处理信息。各国政府和政府间国际组织可以从非政府组织那里，得到有关特定专业领域的、技术的、法律的以及政治等方面的专门知识。非政府组织可以动员各方面的人才，如专家、学者和社会基层的工作人员提供咨询，处理信息。随着全球市民社会的发展趋势日益明显，非政府组织在全球治理中扮演着越来越重要的角色。

越是专业化的跨国性的非政府组织（如绿色和平组织）越有能力把来自官方的有用信息和它们自己整理汇编的信息结合起来，去影响国内国际问题的“政治议程”。相比之下，小规模的以共同体为基础的非政府组织，更多开展地方性活动，而不是改变政策。它们非常善于把带有技术难度的信息以简单化的方式传递给普通民众，改变普遍适用的应对措施使之适用于地方问题。

尽管非政府组织是全球治理不可缺少的重要因素，但与主权国家和政府间国际组织相比，它在全球治理中的地位仍是次要的、辅助性的。由于非政府组织自身的缺陷如结构性和代表性等问题，它不可能取代政府的作用。在可以预见的未来，政府仍将是全球治理机制的主要角色。

第十三章

在华跨国公司治理机制

国际法的研究不能仅停留在国际法本身的抽象理论分析和规范论证，而应通过一般分析为中国相应的立法完善提供理论指导。从国际法制的一般要求与国内相关法制具体背景出发，探讨法律完善的具体对策和途径是研究国际法制的重要价值所在。[①] 这种法制研究的一般规律告诉我们，跨国公司管辖理论研究的最终触角必然涉及在华跨国公司法制。本章在阐述跨国公司在华投资现状和我国现行的外资监管机制基础上，构筑符合中国国情的跨国公司治理机制，以期在积极利用外资的同时，实现对在华跨国公司的有效治理。

第一节　跨国公司在华投资及其法律管制

一、跨国公司在华投资的发展历程

跨国公司在中国投资的发展过程与中国改革开放的发展过程基本对应，大致经历了四个阶段：第一个阶段 1983 年以前的“试探阶段”。跨国公司开始考察中国的投资和市场环境，但只有很少的跨国公司在中国投资。第二阶段 20 世纪 80 年代中期到 90 年代初的“准备阶段”。跨国公司逐渐扩大在中国的投资。但这一阶段投资的目标在于利用中国廉价的劳动力资源，把中国看作其获取价格竞争优势的重要区位。第三阶段 1992 年到中国“入世”之前的“融合阶段”。经过十几年的考察研究和投资试验，跨国公司对中国的政策、法律、市

① 肖北庚：《政府采购之国际规制》，法律出版社 2005 年版，第 236 页。

场、人文环境等已经有了充分的了解，中国经济的持续增长也为跨国公司提供了广阔的市场，邓小平同志的南方谈话和中共十四大的召开进一步坚定了跨国公司对中国投资的信心。这一阶段跨国公司对中国的投资额迅速扩大，战略目标更加明确，中国也从加工组装基地向重要的制造基地转变；第四个阶段2001年至今的“发展阶段”。加入WTO之后，中国已成为全球跨国公司关注的热点地区。跨国公司对华投资呈现出投资目标战略化、投资结构产业化、投资产品系列化、投资项目配套化的新趋势。具体体现为一是投资结构进一步优化，资金密集型项目和新技术项目比例增加；二是加重本地化经营，提高国内市场占有率；三是投资方式更加多样化。跨国公司的投资方式逐步突破了传统的“三资”模式，跨国并购方式、BOT、经营权转让、项目融资、境外上市等方式投资项目明显增多。《2019中国外资统计公报》显示，2018年，中国新设立外商投资企业60 560家，较2017年增加69.8%；截至2018年12月，累积设立外商投资企业960 725家。[①] 2018年，中国在全球吸引外资国家/地区中排名第二，吸引外资1383.1亿美元，同比上升1.5%，占全球吸引外资总量的10.7%。[②]

二、跨国公司在华投资的负面影响

跨国公司在华投资为我国的经济发展带来积极效应的同时，也造成了一些经济扭曲。[③]（1）跨国公司普遍存在着避税严重，税负不公的问题。在跨国公司在华投资的“长亏不倒”和“越亏损越投资”的“迷局”背后，隐含的是巨大的税收漏洞。（2）跨国公司在华投资结构分布不均。跨国公司在华投资大多集中在东南沿海，很少在西部地区投资。虽然我国出台了对西部投资的鼓励政策，但由于西部地区其他配套措施达不到跨国公司的要求，跨国公司在西部投资额很小。（3）跨国公司的转移定价对我国的国际收支安全有一定的冲击。（4）跨国公司滥用市场优势地位，形成垄断。垄断性并购的危害在于损害同类竞争者的利益、破坏公平竞争的市场秩序、损害消费者的利益甚至危及国家经济安全。

除上述问题外，跨国公司在华投资还存在其他一些问题。比如，地方政府的引资竞争抬高了引资成本；造成土地等资源的巨大浪费；部分行业跨国公司在华工厂产生了环境污染；一些跨国公司在华子公司的职工权益未能得到充分保障；等等。这些问题也应引起我们足够的重视。

---

① http://wzs.mofcom.gov.cn/article/ztxx/201912/20191202925437.shtml.

② 资料来源：UNCTAD：《2019世界投资报告》。

③ 文东伟：“2005年在华外商投资企业白皮书”，载《南方周末》2005年12月18日，第3版。

三、中国引进外资的政策演变

跨国公司在华投资直接受制于我国的外资政策，其投资规模、投资结构的变化都与中国引进外资的政策息息相关。中国引进跨国公司的政策是在与跨国公司进行博弈的过程中不断成熟和完善的，这些博弈主要集中于股权比重、产业导向和区域分布。具体说来，中国引进跨国公司投资的政策大致经历了四个阶段。

第一个阶段从1979年到1983年的试验阶段，政策方面主要是取消了对跨国公司的进入限制，制定了《中外合资经营企业法》(1979年7月)，并建立了深圳、珠海、厦门、汕头4个经济特区，作为重点引进外商投资的区域，中央给予这些区域更为优惠的政策。

第二阶段从1984年到1991年的加速发展阶段。在此期间，我国新开放了14个沿海城市和长江、珠江、闽南3个三角洲，并于1990年决定开发和开放上海浦东新区，形成了开放整个沿海地区的新格局；引进跨国公司的法律框架初步形成，颁布了《涉外经济合同法》《专利法》；《外商投资管理条例》颁布施行，对跨国公司投资开始有规模、出口比例、科技水平的限制，鼓励出口、进口替代和高科技的跨国公司投资；更加注重通过基础设施的建设和制度改革(包括财政、金融、企业等制度）来吸引跨国公司。这一阶段跨国公司进入的成本大大减小，政府的监管更加制度化。

第三阶段从1992年至“入世”之前，不仅沿海地区，而且沿江、沿边及内地市场也进一步向外商开放，一些行业开始允许外商控股经营；颁布和实施《指导外商投资方向规定》和《外商投资产业指导目录》，把外商投资项目划分为鼓励、允许、限制、禁止四类，进一步明确了产业导向；制定了《反不正当竞争法》等，更加追求、维护竞争的公平性，依靠国内市场而不是政策优惠来吸引跨国公司，对跨国公司的定价转移等行为的微观调控进一步市场化。

第四阶段从“入世”至今，我国进入了全面建立市场经济制度的历史阶段。“入世”以来，中国政府积极履行“入世”承诺，进一步清理了不符合WTO要求的法律法规。尤其是2020年1月1日，《外资投资法》《优化营商环境条例》同步落地实施，是我国以法治方式营造一流营商环境的重要举措。

四、在华跨国公司法律管制机制

（一）国内层面

2019年3月通过的《外资投资法》，取代了之前的《中外合资经营企业法》

《中外合作经营企业法》《外商独资企业法》，确立了我国新型外商投资法律制度的基本框架，对外商投资的准入、促进、保护、管理等作出了统一规定。此外《鼓励外商投资产业目录（2019 年版）》《外商投资准入特别管理措施（负面清单）2019 年版》《自由贸易实验区外商投资准入特别管理措施（负面清单）2019 年版》，已于 2019 年 7 月 30 日起施行。通过这些制度的设计，标志着中国市场化、法治化、国际化的营商环境建设进入了新的阶段。此外，还通过了各种有关的单行法律法规。这些单行法律法规包括关于外商投资的法律以及税法、反不正当竞争法、合同法等其他一些经济法规。这些法律法规的内容涉及跨国公司的外资准入、外商投资企业组织制度、外商投资企业登记管理、鼓励外商投资及外商投资企业管理方面、外商投资企业税收、金融、保险、证券、基金、外汇管理、财政、审计、价格管理、劳动和社会保障、外资并购方面的立法。[①] 其中，有关跨国公司的一些敏感问题，如关于外资股权、征收和国有化、限制性商业惯例、出口实绩、当地含量要求等也都有相应的明确规定。

（二）双边投资协定的签署

除了国内的外资法体系初具规模外，中国还签署了不少双边或区域协定以促进外国直接投资的引进，对国内外资立法也有一定的补充和保证作用。据统计，截至 2010 年 11 月 1 日，我国已经与 130 个国家签订了双边投资保护协定，与东盟、智利等 7 个国家和地区签署了自由贸易协定，位居发展中国家首位，仅次于德国。[②]

中国 BITs 实践已届 30 余年，大致分为第一阶段（1982—1997 年）、第二阶段（1998—2011 年）和第三阶段（2012 年至今）三个阶段。

第一阶段属于“积极规范、有效开放”阶段，中外 BITs 多以“规范”为特征，其中又可划分为前期（1982—1988 年）和后期（1989—1997 年）两个子阶段。前期，中外 BITs 主要是应资本输出国（多为欧洲发达国家）的要求或建议，从鼓励和吸收外国投资的角度进行考虑和安排，主要采用欧式 BITs 的模式。后期，中国除与少数发达国家签署 BITs 外，还与亚洲、非洲、拉丁美洲等发展中国家签署了大量 BITs。

第二阶段属于“积极开放，有效规定”阶段，BITs 以“鼓励”为特征。（1998—2002 年）中外 BITs 中增加了国民待遇，扩大了提交国际仲裁的范围等内容，但除这两个条款外，与第一阶段的 BITs 差异不大。

该阶段后期（2003—2012 年），BITs 发生了显著变化，不仅调整了在以往

① 丁伟主编：《经济全球化与中国外资立法完善》，法律出版社 2004 年版，第 226 – 228 页。

② http：//news. xinhuanet. com/fortune/2010 – 11/01/c_ 12724364. htm，2013 年 1 月 2 日访问。

中外 BITs 中的立场，而且在内容上也更加丰富且明确。

第三阶段属于“双向保护、扩大开放”阶段。中国已经由一个主要投资输入国变成一个兼具投资输入和输出双重身份的国家。中国在国际投资中的角色定位发生重大变化，要求 BITs 政策进行相应调整，以适应这一重大变化。

（三）区域和多边投资协定的实践

从区域层面来看，自中国东盟自由贸易区全面启动后，中国先后启动了与南部非洲关税同盟、海湾合作委员会、智利以及澳大利亚、新西兰的自由贸易区谈判。

多边层面上，我国于 1998 年 4 月签署了《汉城公约》，1990 年 2 月签署了《华盛顿公约》，2001 年 11 月 12 日加入了世界贸易组织，而后在多哈回合谈判过程中积极参与，发挥了发展中大国应有的作用。

截至 2017 年 6 月 15 日，中国报备联合国贸易和发展委员会的 BITs 有 129 个，含有投资保护条文的其他条约（TIPs）有 21 个。中国签署投资保护条约的数量，在世界上占据第 2 位。① 这些法律、法规的制定和双边、区域、多边条约的签署，共同构成了我国投资的法律环境，也是我国跨国公司法律体系的重要组成部分。

第二节　在华跨国公司治理机制的制度设计

多元的跨国公司治理机制是以政府监管为中心，非政府组织监督为辅助，国内管制机构国际合作为关键，允许一定程度的跨国公司自治的良性互动机制。

一、政府职能的重新定位

政府与跨国公司的关系总是处于两难的境地，或者是政府监管跨国公司过多，或是跨国公司不受约束。解决这一困境，实现政府职能转变的关键是在法治框架下建立一个有限和有效的信息型监管政府，充分发挥市场的作用。

（一）有限政府

市场经济存在两大问题：市场失灵和政府失灵。为了维持市场秩序，引入政府是必然，但如果政府不受约束，就会滥用权力，尤其在中国计划经济的烙印下，政府任意权力过大。解决这一两难的问题，最好的制度是“法治”。“法

① http：//investmentpolicyhub. unctad. org/IIA，2019 年 6 月 11 日访问。

治”与“依法治国”的区别在于：依法治国是政府以法律为工具来管理经济，政府是“无限政府”；“法治”是政府在法律之下，是“有限政府”。[①]

约束政府的方式有三种，公民社会、民主和法治。公民社会通过非政府组织以舆论监督的方式约束政府。民主是以投票的方式，确定政府人员，从而约束政府。法治就是法律通过政府保护产权、实施合同，维持市场秩序，但同时法律也约束政府。

建立“有限政府”的途径之一是防止政府颁布太多干预跨国公司活动的法律。过多的市场准入限制会造成企业创业的困难，制约引进外资的规模。途径之二是增加对限制政府任意权力的法律供给。政府权力的任意性，降低了政府决策的透明度和跨国公司对经济环境的可预期性，影响了跨国公司进入中国市场的积极性。目前我国限制政府任意权力的法律欠缺，至今未出台《行政程序法》，调查、听证和决策程序都无法可依，必须加强这方面法律的供给。此外，只有从根本上改变法律的“政府工具论”的观念，才能使政府成为真正的“有限政府”。

（二）有效政府

WTO 规则是法治规则，是约束政府行为的规则，为了更好地履行“入世”承诺，必然要建立有效政府。有效政府是建立在有限政府的基础之上，通过区分不同的市场进行适当的监管。原则之一是监管成本小于监管收益时，才进行监管；原则之二是区分不同的市场实行不同的监管政策。产品市场上政府实施有效的“竞争政策”，维持市场秩序；金融市场上政府实施“强制信息披露”，促进金融市场健康发展；环境领域、安全领域也是如此。

（三）信息型政府的定位

监管本质上就是信息的监管，有效信息的占有与获取是有效监管的核心。1766 年，瑞典颁布的《出版自由法》是世界上最早的信息公开法。根据该法的规定，经申请可公开官方文件。之后的 200 多年，特别是在当今世界，信息公开已然成为一种潮流和大趋势。[②]

我国公共信息的公开制度还不健全。在我国，有关公共信息公开的立法，散见于档案法、行政处罚法、行政复议法、立法法、安全生产法、突发事件应对法、保守国家秘密法等法律，以及行政法规、地方性法规、规章之中，很分

---

① 钱颖一：“政府与法治”，载《比较》第 5 辑，第 6 页。

② 万其刚：“关于信息公开的理念、立法与实践”，http://www.npc.gov.cn/npc/c221/201004/6f0cc5f8641543ba8e2dda51bf1cab72.shtml，2019 年 11 月 7 日访问。

散，不具体，操作性也不是很强。2008 年 5 月开始实施的《政府信息公开条例》只是一部行政法规，不仅法律效力层次还不够高，而且其调整范围比较狭窄，不能涵盖党委、人大、政协以及具有管理公共事务职能的社会组织。① 各地和各部门的有关规定也很不统一，使得不同地方的做法各异，有违法律面前人人平等和国家法制统一的原则。未来，应尽快研究制定信息公开法，实现信息型政府监管的法治化。

2020 年 1 月 1 日《外资投资法》和《优化营商环境条例》同时开始实施，是我国外资信息公开化的法治保障，大大优化了我国的营商环境。《外资投资法》建立了与更高开放水平相适应的信息报告制度等事中事后监管制度，是实现信息型政府定位的重要举措。

二、管制机构的设计

（一）建立基于公平原则、相互协调的专业管制机构

长期以来，我国政府监管机构的组建一直是政府部委型方式。为了建立一套能够促进市场发挥作用，跨国公司与国内企业公平竞争、消费者和劳工利益受到充分保护的制度体系，要求新的管制机构应该在“公平、透明、专业、独立、诚信和可问责”原则下运作。

（二）加强对管制机构执法的程序性约束

长期以来，我国监管机构的执法是运动式，缺乏法律约束，人为地增加了市场的无序。未来，必须加强对新的管制机构的程序性约束，使其符合“法治”的根本要求。

（三）构建管制机构之间适当的组织关系

以往，一个投资项目的审批，需要报送不同政府监管机构。它们彼此独立，并不共享信息，烦琐的审批手续延长了准入期限。在华跨国公司治理机制中各个管制机构之间要实现信息共享，简化审批手续，完善经营监管，保持经济监管、环境监管、安全和卫生监管的齐头并进，协调发展。

三、竞争性市场体系的完善

对涉外经济关系的法律管制，在可以预见的未来不可能完全消亡。② 对于许多以开拓市场为目的外国投资者来说，优惠待遇并不是投资的决定性因素。

---

① 史玉成：“论我国政府信息公开法律制度的发展与完善”，载《法律适用》2009 年第 2 期。

② 陈安主编：《国际经济法专论（上）》，高等教育出版社 2002 年版，第 177 页。

跨国公司已经逐渐将注意力转向了市场准入和市场支持型的法律和政策环境，而不是由当地政府提供的外部激励。

为此，在华跨国公司治理机制应致力于建设基于法治和入世承诺的开放的竞争性市场体系。这一体系要求一个政策透明，保护知识产权、坚持公平竞争的市场经济环境。为此，2019 年《外资投资法》，对外资的特殊性问题如跨国公司审批程序和机构、外资投资领域、股权比例等方面问题作出了统一规定。对有关外汇管制、雇佣政策、税收政策、劳动关系等问题，分别归入相应的部门法调整。2008 年实施的《反垄断法》在实践过程中发现很多问题，也在积极地修订过程中。①

四、非政府组织的辅助作用

NGO 在全球范围内的兴起，恰是对全球化进程中国家权力扩张和市场力量侵蚀的必然反映。② 非政府组织是市场和政府之间的中介。

改革开放以来，我国民间组织稳步发展，整体质量明显提高。民间组织已经遍布全国城乡，涉及社会生活各个领域，初步形成了门类齐全、层次不同、覆盖广泛的民间组织体系。截至 2018 年年底，全国登记注册的社会组织 81.7 万个，比上年增长 7.3%。③

中国的非政府组织除了具有一般非政府组织的共同特点之外，还有着不同于西方非政府组织的特殊性，体现在以下几个方面。

（1）内涵的差异。我国法律上认定的非营利组织与发达国家的非政府组织不同。它是由民间组织、国有事业单位、人民团体、转登记团体和未登记团体构成的，内涵明显广于非政府组织。④

（2）“市民社会——政治国家”发展轨迹不同。西方经历了从自由放任的市场调节到市场与国家调节并用的发展阶段。国家调节是建立在市场相对完善和健全基础之上。之后的社团调节是确立在较为成熟的市场调节和国家调节之外的第三种调节机制。我国改革之前，国家计划是唯一的经济调节机制，排斥市场调节。改革开放之后的社会主义市场经济体制，是在市场调节尚不健全甚至市场调节缺位的情况之下实行市场和国家的并用，其中国家调节的惯性还很大，市场机制不成熟。非政府组织的治理在中国是为了弥补“双重失灵”的

---

① 2020 年 1 月 2 日起，国家市场监管局就《反垄断法》修订公开征求意见，已于 2020 年 1 月 31 日截止。

② 马长山：“NGO 的民间治理与转型期的法治秩序”，载《法学研究》2005 年第 4 期。

③ 参见《2018 年民政事业发展统计公报》，http://www.mca.gov.cn。

④ 李恒光：《市场与政府之中介》，江西人民出版社 2003 年版，第 17 页。

选择。

（3）基础不同。西方国家 NGO 的兴起，建立在国家与社会分离的基础上。中国改革开放之前，国家权力渗透到社会的每个角落形成了国家—社会一体化的局面。在此基础上改革带来的社会转型和 NGO 的兴起，正是突破国家—社会一体化的生力军，促进了国家和社会的结构分化。

（4）形成机制的不同。西方 NGO 的形成是自下而上的方式，中国的 NGO 多是在政府扶持下自上而下建立起来的。当代中国正处于社会转型期，这种社会转型是传统社会向现代社会的转型，是全方位的结构性变动，其内容涉及经济、社会、政治领域的各个方面，其中一个核心的内容是国家权力的转移，即国家权力有步骤有计划的退出，还权于企业，还权于社会。与政府下放权力相伴的是政府职能的转变。1998 年，九届人大一次会议通过的《关于国务院机构改革方案》中，明确把政府职能的科学定位为宏观调控、社会管理和公共服务三项。政府退出来的权力真空，除一部分属于市场的权力归于市场外，很大一部分权力交给非政府组织来承担。

这一过程中，必须通过法律体系和制度设计明晰政府与非政府组织在治理领域的权利、责任与义务。政府除了作为“元治理”①，发挥中心作用之外，还应继续担负起仲裁职责，从宏观层面规约逐渐形成的多元治理格局，使政府、跨国公司和非政府组织能够在法律与制度框架内本着互利合作、诚实守信的态度开展竞争与合作。

五、国际协调机制的构建

当今世界没有任何一个国家对外资是完全开放的，各国普遍制定了涉外经济管理法，其中很多内容涉及跨国公司。而且，这类法律的适用具有域外效力，实践中常常导致管辖权冲突。国际组织在解决跨国公司监管法律域外适用冲突上可以发挥积极的协调作用。我国应当充分地利用加入 WTO 的契机，加快法规清理的步伐，在 WTO 框架内进行有效的政府监管。

六、本土跨国公司的发展

当今世界，一个国家拥有跨国公司的数量和规模，已经成为衡量这个国家经济实力和国际竞争力的重要标志。我国加入世贸组织，意味着将进一步开放市场，我国企业将在自己的家门口迎接激烈的国际竞争。培养具有国际竞争力

① 政府在社会管理网络中被视为“同辈中的长者”。

的跨国公司，既是我国企业生存的迫切需要，也是迎接跨国公司挑战的方法之一。[①] 虽然外商投资企业和国内企业一样创造收入、税收和工作岗位，但一国长期的竞争力取决于本国企业的创新精神及其在世界市场上竞争的能力。我国面对巨型跨国公司，欲管辖其全球活动是比较困难的。而通过减少对跨国公司的跨国经营管制甚至予以扶持不失为一种有效的应对其他国家跨国公司竞争的手段。

① 法国经济学家塞力·雷斯贝尔称，发展中国家应对跨国公司挑战的唯一方法就是创立自己的跨国公司，参见钟伟："跨国公司发展对国家监管的挑战"，载《科学决策》2001 年第 3 期。本书不赞同发展本国跨国公司是唯一方法的观点，认为那只是方法之一。

参考文献

专著类

1. 董静然．欧盟新型国际投资规则法律问题研究［M］．北京：中国政法大学出版社，2019.

2. 邢钢．公司法律问题的比较法与国际私法评判［M］．北京：中国法制出版社，2018.

3. 何芳．国际投资法律体系中的外资管辖权研究［M］．北京：法律出版社，2018.

4. 邓婷婷．国际投资协定中的公平公正待遇研究［M］．北京：法律出版社，2017.

5. 赵磊．公司法中的外国公司法律问题研究［M］．北京：法律出版社，2017.

6. 银红武．中国双边投资条约的演进［M］．北京：中国政法大学出版社，2017.

7. 何志鹏．国际法治论［M］．北京：北京大学出版社，2016.

8. 王彦志．新自由主义国际投资法律机制：兴起、构造和变迁［M］．北京：法律出版社，2016.

9. 王彦志．国际经济法总论：公法原理与裁判方法［M］．武汉：华中科技大学出版社，2013.

10. 马迅．《能源宪章条约》投资规则研究［M］．武汉：武汉大学出版社，2012.

11. 佟占军．国际投资设业权研究［M］．北京：法律出版社，2012.

12. 张庆元．国际私法中的国籍问题研究［M］．北京：法律出版社，2010.

13. 王贵国．国际投资法［M］．北京：法律出版社，2008.
14. 孙南申．国际投资法［M］．北京：中国人民大学出版社，2008.
15. 余劲松．跨国公司法律问题专论［M］．北京：法律出版社，2008.
16. 吕岩峰、何志鹏、孙璐．国际投资法［M］．北京：高等教育出版社，2005.
17. 吴先明．跨国公司治理［M］．北京：商务印书馆，2005.
18. 黄志雄．WTO 体制内的发展问题与国际发展法研究［M］．武汉：武汉大学出版社，2005.
19. 黎四奇．金融企业集团法律监管研究［M］．武汉：武汉大学出版社，2005.
20. 肖北庚．政府采购之国际规制［M］．北京：法律出版社，2005.
21. 郑曙光、汪海军．市场管理法新论［M］．北京：中国检察出版社，2005.
22. 崔健．外国直接投资与发展中国家经济安全［M］．北京：中国社会科学出版社，2004.
23. 杜文中．界限经济与市场主体行为［M］．北京：经济科学出版社，2004.
24. 车丕照．国际经济法概要［M］．北京：清华大学出版社，2004.
25. 吴越．企业集团法理研究［M］．北京：法律出版社，2004.
26. 徐泉．国际贸易投资自由化法律规制研究［M］．北京：中国检察出版社，2004.
27. 陈东．跨公司治理中的责任承担机制［M］．厦门：厦门大学出版社，2003.
28. 刘笋．国际投资保护的国际法制［M］．北京：法律出版社，2002.
29. 李金泽．跨国公司与法律冲突［M］．武汉：武汉大学出版社，2001.
30. 徐卉．涉外民商事诉讼管辖权冲突研究［M］．北京：中国政法大学出版社，2001.
31. 秦斌．一体化国际经营——关于跨国公司行为的分析［M］．北京：中国发展出版社，1999.
32. 唐勇．跨国公司行为的政治维度［M］．上海：立信会计出版社，1999.
33. 周成新．国际投资争议解决方法［M］．北京：中国政法大学出版社，1989.

译著类

1. ［日］植草益微．观规制经济学［M］．朱绍文、胡欣欣，等，译．北京：中国发展出版社，1992.

2. ［美］保罗·萨缪尔森．经济学（下册）［M］．萧琛，主译．北京：中国发展出版社，1992.

3. ［美］查尔斯·林德布洛姆．政治与市场：世界的政治经济制度［M］．王逸舟译．上海：上海人民出版社，1994.

4. ［英］詹宁斯、瓦茨修订．奥本海国际法（第1卷第1分册）［M］．王铁崖，等，译．北京：中国大百科全书出版社，1995.

5. ［英］约翰·洛克．政府论（下篇）［M］．叶启芳、瞿菊农，译．北京：商务印书馆，1996.

6. ［德］罗伯特·霍恩，等．德国民商法导论［M］．楚建，译．北京：中国大百科全书出版社，1996.

7. ［日］千叶正士．法律多元：从日本法律文化迈向一般理论［M］．梁治平，等，译．北京：中国政法大学出版社，1997.

8. ［美］A. L. K. 科宾．科宾论合同［M］．王卫国，等，译．北京：中国大百科全书出版社，1997.

9. ［韩］柳炳华．国际法（上册）［M］．朴国哲，等，译．北京：中国政法大学出版社，1997.

10. ［美］丹尼尔·F. 史普博．管制与市场［M］．余晖，等，译．上海：上海三联书店 上海人民出版社，1999.

11. ［日］星野昭吉．全球政治学［M］．刘小林，等，译．北京：新华出版社，2000.

12. ［美］爱德华·M. 格莱汉姆．全球性公司与各国政府［M］．胡江云，等，译．北京：北京出版社，2000.

13. ［德］迪特尔·梅迪库斯．德国民法总论［M］．邵建东，译．北京：法律出版社，2000.

14. ［美］斯蒂芬·D. 克拉斯纳．结构冲突：第三世界对抗全球自由主义［M］．李小华，译．杭州：浙江人民出版社，2001.

15. ［美］John o. Mcginnis，Mark L . Moveseian. 世界贸易宪法［M］．张保生、满云龙，译．北京：中国人民大学出版社，2004.

16. ［澳］克里斯托夫·阿勒普．世界贸易组织的新协定［M］．上海：上海人民出版社，2004.

17. ［荷］Richard Plender. 国际移民法［M］. 翁里，译. 北京：中国人民公安大学出版社，2006.

18. ［美］R. 爱德华·弗里曼. 战略管理——利益相关者方法［M］. 王彦华、梁豪，译. 上海：上海译文出版社，2006.

19. ［英］Janet Dine. 公司集团的治理［M］. 黄庭煜，译. 北京：北京大学出版社，2008.

20. ［美］戴维·K. 艾特曼，等. 跨国金融与财务［M］. 贺学会，等，译. 北京：北京大学出版社，2009.

21. ［美］何塞·E. 阿尔瓦雷斯. 作为造法者的国际组织［M］. 蔡从燕，等，译. 北京：法律出版社，2011.

22. ［英］安东尼·奥格斯. 规制：法律形式与经济学理论［M］. 骆梅英，译. 北京：中国人民大学出版社，2008.

23. ［德］鲁道夫·多尔查、［奥］克里斯托弗编. 国际投资法原则［M］. 祁欢、施进，译. 北京：中国政法大学出版社，2014.

24. ［尼泊尔］苏里亚·P·苏贝迪. 国际投资法：政策与原则的协调［M］. 张磊，译. 北京：法律出版社，2015.

论文类

1. 车丕照. 市场准入、市场准出与贸易权利［J］. 清华大学学报（哲学社会科学版），2004（4）.

2. 蔡从燕. 公私关系的认识论重建与国际法发展［J］. 中国法学，2015（1）.

3. 徐崇利. 晚近国际投资争端解决实践之评判：“全球治理”理论的引入［J］. 法学家，2010（3）.

4. 余劲松、詹晓宁. 论投资者与东道国间争端解决机制及其影响［J］. 中国法学，2005（5）.

5. 李先波. 国际民事管辖权的协调［J］. 法学研究，2000（2）.

6. 宣增益. 国家间判决承认与执行中的管辖权标准比较研究［J］. 比较法研究，2005（3）.

7. 徐崇利. 经济一体化与国际经济法律体制的构建［A］. 国际经济法学刊，（8）.

8. 孔庆江. 区域性投资法律文件比较研究［A］. 经济法论丛，（3）.

9. 漆彤. 国际经济法对象与范围的再思考［A］.《经济法论丛》，（9）.

10. ［英］david milman. 公司集团：通向单独立法之路［A］. 丁昌业，译.

民商法论丛，(32).

11. 王彦志．非政府组织的兴起与国际经济法的合法性危机［A］．中国国际法学精萃，2003.

12. ［美］小约翰·科菲．社会规范重要吗？来自多个国家的经验［A］．比较，(18).

13. 康荣平．无母国型跨国公司的产生［A］．王志乐．静悄悄的革命——从跨国公司走向全球公司［A］．北京：中国经济出版社，2008.

14. 余敏友．中国和平崛起与全球治理［A］．中国的和平发展与国际法研讨会论文集.

15. 徐崇利．全球化时代国际立法模式的转型［A］．中国的和平发展与国际法研讨会论文集.

16. 祁欢．国际投资协议实践中的投资定义及范围的演变和思考［A］．2011年中国国际经济法学会年会论文集.

外文类

1. Philip C. Jessup, *Transntaional law*, Yale University Press, New Haven, 1956.

2. J. M. Stophford&L. J. Wells, *Managing the Multinational Enterprise: Organization of the Firm and Ownership of the Subsidiaries*, Basic Books Inc, 1972.

3. Louis henkin, *How nations behave*, Columbia University Press, 1979.

4. Joan E. Spero, *The Politics of International Economic Relations*, 2nd, New York, St. Martin's Press Inc, 1981.

5. Laurence H. Tribe, *Constitutional Choices*, Harvard University Press, 1985.

6. D. F. Vagts, *Transnational Business Problems*, The Foundation Press, Inc., 1986.

7. Clive M. Schmitthoff, *Clive M. Schmitthoff's Select Essays on International Trade Law*, Amsterdam: Kluwer Academic Publishers, 1988, p. 3.

8. Phillip. I. Blumberg, *The multinational challenge to corporation*, Oxford University Press, New York, 1993.

9. Oran Young, *International governance: Protecting the Environment in Stateless Society*, Cornell University Press, Ithaca, 1994.

10. Commission on Global Governance, *Our Neighborhood*, Oxford University Press, 1995.

11. Martin Mendelsohn &Robin Bynoe, *Franchising by LAW&TAX*, Guildford and king's Lynn, 1995.

12. Commission on Global Governance, *Our Neighborhood*, Oxford University Press, 1995.

13. Max B. E. Clarkson, *A risk based model of stakeholder theory*, in Proceedings of the Second Toronto Conference on Stakeholder Theory, Toronto: Centre of Corporate Social Performance & Ethics, University of Toronto, 1995.

14. Simon Grand, *Paradoxical Organization of Multinational Corporation*, Dissertation of University of Zunch, Germany, 1997.

15. John. H. Jackson, *Law and policy of international economic relation*, MIT Press, second edition, 1997.

16. Stone, Peter, *Civil Jurisdiction and Judgments in Europe*, Longman, 1998

17. Ignaz Seidl. Hohenveldern, *International Economic Law*, Kluwer Law International, 1999.

18. R. J. Mockler, *Multinational Strategic Alliance*, John Wiley & Sons Ltd, 1999.

19. EmercyJ and M. Spence, *Administrative barrier: The red tape analysis*, Washington, D. C. FIAS, 1999.

20. John. H. Jackson, *Global Economics and international Economic law, The Jurisprudence of GATT& the WTO*, Higher Education Press, 2002.

21. Cynthia Day Wallace, *The Multinational Enterprise and Legal Control: Host State Sovereignty in an Era of Economic Globalization*, Martinus Nijhoff Publishers, 2002.

缩略语表

ASEAN	东南亚国家联盟
BITs	双边投资协定
CEPA	更紧密经济伙伴协定
CETA	欧盟——加拿大全面经济贸易协定
DSB	争端解决机构
DSU	《关于争端解决规则与程序的谅解》
EC	欧共体
ECT	欧洲能源宪章条约
EEC	欧洲经济共同体
EU	欧盟
EUVFTA	欧盟与越南自由贸易协定
FCN，FCNs	友好通商航海条约
FCPA	《美国反海外腐败法》
FDI	外国直接投资
FET	公平与公正待遇标准
FTA	自由贸易协定
GATS	《服务贸易总协定》
GATT	《关税与贸易总协定》
ICC	国际商会
ICJ	国际法院
ICSID	《解决国家与他国国民之间投资争端公约》国际投资争端解决中心
ICS	国际投资法庭
IIAs	国际投资协定

ILO	国际劳工组织
IMF	国际货币基金组织
ISDS	投资者/国家争端解决机制
ISO	国际标准化组织
MAI	多边投资协定
MERCOSUR	南方共同市场
MFN	最惠国待遇
MIGA	《多边投资担保机构公约》多边投资担保机构
MST	最低待遇标准
NAFTA	北美自由贸易协定
NGO	非政府组织
OECD	经济合作与发展组织
PIIE	美国司法部刑事部门《公司合规程序评价》
TRIMs	《与贸易有关的投资措施协定》
TTIP	《跨大西洋贸易与投资伙伴关系协定》
TRIPs	《与贸易有关的投资措施协定》
TTP	《跨太平洋战略经济伙伴协定》
UN	联合国
UNCITRAL	联合国国际贸易法委员会
UNCTAD	联合国贸发会议
UNCTC	联合国跨国公司中心
USMCA	美加墨协定
WIPOI	世界知识产权组织
WTO	世界贸易组织

后 记

本书是我对跨国问题思考的第四部。我在吉林大学攻读经济学学士学位时主修国际贸易，毕业论文是有关日美跨国公司比较方面的。从那时起至今，我一直对跨国公司问题抱有浓厚的兴趣。在华东政法大学攻读博士期间，我撰写了博士论文《跨国公司监管机制研究》。而后，在上海政法学院任教期间，开设了“跨国公司法律与实务”课程。当时国内跨国公司的教材，经济类和法律类脱钩，在六年授课基础上，我编写了《跨国公司法律与实务》一书。2013年，沉淀了7年之后，在博士论文的基础上修改而成的《跨国公司投资监管机制研究》一书，得以出版。2017年出版了《跨国公司治理机制》一书。如今，这部书的出版完成了我对跨国公司治理机制思考的三部曲。从着重政府监管，到突出公司自治和全球治理；对政府监管到包含立法权、司法权和行政权的管辖权；从规范性分析现有监管规则到深入分析管辖权背后的机制运行，反映了自己对跨国公司监管问题认识的过程。跨国公司监管问题，一直是一个世界性难题。我的这点粗浅思考肯定还有很多不足之处，恳请各位读者多提宝贵意见，使我能够不断完善自己的思路，深化对这个主题的研究。

本书能够得以付梓出版，首先要感谢上海政法学院环境法高原学科项目和国际法高原学科项目的资助，以及国际法学院领导和同事们的关爱和支持。

本书的写作、修改，长达2年多，终于要告一段落。这期间，我的女儿可可从离开妈妈上幼儿园哭鼻子的小班妹妹，到现在生活可以自理的大班大姐姐。自从有了我的宝贝，我一直努力地想要保持学习、工作和生活的平衡，然而虽然已过不惑，但初为人母，还是有些手忙脚乱。加之，上有八旬老母，很长一段时间里，我都处在一种焦虑状态，是老师、家人和朋友的关爱让我坚持下来。

我要感谢我的家人。妈妈虽然年事已高，还力所能及地帮我。我要特别感谢我的宝贝可可小朋友。她是上天给我最好的礼物。陪伴她的日子，我痛并快乐着；陪伴她的日子，我经历了生命的成长；陪伴她的日子，我懂得了养儿方知父母恩；陪伴她的日子里，我也长大了。谢谢你，我的宝贝！你那么懂事，小小年纪就会关心别人。你才是妈妈最好的作品。愿你健康快乐地成长！

我要感谢我的同学和朋友，王岩、于霞、张晔、张译文、李号、刘彤，在我困难时他们无私地帮助我！我要感谢我的各位师长，启蒙老师王老师、中学班主任杜老师、高中马老师、丁老师、大学李晓老师、博士导师丁伟老师！我的成长离不开他们的辛勤耕耘！

贾　琳

2019 年 11 月 11 日